隐蔽战线春秋书系 | **回忆录卷**

风雨征程

毛齐华回忆录

毛齐华◎著

中共党史出版社

图书在版编目（CIP）数据

风雨征程：毛齐华回忆录 / 毛齐华著 . -- 北京：中共党史出版社，2020.1
（隐蔽战线春秋书系 . 回忆录卷）
ISBN 978-7-5098-5437-2

Ⅰ . ①风… Ⅱ . ①毛… Ⅲ . ①毛齐华—回忆录 Ⅳ . ① K827=7

中国版本图书馆 CIP 数据核字 (2019) 第 270896 号

出版发行：中共党史出版社
责任编辑：吴江
复　　审：姚建萍
终　　审：汪晓军
责任校对：申宁
责任印制：段文超
责任监制：贺冬英
社　　址：北京市海淀区芙蓉里南街 6 号院 1 号楼
邮　　编：100080
网　　址：www.dscbs.com
经　　销：新华书店
印　　刷：北京盛通印刷股份有限公司
开　　本：170mm × 240mm　1/16
字　　数：233 千字
印　　张：15.5
印　　数：1—10060 册
版　　次：2020 年 1 月第 1 版
印　　次：2020 年 1 月第 1 次印刷

ISBN 978-7-5098-5437-2
定　　价：39.00 元

此书如有印制质量问题，请与中共党史出版社出版业务部联系
电话：010-82517197

毛齐华（1903—1997）

目录

|| 前言 ||

毛齐华，又名毛品贤，上海市嘉定县人。印刷工人出身。早年投身大革命，于五卅运动前在上海加入中国共产党；旋即领导上海印刷界工人参加五卅运动；在上海、武汉创办中共中央地下印刷厂。大革命失败以后，赴莫斯科中山大学学习，曾任联共该校支部局成员；其间秘密接受共产国际无线电通讯技术的专门训练。1930 年回国后，在上海中央特科长期从事地下电台工作。抗日战争时期赴延安，曾任中华全国总工会西北执行局委员长、陕甘宁边区各界民众抗敌后援会主任、中共陕甘宁边区委常委、中共晋东南职工运动委员会书记、中共太行区委常委兼秘书长。解放战争时期，为中共上海职工运动委员会负责人之一。新中国成立之后，曾任中央劳动部副部长、浙江省政协主席等职。他一生的革命经历丰富而曲折，是中共党史上不少重大事件的亲历者和见证人。

毛老在回忆录中所谈到的诸如创建党的地下印刷厂和中央特科秘密电台，莫斯科中山大学“二十八个半布尔什维克”之说的由来真相，解放战争时期我党领导的上海工人运动，特别是“上电王孝和事件”的内幕等，以当事人提供的如今已鲜有人知的第一手权威性见证，澄清和匡正了曾广为流传却又似是而非的失实之说，具有弥足珍贵的史料价值。他熟悉党中央的许多领导人和老一辈无产阶级革命家，在长期的工作交往中，结下了深厚的战友情谊，对这方面的情况在回忆录中也时有翔实生动的记述。至于毛老自己的生平事迹，更是充分展示了一位老共产党员虽历经险风恶浪，却始终百折不挠地为实现共产主义的伟大理想而奋斗终身的坚定信念和高风亮节。因此，这部回忆录的整理出版，不但为研究中共党史、中国革命史和中国工运史，提供了有重要价值的“三亲”（亲历、亲见、亲闻）史料，而且也是对广大党员、干部，特别是青少年进行革命传统和社会主义教育的生动教材。

毛老自1983年从浙江省政协主席的领导岗位上退下来以后，最大的心愿就是发挥余热，整理编撰生平革命经历的回忆录，以传诸后人，为社会主义精神文明建设添砖加瓦。为此，他广泛收集了大量的文献资料，作为回忆查证的参考。但因年事已高，精力有限，难以亲自执笔撰写。1982年，原浙江省委党史办公室的叶炳南根据毛老的回忆，曾记录整理过一篇《我所知道的莫斯科中山大学内部斗争的情况》的回忆文章，但没有正式发表过。而有关毛老其他各个时期的革命经历有的虽有人帮助记录整理过，但不完整；尤其是抗战以后的情况则未形成过文字资料。

1993年，毛老向中共浙江省委和省政协领导提出，希望组织上能指派专人，记录他口述的回忆内容，并协助系统整理编撰成文。省有关领导十分重视此事，不久即指定中共浙江省委党史研究室的高三山、朱健和浙江省政协文史资料委员会的叶炳南等三人，组成毛齐华回忆录整理编撰小组，承担这一光荣任务。

近三年时间，我们在为毛老时断时续地记录整理回忆录的日子里，看到耄耋之年的毛老依然耳聪目明、记忆清晰，十分健谈。一个走过了70年风雨历程的革命老人，对历史和人生自有独到、深刻的认识。他讲述的内容真切生动，意味隽永，给人以深思和教益。

我们在整理编写时，忠实于毛老的口述，坚持存真求实的原则，每完成一部分即送毛老亲自修改、审定。三年中，我们数易其稿，终于成为现在的样子。虽然它在文字和结构上尚有待进一步推敲和完善，但在内容的真实性方面，相信是能经得起事实和历史的检验的。

非常遗憾的是在此书定稿后，毛老竟一病不起，于1997年3月1日与世长辞，未能见到这部他晚年倾注了无数心血的回忆录。

这本回忆录1997年6月在当代中国出版社首版。2018年，中共党史出版社提出，希望将该书纳入“隐蔽战线春秋书系”的回忆录卷中。我们考虑，虽然该书只有几章记述写毛齐华在隐蔽战线工作的经历的，但毛齐华是中央特科的重要成员之一，他在隐蔽战线的经历是有一定代表性的，所以欣然同意了出版社的提议。

记录编撰小组的具体分工是，高三山：第一至第三部分和第五部分；朱健：第六至第八部分；叶炳南：第四和第九、第十部分，并负责全书的统稿和审稿工作。

毛齐华回忆录整理编撰小组

2018 年 8 月

一、走上革命道路

1903年12月13日，我出生于上海嘉定县西门外现龙村。后来听长辈们讲，当时已届严冬，天上阴云密布，窗外寒风呼号。正午天气转晴，当和煦的阳光照下来时，我降生了。屋里众人听接生婆说“恭喜了，你们家又添了一个胖小子！”大家心头一块石头才落地，脸上绽出了笑容。我的父母给我起了乳名叫二毛，学名为毛品贤。以后我参加了革命，由于地下工作关系，每到一处须要改名换姓，因此我用过的名字真是不计其数。毛齐华这个名字是1936年初我到达陕北瓦窑堡时才起的。

当时我的家中有父母、祖母、小叔、我和长我三岁的哥哥。父亲毛聚伯在我哥哥出生以前，便到上海北新泾镇的一家糟坊里去当店员。家中由母亲租种“清积堂”的六亩薄田。“清积堂”是旧社会农村的一种慈善机构，一般由地主控制。妇女下地干活，在嘉定农村那时也不鲜见。母亲勤劳耕种，若不遇凶年，一家生活尚能勉强维持。祖母帮人做裁缝，以添家用。但是，在我五岁时，一场大祸降临我家。农历五月下旬的一天上午，小叔突然感到肚皮痛，开始时还能熬住，但后来越痛越厉害，直在床上打滚。家中人慌了，急忙请来民间的郎中开了处方，请人到药店里去撮药。但是没有等撮药的人回来，小叔却一命归天了！

说来也巧，这天父亲正好从上海回家探亲。他未进家门，便见弟弟的尸体直挺挺地躺在客堂间的门板上，这犹如晴天霹雳，一下子把他吓懵了。

家里的人见父亲回来哭得更加厉害。我和哥哥扑上去抱着父亲的腿，哭着要叔叔；祖母扑在小叔身上，号啕大哭。一家老小撕心裂肺的哭叫声，像万箭齐发，直射父亲的心。亲友、邻居们则劝慰说：“人已经死了，不要过分悲伤，还是赶快准备办丧事吧！”但是，这突如其来的沉重打击，使父亲失去了生存的勇气和信心。他呆若木鸡，精神恍惚。

正当全家六神无主的时候，突然发现父亲不见了。大家四处寻找，急得像热锅上的蚂蚁。忽然有人说刚才听到门前河水有声响，会不会是……乡亲们立刻用竹竿到河里打捞，果然捞起了父亲的尸体。第二天家里借债买了两口棺材，忍痛将两人埋葬了。

1989 年，毛齐华回到上海嘉定县家乡与亲友在一起，背景是毛齐华故居

小叔和父亲的突然去世，母亲和祖母哭得死去活来。今后家里老少四口人的生活怎么办呢？虽然在上海还有一个当印刷工人的叔叔，但他一家生活也不富裕，根本无力照顾我们。这样，维持全家生活的重担就落在母亲一个人的身上了。母亲是贫农的女儿，苦难的生活，从小把她磨炼成吃苦耐劳的身体和刚毅的性格。她咬紧牙关，勇敢地挑起了这副重担。她坚强地说："不靠父母，不靠男人，全靠爹娘给我的一双手就能活命。"她看不起那些有钱有势专门欺压穷人、为富不仁的人；她也看不起那些好逸恶劳、低三下四向富人、"贵人"乞讨的懒汉。

家里真是一贫如洗了。母亲脚上生了疮连买一贴膏药的钱也没有，只好硬挺过去。原来她身体是很好的，但是，在生我的第二天因下地干活，给麦苗培土，从此得下了经常头晕的毛病。父亲去世以后，母亲经常饿着肚子下田干活，有时饿得头昏眼花，走起路来跌跌撞撞。傍晚休工后在回家的路上，她说总会看到村口有个"人影"站在那里，想要拦她。别人说："那是鬼！你要小心一点！"她却说："我不怕鬼，看它能怎样！”有时，她硬是朝着“人影”走去，想看个究竟，但当她接近“鬼”时，“鬼”就不见了。天下是没有鬼的。显然，那是母亲太劳累的缘故。我们都很替母亲担心。

母亲租种“清积堂”的六亩地，贫瘠且不说，而且东一小块，西一小块，非常分散。有时她还要为富农的棉花地锄草。因此别家的棉苗长得茁壮，而我家种的棉苗则枯黄瘦小。种稻插秧时，我家没有水车、耕牛，要提前交现钱给有牛和水车的人家，请他们代耕、车水。那些人家拿了钱，但活做得很马虎。由于耕的土浅，秧苗不能深插，遇到大风一吹，秧苗就要倒，浮在水面上。碰到这种情况，母亲只好用锄头把土挖深，再重新补插过。这样，收成当然是不会好的，但地租却不能少交，而且要交“石租”（即每亩田要交糙米 160 斤）。秋收时，收租的人来了，把我们辛苦半年、用血汗换来的一些谷子，称好装走，所剩无几。有时母亲实在没有办法便对收租人恳求说：“给我们留点屯底，让我们一家烧点粥吃吧！欠下的租子，等来年小熟（麦收）时交清。”收租的看到我们家那种可怜相，有时也发发“善心”留下一些稻谷。

母亲除了白天下地劳动，夜里还要与祖母一道替人家缝纫衣服，赚几个钱来贴补家用。祖母是村里的裁缝好手，远近有名，逢年过节她特别忙。记得曾发生过这么一件事。村里有位农民买了件斗篷，觉得不合身，拿来要祖母修改一下。祖母因年关生活忙把这件事给忘记了，一直放在那里没有动。过了几天农民来取斗篷，一穿却连声说改得好，很合身。斗篷没有改过，怎么会变得很合身呢？显然这是心理作用，大概这和他对我祖母缝纫技术的迷信有关。有时老祖母也得下地干活。但是，不管母亲、祖母怎样辛勤劳动，一家人的生活仍然很难维持，每当青黄不接时，家中就要断粮。于是只好托人说情，请“中人”担保，靠借债度日。向地主、富农借来“债米”，每年三四月间借一斗，到当年八九月间就要还二斗。如果到期还不出，就得利上滚利（即按复利计算）；如果到年终再还不出，债主就要“踏田”（收回田地给别人种），或者到你家里随意把有用的东西拿走。我家有位亲戚，就是在年终还不起债，被逼上吊自杀的。

穷人为什么这样苦，富人为什么那样富？白发苍苍的老祖母总把这归结为命运。于是她每逢节日，就把少得可怜的一点零用钱，拿出来买香烛到寺庙里去求神拜佛，保佑一家平安，生活宽裕。有一年过节，祖母因事不能去烧香，就叫我和哥哥两人代她去。但我们小时都很淘气，没有按照祖母交代的去做，只是在村外转了一圈，看看四周无人，便把香扔到田里；把蜡烛带回藏好，偷偷留作元宵节做花灯用。然后回祖母说："亲妈（嘉定方言叫祖母为亲妈），我们烧香回来了。"祖母信以为真，还夸奖我俩能干。

转眼间，我已经八岁了。看到哥哥上学读书，很羡慕，也很想去读书。可是家里穷，没有钱。"不能眼看着孩子长大了，成为目不识丁的人呀！"母亲咬着牙下了决心，一定要送我上学读书。她东借西凑地弄了点钱作为学费。我终于如愿以偿，成了城西"保公祠"小学的学生。那时，学校名义是公办的，但学生仍要交学费，每学期一个学生大约要交四五块银元。学校里每天中午和下午放学时，学生都要列队点名后再出校。可是在点名以后，我时常被老师留下来，听他训话："学生不交学费，当老师的没有饭吃，怎么能办学教书呢。"我无言以对，只好以沉默代替回答。老师见状追问道："听明白了没有？"我只好含含糊糊地说："知道了！"老师这才放我走。

回到家里，怕母亲伤心，也怕家里交不起学费，自己不能继续读书，就不敢对母亲说。过几天，老师再次催问时，只好撒谎说："已经告诉了母亲！"老师又问："怎么样？""她正在想办法。"有时老师催得紧，实在没有办法，只好如实向母亲讲明。母亲听后心想：总不能叫孩子为此而退学，于是她又东借西凑了几十个铜元，叫我先交了再说。因为学费没有交足，后来老师就催得更紧，我只好躲开不到学校里去读书。老师点名时见我不到，心里很清楚我旷课的原因。好心的老师见我平时学习勤奋，成绩优良，不忍心我因缺交学费而辍学；过了两天，派同学叫我继续到校读书。我回校后老师也不再提交学费的事了。

那时，县教育局的督学时常到校视察，因而学校很注意学生的仪表，要求衣着整洁。穿的袜子，是破了补，补了又破，脚后跟露在外面的。穿的鞋子前边张了口，后跟也早已磨穿了。老师要我回家另换一双。我想，连衣服都换不上，鞋袜就更谈不上调换了。这时我变得聪明起来了，为了避免老师找麻烦，每当督学来“视察”时，我尽量站在队列的后排，以免被督学看见，给学校出丑。这样老师也不再叫我回家换衣服了。

我们哥俩都没有雨伞和雨鞋，碰到下雨天，母亲就把中饭送到学校里来。有一个下雨天，我们满以为母亲会照常送饭来的；但是等啊等，许多回家吃饭的同学都吃完饭返校了，母亲仍然没有来。那天早饭我本来就没有吃饱，因此饿得头昏眼花，实在熬不住了，便趁上课前一点时间，和哥哥匆忙赶到家里。一摸灶上的锅盖是冷的，母亲和祖母都不在家，我急得直叫“妈妈、亲妈！”邻居们听到叫声走来说：“她俩吵架，都怄气走了！”我俩只好饿着肚子回校上课。下午放学回家，一进门看见外婆在家里，一头扎到外婆的怀里，委屈地哭了起来。外婆安慰说：“你妈和亲妈因为缺粮少米引起争吵，你妈一气之下跑到我那里诉苦。现在我把她送回来了。”我知道外婆家里也很穷，但她听说我家已断炊，就把仅有的一点芋艿种背来给我家以济燃眉之急。正在这时，祖母也从姑姑家回来了，也带回来一些米。这样家里又能勉强凑合着过日子了。母亲和祖母吵架后几天不说话，她俩有话都叫我来回转告。

就是在这样困境下，全家含辛茹苦，勉强让我读了四年书。我总算初小毕业了，虽然学习成绩优良，受到老师和同学们的夸奖，但因为家贫无力继续供我读书，于是我辍学了。

迫于生活，祖母和母亲商量以后，由祖母把哥哥毛品章送到上海去谋生。到了上海后，由在中华书局印刷厂做工的叔叔介绍到厂里当了学徒，住在叔叔家。由于婶娘在商务印书馆也上班做工，因此祖母就留在上海给叔叔和哥哥他们做饭。我在乡下家里烧饭、养猪、放羊，有时下地帮助母亲干些农活。这样又过了四年。1920 年即我 17 岁那年，哥哥娶了嫂子，母亲有了伴，于是我也离家到上海去谋生路。

我到上海以后，暂住在叔父家。虽然上海好玩的地方很多，但却无心思游玩，一心想早点找个活做，因此，我也经常出去。一天我目睹了缫丝厂女工的悲惨遭遇。横浜桥一家缫丝厂，年轻的女工们因劳累过度、营养不良，个个面黄肌瘦。有些女工在干活时饿得受不了，便偷跑出来到小摊上买烧饼或山芋充饥，结果被工头发现，立刻遭到鞭抽、脚踢，一顿毒打。还有，在西宝兴路，我看到一家日本人开办的小玻璃厂，盛夏工人们围着炉子，拿着一根长杆吹灯泡。这些工人都光着身子，下身前面只围一块布，屁股都露在外面。旁边还站着一个拿着皮鞭的日本工头监视着他们。这些工人像奴隶一样。这两件事给我留下的印象极深，我知道了当工人的艰难、辛苦，但有什么办法呢？他们虽苦，总还能混口饭吃，而我现在却连工作都还没有找到。

一天，有一家日本人开的工厂在报纸上登广告，要招收工人。我见报后急忙赶到那里，真被招工的现场吓呆了。应招报名的有千余人，场面拥挤不堪。我第一次见到这场面，紧张得喘不过气来，硬着头皮去碰碰运气。

一直等到下午才轮到我。交了报名费，主持招工的人看了我一眼，随手扔给我一张表格。表格上的栏目有：姓名、性别、年龄、籍贯、通讯地址，以及保人的姓名、职业、住址等项，比较简单，我当即填完交上。回到叔叔家中等候录用的消息。可是，等呀等的，十几天过去了，仍杳无音讯。

后来，听人说，该厂录用的标准主要是看保人的财产和社会地位，像我所填写的保人，既无多少财产，又无什么社会地位，不被录取，那是很自然的。

又过了一些时候，叔叔向一位比较要好的工友求情，请他转托一位搞彩色印刷制版的技工，介绍我进了提篮桥夏海庙附近一家小彩印工厂当学徒。我总算找到了个吃饭的地方。

谁知这个小厂的老板是个吸血鬼，他要工人拼命地为他干活，但只让学徒工勉强填饱肚皮，连每月理发洗澡的零用钱也不给，学徒们个个弄得蓬首垢面。为了改变这种境遇，学徒工们商量要给老板一点颜色看，决定集体到附近理发店挂账理发。所谓挂账理发，就是理发后由理发店记账，叫老板月底到厂里结算。月底，理发店里的老板来了，厂里的老板付钱不大甘心，不付钱则丢面子，真是哑巴吃黄连，有苦说不出。最后老板还是付了大家的理发钱。

初次与老板较量取得了胜利，鼓舞了工人们的斗志。但老板本性不改，仍想尽办法克扣工人。到了月底，他还要拖欠工人那点少得可怜的工钱，哭丧着脸对工人们说："这个月生意不好，工钿开不出，下个月生意好了再说吧！"工人们看透了老板，就另想办法对付他。大家出勤不出力，使产品数量少质量也差下去。对此，老板急得团团转，询问工人："这是怎么搞的！"工人们异口同声地回答说："机器出了毛病。""机器坏了为什么不修？"工人们知道老板贪婪愚昧又很迷信，就回答说："机器白天修得好好的，可是到晚上一开就出毛病，我们也弄不清是什么原因。"这时一个工人说："昨夜我起来小便，看到车间门关得紧紧的，里面没有人，却听到有响声。"另一个工人也说："老板，真的，我也听到过。是不是车间里有鬼！"于是你一言，我一语，大家"鬼话"连篇，吓得老板面色铁青，颤抖地说："你们看，这，这怎么办呢！""有鬼，就得送鬼！"我一本正经地插了一句。因我平时工作卖力又老实，深得老板的信任，他觉得我说的有道理，于是肉痛地拿出 10 块银元，要我们给他送"鬼"。

老板一走，大家不禁捧腹大笑起来。当晚我们花了几角钱买来一副香烛，点燃后插在车间门口；同时到菜馆叫了一席 9 元多的酒菜送到车间来，大家美餐了一顿。当晚开工时，大家装出既高兴而又卖力的样子，机器正常运转，产量和质量果然也都上去了。老板认为真的送走了"鬼"，也不再可惜花了的钱。而工友们心中暗喜。

工人们在以上两次与老板的较量中，争得了点小胜利。可是第三次大家要求增加工资时却没有成功，结果我和三四个工人被解雇了。

所幸那时上海兴起了交易所，交易所需要大量各种账册簿据，因而一些小印刷厂就应运而生。我的叔叔与一个小印刷所的老板有些熟悉，我进了这个小印刷所当了铅印学徒工。

这个小印刷所的生活待遇，虽然比原来那个小彩印工厂好不了多少，但总算有个吃饭的地方。可是好景不长，因连年的军阀混战和自然灾害，致使社会经济萧条，交易所大量倒闭，那些小印刷所也随之纷纷关门。我再度失业了。

没有工作只好蹲在叔叔家里，靠叔叔和哥哥来养活。婶娘时常对叔叔叫苦说：“吃饭的人这么多，就拿这么点工钱，够啥用！”夫妻俩还时常为生活问题而吵架。我的日子实在难过，不仅吃饭成问题，而且穿衣也成问题。我从乡下出来时穿的那套土布衣服，早已穿破了，补了许多补丁，于是平时只好蹲在家里；碰到外出找工做时，就借哥哥的衣服穿上。

中华书局老厂原在静安寺路，我叔叔毛憩堂是中华书局印刷总厂开办时的老工人。他凭着老面子，又给“拿摩温”（工头）送了一份礼，请他代为说情，这样几经周折，我才进了中华书局印刷总厂铅印车间当学徒工。

中华书局印刷总厂铅印车间在当时来说规模是比较大的，但工人们劳动条件也并不好。一间大厂房安装着大小机器四五十台。在车间中间的一个半米高的台上放着一张写字台和一张靠背椅，“拿摩温”坐在上面监视着全车间工人的劳动；另一角落也有一个高台，是校对员办公的地方。由于车间中间和高台占了较大的地盘，以致每架印机之间的间隔就很小了，工人们在工作时往往摩肩擦股，活动十分不便。特别是每架印机上的皮带轮和发势盘上的牙轮没有罩子，因而造成车间里工伤事故不断。但厂方

20世纪30年代中华书局印刷所

对此视而不见，听而不闻，不肯采取任何安全措施，就连最常用的药品，如红汞、碘酒、橡皮膏等都不备。有时机器皮带断了，工人要到高空去作业，那更是危险，稍不留神就会连衣带人被卷进去。

有一次，我就亲眼看到一个工人惨死在皮带轮里。工人们都为这个惨死的工人鸣不平。“拿摩温”却板着面孔说：“谁叫他自己不当心！”老板为此仅仅付了点丧葬费，就算了事。工人们十分气愤。为了防止再发生类似的事故，工人们向厂方提出“以后工人上高空作业，‘拿摩温’必须把马达开关拉掉”。厂方迫于工人的压力，勉强答应了；但执行了几个月，老板嫌这样干要影响生产，少赚钱，又按老办法做。在旧社会，工人的生命不值钱，在资本家的眼里工人只不过是一架会说话的机器罢了，哪里会顾及他们的死活呢？

尽管如此，从整个中华书局印刷总厂来说，当时铅印车间的劳动条件还是比较好的，劳动条件最差的要算墨色石印车间。在那里，工头向厂方承包业务，再交给工人干。这样，又增加了工头的一层剥削。墨色石印车间的工人工时长，但得到的工钱反而比其他车间少得多。

装订车间有四五十个女工，她们所得的工钱更是少得可怜。心灵手巧的女工们每天要紧张地劳动 8 个小时以上，干得精疲力尽，每月拿到的工资仅够维持最低生活要求。

那时工厂是从来不发工作服的，连条围裙也不发给。印刷工人整天同油墨打交道，双手又黑又粘，用清水是洗不净的。厂方名义上每三个人每月发给一块肥皂，实际上每个季度也领不到一块。肥皂不够用，工人们只好自己掏钱买。

这个有五六百工人的大厂，却没有一个厕所，只是在厂房外面的墙边挖几个坑，在坑两边放上几块砖头当大便的地方。这里苍蝇密集，粪纸遍地，大便时连踩脚的地方也难找。后经工人再三交涉，才盖了一间简易厕所，在仅二三十平方米的地方，竟放了两排共 20 多只马桶。老板这样做也是用心良苦，怕工人们利用大便时聊天，误工，出不了活。

车间里每台机器干什么活，都是由“拿摩温”安排的。有的工人为了多干一些活和干一些好做些的活，多挣点钱，便用尽心思去巴结工头，不惜用每月少得可怜的工钱请客送礼；不仅如此，有的工人还拿钱为“拿摩温”死去多年的父母做“阴寿”。学徒工被工头盘剥更是司空见惯。学徒工到了星期天常常也得不到休息，还要轮流为工头清理环境干家务活。

工厂离我叔叔家约有六公里，我和叔叔舍不得花钱坐电车，每天早出晚归徒步上下班。碰到加班加点，要干到深夜 12 点钟才回家，到家吃点东西，睡下时快凌晨两点钟了；而第二天一早又要爬起来，赶到厂里去上班。中华书局印刷总厂当时被称作“文明工厂”尚且如此，其他一些厂的情况便可想而知，工人和学徒过着简直是非人的生活。

有一次，我和叔叔做完夜工回家，时已深夜，当走到北火车站附近时，看到虬江路附近，火光冲天；沿途一堆一堆的人坐在地上号啕大哭。一打听，厂里失火，他们的子女都被烧死了。

原来失火的是虬江路一家五层楼的洋泾丝厂。该厂底下三层楼是仓库、车间，上面四五层楼是女工宿舍。失火后车间内的机器、原料和宿舍内的床铺用具等都已被烧毁，但整个楼的铁窗铁门依然完好，且紧紧地关闭着。报纸上说，这场大火有 130 多个女工在厂房内丧生！为什么她们不逃出来呢？因为该厂的资产是向保险公司保了险的；保险章程规定，如受火灾时打开门窗，保险公司就认为厂方已把资产转移，不予以赔偿损失。因此老板宁可关紧门窗烧死工人，也不使自己的财产遭受损失。惨祸发生以后，虽然该厂的老板受到社会舆论和工人家属们的强烈谴责，但那又有什么用呢！

我在中华书局印刷总厂干了不到半年，“上手”（老技工）杨云生看我工作卖力，技术熟练，就向工头提出，把我升为“二手”（一般技工），让他的儿子顶替我为学徒。从此，我成了中华书局印刷总厂的正式工人。

1924 年，我已 21 岁，来到上海也有五六年时间了，熟悉的人也多了，对上海的社会情况，特别是对印刷行业的情况已有了较多了解。

当时在中华书局印刷总厂，还没有中国共产党领导下的工会组织。但存在着两个职工组织，一个叫“中华书局同人进德会”（简称“进德会”），另一个叫“上海印刷全业公所”（简称“全业公所”）。

“进德会”与当时商务印书馆的“励志会”差不多，它同车间的工人不发生什么联系，会员主要是账房里的职员（营业员）和编辑所的编辑；没有固定的会所，开会时没有地方，就利用厂里楼上编辑所的办公室。我所在的机器房车间是在它对面的一幢楼上。当我们加班做夜工时，常从窗子里看到他们在举行文娱晚会。“进德会”编印过一份16开本的刊物，内容是有关该会的会务工作和活动情况。这个刊物也发到车间，但工人们哪有时间和兴趣去看它呢？

“全业公所”是个带有行会色彩的工人组织，同工人的关系比较密切。成员有申报、新闻报、商务印书馆和中华书局等几个较大企业单位的机房、排字房和制版房的老工人，也就是当时被称为“上手”的技术工人。中华书局印刷总厂机房的工头林祥源也参加了这个组织。林祥源和资本家在利益方面既有共同的一面，又有矛盾的一面，他想依靠“全业公所”工人们的力量来与资本家抗衡，但又不过多地参加工人活动，怕失去资本家对他的信任。

“全业公所”的领导人钱芝香是我所在车间的一位老工人，开一部对开印刷机。他不脱离生产，但对“全业公所”的工作却很热心，一切活动和联系都由他负责。这个“全业公所”曾在上海闸北郊区天通庵附近的农村，买了四亩土地，建造了一座漂亮的古式房子作为会所。会所内装饰着各种挂灯，会员的名字都写在挂灯上。由于它距各印刷厂和工人的住处较远，所以很少有工人到那里去光顾（1932年1月28日，日军进攻上海时，把会所及周围居民的房子都烧光了）。“全业公所”平时很少组织工人活动。在早期，曾经为工人争取增加工资而发动过“摇班”（即怠工）。后来因被一些工头把持，会务由少数人包办，怕得罪资本家，不为工人们办事情，而渐渐失去了工人对它的信任。

旧时上海每年农历七月十五日前后，许多街道里弄按照旧俗举办“兰盆胜会”，请和尚念经做佛事，送鬼迎神，消灾求福。那些游手好闲的“白相人”（地痞流氓等）往往就借此聚财敛钱。

“全业公所”也仿效他们，举办“兰盆胜会”。他们按名册向每个工人“化缘”，规定老工人出大洋一元，青年学徒出5角。多数工人不愿意出这份冤枉钱，但怕砸饭碗，也只好忍痛交钱。他们还规定，凡交一元钱的人，在“兰盆胜会”那天，可来“全业公所”吃一顿素餐；交 5 角钱的人，则不能享受这一待遇。当时中华书局印刷总厂的技工参加的人较多。他们可以趁此机会同商务印书馆、申报、新闻报的老朋友见面，拉家常。有的人借此机会，聚在一起打打麻将，乐一乐，吃过素餐后各奔东西，也是一件快事。

我是青年工人中的活动分子，同各部门的工友有着较密切的联系。“全业公所”有什么活动，钱芝香常找我商量。

一次，我问钱芝香：“我们这个‘全业公所’现在办起来了，但不能只搞这样的活动，你有没有考虑过将来的打算？”钱回答说：“我们要保护工人的利益，为工人谋福利，以后搞募捐，钱多了自己办工厂，工人失了业，可到自己办的厂里去做工。”当时社会上失业的人很多，我怀疑地问道：“我们办的工厂有多大？三五个人的小厂不解决问题，大厂，我们有力量办吗？”他支支吾吾回答不出。

我虽然于 1922 年就参加了“全业公所”，并积极参与活动，但自己的动机同其他工人一样，不过为保住饭碗而已。我以前在几个厂做学徒工时，曾代表工人向厂方要求改善工人待遇，由于没有工人自己的团体而遭到失败。这时，我想以“全业公所”作为依靠，为工人们办点有益的事情。

但是，“进德会”和“全业公所”成立后，并没有给工人们带来什么好处。工头照样打骂工人，资本家照样残酷地剥削工人，随便开除工人。工人们在忍无可忍的情况下，也对工头采取报复行动。大约在 1924 年间，铅印车间就发生两起袭击、羞辱工头的事件。

铅印车间的“拿摩温”林祥源一向对工人非常凶狠。一次，一个工人因顶撞他，便被开除了。这激起了广大工人对林的愤恨。过了几天，夜班收工时，当林祥源哼着小调从工厂走出来时，一个工人躲在墙脚边用荷叶包着的大便向他砸去。顿时他的头上、身上都是大便。他又随手一摸，弄得满脸满手都是，臭气熏天！

第二天，林祥源被工人用大便包打了的消息，很快传遍了全厂，工人们无不拍手叫好。他被打的狼狈相，大家越传越出奇。从此他无脸见人，整天躲在家里不出门，“拿摩温”也当不成了。

资本家为了安抚林祥源，借给他一部“大英架”机器，以示报答。他就在家中雇了两个工人，办了一个小印刷厂，承接中华书局的一些代印业务，维持生计。

接替林祥源的工头叫白纯雄，不接受林的教训，依然欺压工人。结果一个工人被开除后，又用同样的办法整了他一下。他也干不下去了，只当了几个月的工头，便辞职回家去了。

这两件事曾经轰动全厂。资本家虽然虚张声势地追查了一阵子，但是查不出结果。大概他们也怕吃大便包，最后便不了了之。以后接替白纯雄当“拿摩温”的是曹桂生，“拿摩土”（二号工头）是白纯华。他们慑于工人们的威力，再也不敢明目张胆地欺压工人了。

1924 年 9 月，发生了江浙战争。盘踞在江苏的直系军阀齐燮元，与盘踞在浙江的皖系军阀卢永祥为争夺上海爆发了战争。双方军队在嘉定黄渡、南翔、太仓、浏河一带大战。军阀混战，人民流离失所，工人处于失业或半失业状态。这时资方就以裁员、解雇来威胁工人。我所在的车间，一部分工人实行“包工制”，尽管他们知道所包的活已经做完，没有活干了，但仍然每天到工厂来，希望能分到一些活干；但总是抱希望而来，失望而归。

当时，大部分工人的家属住在乡下老家，因为军阀战争，纷纷逃难到上海投亲靠友，以致工房、宿舍里都挤得满满的。由于许多工人无工可做，只好举债度日，全家过着半饥半饱的生活。有的人走投无路只好住到难民营里去喝稀粥度日。我和一批青年工人也经常流浪在街头；有时到难民营去看看，跟乡亲们聊聊军阀战争中的见闻。

此后不久，在国人政治生活中发生了一件大事，即孙中山先生在中国共产党的建议和支持下，提出召开国民会议和废除不平等条约的主张，并于 11 月发表《北上宣言》，由广州北上。全国掀起了拥护召开国民会议和废除不平等条约的运动。我和几个青年工人因偶然的机会和出于好奇心，参加了中国共产党组织在闸北宝山路广场召开的有千把人参加的“国民会议促成会”，有幸聆听了共青团中央领导人恽代英等在会上的精彩演说。他们说：帝国主义侵略中国订立不平等条约，目的是控制中国通商口岸，掠夺中国的资源，变中国为它们的殖民地。军阀连年混战弄得工厂倒闭，工人失业，农村破产，民不聊生。他们号召全国同胞联合起来，“打倒帝国主义”，“铲除军阀”。

我生平第一次听到这样的演讲，只觉得他们说出了我们穷苦人们的心里话，于是在会场上我也拼命地跟着喊口号，直把嗓子都喊哑了。就在快散会时，有个发表演讲的人走过来主动和我们打招呼，询问我们在哪里做工，叫什么名字，住在哪里？还邀请我们有空去随便谈谈，临分别时，告诉了他们的住址。

他们住在宝山里，距我家不远。我们商量后决定由我和另外两位工友先去看看情况。那天我们去以后，在一个简单而整洁的小房间里，与他们一开始就像老朋友一样交谈起来。我知道了他们当中一位是教师，一位是在校的大学生，还有一位是报纸编辑，都是有知识、有才华的人。

此后几次我们交谈的内容也更加广泛了，从做工谈到种田，从城市谈到农村，从家庭谈到社会，从眼前谈到未来。他们还对我们解释什么叫革命，什么叫国民党，什么叫共青团（C.Y），什么叫共产党（C.P），等等。我们去听的工人越来越多，有时谈到深夜。一次谈话结束时，一位姓王的先生对我们说：“下次见面时，我要向你们介绍一位专门搞工人运动的朋友。”

那次交谈回来时，已经深夜了，我晚饭还没有吃。为了不惊醒家人，特别是怕惊动老祖母，就在宝山路一家小饮食店里买了两碗粥充饥。但到家里，看见老祖母仍坐在房里等我。她心痛而又埋怨地说：“怎么这样迟才回来？夜饭都凉了，快去热了吃吧！”我说：“亲妈，我已经吃过了。”我因高兴得实在忍不住，便小声告诉祖母说：“将来工人农民团结起来，坏人、反动派统统都打倒了，天下就是我们穷苦人的了，我们的日子就好过了。”祖母听了也很高兴，关心地说：“现在世道这样乱，在外面要格外小心；晚上要早点回来，免得我在家里心神不安！”

自从结交了那几位革命知识青年以后，我好像浑身有使不完的劲。和我同机工作的“上手”杨师傅是上海本地人，是一个技术熟练、态度严肃的老工人，在工人中有一定的威信。“拿摩温”也看重他，经常分配给他较好的活做。他不得罪人，自己的饭碗捧得很牢，对革命工作也表示同情。我由于经常在厂外活动，常迟到早退，有时还要请假，杨师傅既不责备，也不扣我的工钱。与我同机工作的“下手”是杨师傅的儿子，人们都叫他小杨；他聪明活泼。我在政治上启发他，在技术上帮助他，放手让他做活。这样，杨师傅心里也很高兴。我外出活动时，杨师傅就让小杨替代我干活。

在车间九号机上的学徒小施是从崇明岛农村来的。他在车间经常挨“拿摩温”的打骂，是“拿摩温”的一个出气筒。我除了经常为小施打抱不平外，在生活上也尽量关心他，由此我俩成了很好的朋友。在我后面印机的“二手”叫赵锦福，生长在上海，读过几年书，同我也很接近。我经常给他们讲些刚学来的浅显的革命道理，他们都很听得进，积极参加各种进步活动。我们还分工有目标地找青年工友谈心，“联络感情”。这样，没有多久，我们将几个车间的许多青年工人都联系在一起了，有机会就在一起讨论，分析各车间工人的思想动态，搞些宣传活动。

我还把在厂里的活动和工作，随时向那几位知识青年朋友汇报，并听取他们的指点。

1925年春节刚过，一天晚上，老王介绍我认识了印刷工人徐梅坤（浙江萧山人，中共杭州小组的创建人，全国解放后任国务院参事）和郑复他（浙江诸暨人，1928年曾任上海总工会委员长，不久被捕牺牲）。他俩都是印刷工人出身，专门从事工人运动。老王告诉我：“以后有关工人运动的问题，就找郑复他同志。”就在那次会见后接着开了个会，郑复他在会上宣布，经过上海地方党组织的批准，我被吸收为共青团团员（C.Y）。

我入团以后，在中华书局先后发展了徐秋生、朱飞熊、赵葵（赵锦福）、唐寿贤等为团员，并建立了团支部，由我任支部书记。我们这个团支部后来属沪西区委领导。团委书记是李强（曾培鸿，解放后曾任中央外贸部部长），我任团区委组织委员，另一委员是胡锦鹤（后叛变）。

在我入团的那天晚上，郑复他曾提出了筹建“上海印刷工人联合会”的问题。不久，我们就在浙江北路华兴坊25号的一家石库门内设立了联合会的会址，开会推选徐梅坤为主任委员；郑复他为总务科长（相当于秘书长，负责实际工作）；委员有汪沛贞（中华书局工人，后调到商务印书馆工作）、王景云（商务印书馆装订工人）、徐鸿生、陈醒华和我等十几个人，我兼任总务科副科长。上海印刷工人联合会成立以后，曾组织了几次较大的群众斗争和活动。

先是，1925 年 3 月 12 日孙中山先生在北京病逝以后，全国各地分别隆重举行追悼大会。在上海，由国民党左派和中国共产党共同主持，在南市体育场召开孙中山先生追悼大会。我们发动上海印刷界工人参加了这次大会。

再是，上海印刷工人联合会发动印刷工人声援沪西潭子湾“日本内外棉纱厂”工人的 2 月罢工斗争。当时日本人在华开办的纱厂有 41 家，其中在上海有 27 家，工人达五六万人。1925 年初，日本内外棉八厂开除了一批工人，用“养成工”来代替。所谓“养成工”，实际上是一批十多岁的童工；她们的待遇十分可怜，只供饭吃，不发工资。而且这少得可怜、仅能维持生命的“包饭”，工头们还要从中克扣。很明显，用“养成工”来代替正式工人，其目的是为了便于控制工人，榨取工人的血汗。因此，这个厂的工人就派代表同厂方交涉，要求厂方召回被开除的工人，并提高“养成工”的待遇。厂方不但不答应，反而扣押了工人代表，这激起了工人们的愤怒。在中国共产党的领导下，内外棉五厂、七厂、十厂、十二厂的 9000 多名工人，像潮水般涌向潭子湾沪西工人俱乐部的空地上，并立即宣布罢工。厂方派出代表谈判复工问题。工人代表提出的复工条件：第一，被开除的工人要全部复用；第二，罢工期间的工资照发；第三，今后不准随便打骂工人、开除工人；第四，改善“养成工”的生活待遇。日本资本家拒绝答应这些条件。

两个半月后，罢工工人发展到 4 万多人。日本资本家一方面请当局派军警镇压；另一方面唆使和收买工贼企图破坏罢工运动。但在中国共产党各级组织的领导和参与下，他们的阴谋一个个被揭穿了。资本家无可奈何，被迫恢复了谈判，并接受了工人提出的复工条件。大罢工取得了巨大的胜利，这有力地推动了上海工人运动的迅猛发展。

1925年4月，就在潭子湾罢工处于高潮的时候，我和汪沛贞、徐鸿生等经上级党组织批准，加入了中国共产党。我们的入党仪式是在上海印刷工人联合会会所举行的，主持人是徐梅坤，郑复他宣布了党组织的这项决定。入党仪式很简单，但很庄严，给我一生留下难忘的记忆。

我入党以后，在厂内先后发展了王鸿昌、徐秋生、高友洪等五六名党员，并成立了党支部。我被推选为党支部书记兼任厂工会党团书记和秘书长。代表上级党组织参加我们支部大会并进行指导的有戴成本和瞿景白（瞿秋白的胞弟），李强有时也来出席会议。我们开会的地点多在我和徐秋生合租的住处——愚园路4号顾建兴花园内。

这期间我曾多次参加党组织秘密举办的训练班，每期训练班有十余人，由上海地区的党团组织领导人授课。罗亦农讲《俄国十月革命运动史》，汪寿华讲《工人运动》，贺昌讲《青年运动》，等等。我们白天做工，晚上学习。通过学习，自己眼界开阔了，为党工作的目的性和自觉性也增强了。

二、参加五卅运动

1925年的五卅运动是中国共产党成立后领导的第一次全国性的、大规模的反帝爱国运动，在中华民族解放史上写有光辉的一页。五卅运动的策源地就是上海。

当时中华书局印刷总厂的工人刘华，经过我党创办的上海大学的学习培养，由党组织派往沪西小沙渡工作。他在内外棉纱厂、丰田纱厂、大康纱厂相继建立了工会组织。这引起了日本资本家极大的恐慌，他们要求日本纺织同业商会出面予以取缔。5月13日，内外棉第十三厂的日本资本家首先发难，开除了两名工人。这立即遭到了全厂工人的强烈反对，引发了该厂工人的罢工。第二天，内外棉第五厂、第七厂的工人也相继罢工，声援第十三厂工人的斗争。

这时，内外棉七厂的资本家却想混水摸鱼，趁机向工人反扑，撕毁2月罢工时与工人签订的协议，以停工关厂相威胁，无理开除工人代表，妄图与第十三厂的日本资本家相呼应，将蓬勃兴起的工人运动扼杀在摇篮里。

5月15日，该厂工人、共产党员顾正红同其他工人代表一起与厂方进行交涉。日本大班（厂长）率打手竟当场开枪打死顾正红，并打伤多名工人。这一暴行激起了上海各界人民的极大愤怒，纷纷上街游行示威。

顾正红惨案发生以后，我接到上海印刷工人联合会的通知，组织厂里的工人，参加了5月24日在潭子湾工友俱乐部附近一块空地上举行的追悼顾正红的万人大会。在会场上我们拉着一幅写有“中华书局工人”字样的大横幅，非常的醒目。这次大会的总指挥是刘华。这期间我们不断听到有示威群众被捕的消息。

为了反对帝国主义的暴行，5月30日，在党领导下，以上海学生联合会的公开名义举行了反帝游行示威斗争。但在南京路遭到帝国主义的血腥镇压：打死学生、工人等13人，重伤10余人，被捕40余人。制造了震惊中外的五卅惨案。真是旧恨未了，又添新仇。当夜中共中央举行会议，决定号召全上海罢工、罢市、罢课，以组织全上海市民总联合的反帝大运动。

惨案发生后当时我们并不知道。当晚，中华书局印刷总厂的工人正借西摩路（今陕西北路）上海大学的一间教室召开厂工会筹备会成立大会，邀请了印刷工人联合会负责人郑复他出席指导。会上通过厂工会筹委会章程和领导人名单。将要散会时上海大学秘书长韩觉民气喘吁吁地来到会场，讲述了下午南京路上发生的惨案经过。大家立即愤怒地高呼“打倒帝国主义”、“收回租界”等口号，并当场决定第二天在浙江北路华兴坊印刷工人联合会集合，参加游行示威。

五卅惨案现场

第二天（5 月 31 日）是星期天，下着瓢泼大雨。上午 11 时许，中华书局和商务印书馆等印刷厂的工人，冒雨带上自己花钱买的白布横幅、纸张、浆糊、铅筒和扫帚等工具，从印刷工人联合会出发，列队浩浩荡荡向南京路进发。大家把浆糊刷到大商店的玻璃窗门上，然后贴上白纸，再写上“打倒帝国主义”、“收回租界”、“释放被捕学生、工人”等标语口号。从西藏路到河南路，参加游行的工人、学生和其他各界群众，人山人海，交通被阻塞后，车上的乘客都被请了下来。巡捕房派出武装巡捕开始殴打群众，并开来消防车，用高压水龙头向群众冲击。但是，愤怒的人群并没有被吓倒，他们高呼“冲过去把水龙头夺过来，反冲巡捕！”有些人跑到了日升楼茶园、同羽春茶园的楼上，居高临下，用茶壶、茶碗、凳子为武器，往巡捕头上砸去。马路上的群众也同巡捕展开了英勇的搏斗。

我们对印度巡捕说：你们印度也是英国的殖民地，为什么你们甘心帮助他们镇压我们中国人？我们又对华人巡捕说：帝国主义打死了我们的同胞，你们是否是中国人，怎么还为他们做事？这样一宣传果然很有效果，印捕对我们不再那么凶了；华捕在我们开展罢工斗争中，在革命浪潮的推动之下，也进行了“罢岗”斗争。

这时，上级指挥机关已决定立即实行“三罢”（罢工、罢市、罢课）。

示威群众要求各商店立即关门罢市。但是一些商店的老板怕做不成生意，推托说要总商会下令才能罢市。群众就高喊“大家都到总商会请愿去！”真是一呼百应，成千上万的人怒吼着一齐拥向河南北路总商会，把总商会团团包围了起来。这时在场的印刷工人们推选我到总商会里察看情况。我进去一看，总商会的会场挤满了人，气氛十分紧张。只听到上海学生联合会的代表林钧高声说：“上海总工会、全国学生联合会、上海学生联合会、各马路商界联合会的代表一致决定罢市、罢工、罢课。总商会必须马上下令罢市！”总商会的副会长方椒伯圆滑地说：“同胞们的爱国热情，兄弟是一向敬佩和同情支持的，但要我下令罢市，则兄弟无此权力。”他又说：“虞洽卿会长正在北京与段祺瑞政府商谈国事，关于罢市问题，等虞会长回来后再作决定。”群众代表听了气愤地说：“总商会如不下令罢市，我们坚决不走！”于是双方僵持着。游行示威的指挥者当即决定，组织临时纠察队在场内外维持秩序，防止坏人捣乱和总商会的代表溜走。这样一直坚持到晚上 10 点多钟，方椒伯才被迫在协议书上签字，并当场宣布：“各商店立即关门罢市！”会场上顿时响起掌声和欢呼声。

这些日子我因日夜参加运动，无暇洗澡和换衣，身上生满了虱子，但已顾不得这些，只是担心第二天的“三罢”能否实现。6 月 1 日清早，我一起床便跑到南京路上，只见全部商店大门紧闭，罢市已经实现了，心里有说不出的高兴。马路上行人稀少，只有少数学生、工人仍在张贴标语和散发传单；由于清洁工人的罢工，马路无人打扫，纸屑、果皮等遍地皆是；成队的武装巡捕持枪来回巡逻。

早上 8 时，像往常一样，中华书局印刷总厂的工人按时进厂，“拿摩温”把马达推上，车间里的地轴开始呼呼地转动，但皮带轮子在空转，几十架印刷机却没有开动。工人们都聚集着议论五卅南京路上群众与英国巡捕英勇搏斗的场面。就在这时，我们突然发现彩印车间竟然开工了！厂工会筹委会成员感到问题的严重，立即开会研究中华书局印刷总厂如何全面执行罢工的指示。会议决定：下午 1 点工人上班时，用桌凳在厂门口搭成临时讲台，向工人宣讲罢工的意义，由工人群众选举厂罢工委员会，领导全厂的罢工。

下午1点钟未到，工厂大门口已聚集了无数工人，路都被堵塞了。工人们听完演讲，情绪高涨，都赞同一齐罢工，并当场推选出厂罢工委员会成员；我和几位工人积极分子都被选上了。为了团结大多数，我们又提出了几个在工人中有威望的老工人和两个平常和工头关系较密切的工人为委员，争取他们和罢工群众站在一起。名单宣布以后，工人们一致鼓掌通过。罢工委员会立即宣布："中华书局印刷总厂从现在开始罢工！"

正当我们厂罢工顺利进行之际，商务印书馆的工人汪沛贞突然来电话说他们的罢工遇到了困难，要我们中华书局印刷厂工人立即去支援。中华厂的罢工委员会当即答应了他们的求援。许多工人，特别是青年工人都争先恐后地拥向闸北宝山路，经过浙江北路，走到界路（现天目中路，因路南是租界，路北是华界，故称界路）时，大家看到前面有日商的"大学眼药"、"太阳啤酒"、"老头牌仁丹"以及英国烟草公司的"老刀牌香烟"等大幅广告招牌，不禁怒火中烧，便一拥而上，把招牌用力推倒在地，用脚踩得稀烂。

我们赶到商务厂时，他们的工会代表汪沛贞、徐洪生、陈醒华等人，正站在门口翘首等待。我们立即将带去的上书"中华书局罢工工人支援商务印书馆工人罢工"的巨幅标语，用竹竿高高挑起，拉在商务厂的大门口。这时，商务印书馆放工出来的职工，对我们声援队伍热烈鼓掌表示欢迎。当即双方工会代表商定，第二天一早，由中华厂的罢工工人在商务厂门口，帮助说服该厂工人不要上班，共同罢工。

可是，商务印书馆的资本家知道后即报告了警察局。第二天一早来了大批武装骑警，企图驱散工人。中华和商务两厂的工人乘机向骑警宣传说："帝国主义在南京路上屠杀中国人，难道我们中国人能容忍吗？"工人们高呼"中国人不打中国人"、"一致反对帝国主义"的口号。经过反复的宣传，武装骑警开始有所觉悟，对工人也不大凶了，相持了一段时间后，他们就退走了。于是，商务厂的工人也实现了大罢工。

1925年6月1日，上海总工会（简称"上总"）宣告成立，李立三任委员长，会址设在闸北宝山路宝山里。同日，发表《宣言》和《告全体工友书》，宣布为反对帝国主义屠杀中国人民举行总同盟罢工。印刷工人联合会也同各报馆、彩印、墨印石印、装订等工会联系，积极响应“上总”的号召。

我当时是上海印刷工人联合会的领导人之一，并担任中华书局总工会的秘书长、工会党团书记兼党支部书记和青年团书记。在这段时间，我经常被通知去参加“上总”召开的活动分子会议。会议的地点不固定，时间都在晚上7点以后。有两次会议是在虬江路广东会馆和香山同乡会召开的，每次到会约四五百人。在会上作报告的有李立三、刘少奇、张国焘等领导人。每次会议只有一二人讲话，内容都讲政治形势和斗争任务。有一次讲到斗争策略时，一位领导人指出，罢工要断绝对外国人的物资供应，而电灯、自来水等涉及千家万户生活的工厂，仍要照常上班开工，以保证水电供应不误。“三罢”期间，工纠队把沪杭、沪宁铁路每天运来的食用牛没收来，牵到宝山路口宝通路广场。牛吃的饲料由“上总”总务科向郊区收购稻草来解决。因看管牛的同志外行，把整捆的稻草给牛吃，牛吃不下，都给喂瘦了。

五卅运动期间，由瞿秋白主编的一份小报《热血日报》，每天下午都送到上海总工会由工人们去分发。日报刊登一些有关“三罢”的情况和社会上的动态，使广大群众及时了解五卅运动的进展情况，深受广大市民的欢迎。

五卅反帝爱国运动的革命风暴迅速由上海席卷全国。北京、汉口、南京、广州、杭州等城市，约有1700万人不顾帝国主义及其走狗的阻挠和镇压，奋起响应上海人民的斗争。

“三罢”以后，上海工商学联合会先后向租界当局提出，惩办杀人凶手，赔偿惨案一切损失，取消戒严令，释放被捕华人，承认工人有组织工会的自由，罢工期间工资照发等条件。但由于英、日帝国主义者各怀鬼胎，互相推诿，这些条件没有能实现。

在此形势下，上海总商会提出，罢市一天中国商家要损失30万元，主张开市。上海总工会认为商会可以下令开市，但要支持工人的罢工，为解决罢工工人的生活费用，提出了“抽货办法”：仇货（外国货）按其所得的百分之五十抽，国货按百分之一抽；所抽款项作为罢工费用。商会满口答应，终于在6月23日开市。但是开市以后，资本家没有履行协议：本来应抽银30万元，可维持罢工工人一个月的生活费用，但实际上只抽到4万多元。

开市以后，上海总工会根据党的指示，考虑到大批罢工工人的生活问题，以及为争取华商资本家继续支持五卅反帝运动的发展，决定除了“外商”办的工厂的工人继续罢工以外，“华商”工厂的工人可有条件地复工。这样，举世瞩目的上海五卅大罢工就此告一段落。

中华书局印刷总厂的党组织，根据上级关于民族工业先复工的指示，在罢工一星期后就派代表和资方谈判复工问题。工人代表向资方提出的条件大致是：一、罢工期间工人的工资照发；二、不得开除罢工工人；三、关于五卅运动期间所印刷的宣传品，应免费；四、承认工会是代表工人的组织。

资方由唐舵和王瑾士同厂罢工委员会进行谈判。开始时资方态度强硬，谈判告吹，于是工人继续罢工；以后经过反复的谈判和斗争，资方才被迫答应了厂罢工委员会提出的条件。至此，中华书局印刷总厂的罢工宣告胜利结束。

在五卅运动中，有一件事使我很受教育，并从中明确了斗争必须分清敌、我、友，注意斗争策略的道理。

事情是这样的：在五卅运动中，中华书局和商务印书馆的青年工人，革命情绪很高，夜以继日地投入斗争。就在此时，以钱芝香为首的老工人按照历年的惯例，要发起募捐筹办“兰盆胜会”，请和尚念经消灾，举行会餐。当时青年工人的政治觉悟已有明显提高，对此议论纷纷。他们向我汇报以后，我立即在民厚里工会会所，召开厂党、团员和青年活动分子会议。上级领导人戴成本也应邀出席指导。大家坚决一致反对举办“兰盆胜会”。有人气愤地说：“参加五卅罢工的活人尚且没有饭吃，哪有钱去敬鬼神呢？”这时有人提出：“如果劝阻无效怎么办？”戴成本也是个血气方刚的年轻人，受会议气氛的感染，便轻率地表态说：“要是劝阻不成，我就通知码头工会，组织三四百名码头工人去大闹一场，把他们准备的素餐吃个精光！”与会同志一致拍手叫好，表示拥护。

事后，我冷静下来，感到事情这样处理并不很妥当，便当夜赶到印刷工人联合会，向郑复他作了汇报。郑严肃地说：“你们这个决定犯了一个严重的错误。当前的主要任务是大家团结起来，共同反对帝国主义；如果按照你们的决定去做，势必造成工人阶级内部的分裂，削弱工人阶级的战斗力，其结果是亲者痛、仇者快。”他还指出：“发生在工人阶级内部的问题，千万不能用简单粗暴的办法。”为此，他提出两点意见：一、明天一上班找原与会的青年工人，向他们讲清道理，取消原来的决定；二、约请老工人钱芝香到会所，由徐梅坤和他做钱的思想工作，让他自己取消举办“兰盆胜会”的打算。

我表示完全同意郑复他的意见，并说：“从我与钱芝香的交情来说，邀请他来是不成问题的。”两天以后，我陪着钱来到华兴坊会所，受到徐、郑二人亲切接待。徐梅坤态度和蔼而又诚恳地说：“钱先生对工人公益事业一向很热心，我们早有所闻，非常敬佩，希望以后能加强合作。”郑复他也坦率地告诉他，青年工人对他在国难时期搞“兰盆胜会”有些意见。希望他能顾全大局，不要举办。经过推心置腹地交谈，钱芝香痛快地表示不举办这次“兰盆胜会”了，并且拿出两角钱作为会费，要求参加印刷工人联合会。事情就这样圆满结束了。当时如果按我们商量的办法去处理，就会把事情闹得不可收拾。这说明自己参加革命不久，看问题和处理问题，站得不高，缺乏经验。

经过五卅运动，上海印刷工会日益扩大。8 月 26 日，上海印刷工人联合会在南市老西门召开印刷工人代表大会，宣布成立“上海印刷总工会”，主任委员是徐梅坤，总务科长是郑复他，我任副总务科长。经过民主选举的，除原印刷工人联合会的领导都当选外，还增选了部分新的同志。会址迁到宝山路东方图书馆附近。在大革命时期，上海印刷总工会是上海总工会领导下的七大工会之一，有组织的职工达 20 余万。由于地区分散，单位众多，因而在各区分设了六个办事处，以便加强领导和联络工作。

1925 年底，商务印书馆和中华书局印刷总厂的工人，为反对资本家的残酷剥削，争取增加工资、改善工人福利，举行了第二次大罢工。罢工的起因是：1925 年“江浙战争”停止以后，各地中小学相继开学上课，为了承印教科书，商务印书馆和中华书局竞争十分激烈。资方为了多赚钱任意延长工时，增加劳动强度，遭到工人们的反对。这次是邮电工人首先罢工，取胜后，接着商务印书馆工人开始罢工；他们复工后，中华书局印

商務印書館全體工人罷工宣言

前次我們同人曾萬不得已罷過一次工，嗣後經雙方交涉結果，忍痛簽訂條件復工，那知復工以後，公司不惟不照條件履行，反而壓迫更加嚴厲；我們還以爲有復工條件在，忍痛工作，自有稍解的日子。那知公司一意孤行，曾不體念我們的困苦，尅扣米貼，開除工人，工資也不照條件發給，甚至於大小便也不准我們自由，鉛印部工友熊壽康，因此開除；在工作抽空的時候，說一句話，部長也要干涉；到了現在，天氣冷了，年關又快到了，竟出人意料的大批開除工人了，並且還擬出一張名單，華字部二十五人，製造部五十餘人……都要陸續開除的；前天（十九日）總務處又發出許多開除工人的通告，發行所十餘人，總務處七人，編輯所十餘人，並且還印好許多開除工人的通函。如此情形，真如待決之囚，個個有開除的危險！開除不打緊，在這樣嚴寒而又兼年關的時候，要我們怎樣過活?!豈不是制我們工人的死命嗎?!

我們自復工以來，先後開除的工人，已經不少，最近被開除的，復有：製造部，照相部工人鄒爾昌，黃丕衡等十數人，其中均爲服務廠中一二十年的工人，尚有因廠務殘廢斷足的，有從公司開創起做到現在的，雖經我們全體工人具理致函公司要求恢復工作，並請開除的理由宣佈。函告之後，公司不但沒有答覆，反而出佈告，說我們工人問得不好；我們全體工人爲慎重起見，再去函請示於禮拜一（二十一號）詳細答覆，仍然是在投大海，無影無蹤。這樣的情形，是不是破壞我們復工的條件，想置我們工人於死地。

商務印書館，是全國的文化機關，自命是優待工人的，然而我們工人所受的痛苦竟到如此田地，我們還有什麼生路呢?!我們現在要想公司履行復工條件，大小便自由，說話自由，恢復被開除工人工作，以後不要再開除工人；萬不得已，宣佈罷工了！只要達到上項條件，我們就立刻恢復工作，謹此宣言！深望各界予我們以同情和援助!!

商務印書館工會　十二月二十二日

商务印书馆第二次罢工时，工会印发的罢工宣言

刷厂工人也开始罢工，领导这次罢工的基本是厂罢工委员会的原班人马。

我们罢工以后，资方仍然派出唐驼和王瑾士这两人同罢工委员会进行谈判。他俩讲了一大堆经济上的困难，说什么企业正在风雨飘摇之中，要工人体谅。王还拿出一叠资料，把商务印书馆同中华书局的营业情况进行比较，想以此来拒绝工人提出的合理要求。罢工委员会的代表据理驳斥，气愤地说：“我们每天从早干到深夜 12 点钟回家，连自己的亲生子女也不认识父亲！我们日夜如此辛劳，却收入微薄，连糊口养家也做不到。所谓中华书局是数一数二的‘东方文化企业’，这是徒有虚名！”唐、王二人态度十分蛮横，几次谈判都是争吵而散，毫无结果。

在谈判没有进展时，资方开始耍两面手法：一方面继续同工人代表谈判；另一方面在背后挑拨各部门之间的关系，利用彩印车间的一部分

常州、无锡工人的同乡关系，由车间工头出面，带领同乡工人上班，破坏罢工。厂工会得知这一消息以后，连夜召开工人活动分子会议，商讨对策。工会派代表到各工头家里，劝他们站在工人一边，支持罢工斗争；同时组织工人纠察队，在清晨到各马路口守卫，防止工贼破坏。

资方一计不成，又生一计。突然通知工人代表，要求继续进行谈判。但是没有想到，当代表们刚走进谈判室，还没有坐下来，突然来了武装巡捕，他们在厂门口架起了机关枪，对工人进行威胁。代表们立即向厂方代表提出强烈抗议，要求必须先撤走武装巡捕，然后才有可能坐到谈判桌前。经过较量，厂方只好通知巡捕房，撤走了武装巡捕。

中华书局资方既看到工人代表不达目的决不罢休的态度，又看到商务印书馆复工后的兴旺营业，垂涎三尺，急于复工赚钱，被迫对工人提出的条件作出让步。在谈判中双方争执最多的、也是屡次使谈判陷入僵局的关键一条，是工人要求增加百分之十的工资问题。资方权衡利害得失，终于在协议书上签字，答应了工人的条件。

罢工胜利以后，我们在曹家渡的一个院子里，召开了中华书局印刷总厂工会成立大会。这天到会的约有300多人，其中大部分是工人积极分子。大会邀请郑复他出席指导。会议通过了厂工会章程，还民主选举出厂工会执行委员会的成员。工会主席是王鸿昌。这是中华书局印刷总厂最早建立的在中国共产党领导下的工人自己的组织。

三、办地下印刷厂

中国共产党在创建初期，没有自己的印刷厂。当时中共中央及其领导下的群众团体的文件都是靠油印，书籍和刊物则由比较进步的印刷厂代印。随着革命形势的发展，需要印刷的文件和书刊越来越多。但是，在反动统治时期，反动派对带有革命色彩的印刷出版物的控制是很严的。

五卅运动前，在派克路（今黄河路）有一家主要为中共中央代印文件、书刊的“明星印刷厂”曾被反动当局查抄，厂老板被捕判刑。这就引起了其他代印厂家的恐惧，谁也不愿意再冒被抄坐牢的风险给我们代印书刊了。由于五卅运动的迅猛发展，中共中央和上海总工会有大量文件和传单要赶印，党中央的《向导》和《新青年》等刊物也需要尽快出版，以指导运动的健康发展。因此，在五卅运动开始时，党中央就决定要筹办自己的印刷厂。

开办地下印刷厂是非常艰巨而又危险的。在党中央出版局的领导下，1925 年六七月间，开始筹办第一个印刷厂。负责筹办印刷厂的是倪忧天（浙江人，新中国成立后改名为倪中虚）。他苦于无助手，因而转请上海印刷总工会的郑复他和徐梅坤代为物色。于是郑、徐二人就找到我。那时我虽然工作非常忙碌，但深知创办地下印刷厂的重要性和迫切性，便毫不犹豫地接受了这项艰巨的任务，每天利用晚上和工余时间，协助倪忧天工作。

不久，经过我们的努力，我们党的第一个印刷厂创办起来了，厂址设在上海北火车站附近的香山路香兴里的一条弄堂里。这是一座三上三下的石库门房子，前门挂着“国华印刷所”的招牌作为掩护。厂里的设备有：两部对开机、一部圆盘机（脚踏架）、一部切纸机（刀架）、一只浇字摇炉、一副老五号宋体钢模，以及三、四号头子铅字等。排字房的负责人是陈豪千，排字工是孙五梅，混字工是史叔荣。以后，上级组织又陆续调来了几个工人。印刷厂的任务很繁重，但工人们的工作热情很高，能够按时完成上级交给的任务。当我协助倪忧天完成筹建印刷厂的任务后，就把我的同乡、印刷工人马永寿推荐给倪忧天，顶替我的工作，我仍然去搞工人运动。

地下印刷厂开办后约三个月，上海的反动势力活动猖獗，形势一天比一天紧张，环境越来越恶劣。1925 年 9 月的一天，国华印刷所派交通员沈先定拿着《 × × 决议案》的清样，送上级组织校阅，途中碰到巡捕抄靶子（即搜身），沈在惊慌中把清样和原稿都丢失了。他立即返回向倪忧天和陈豪千作了汇报。倪、陈二人一边立即处理掉排印的版子，一边急忙向上级组织报告并请示处理办法。上级组织的领导人得知后，估计印刷厂会暴露，为了安全起见，决定印刷厂立即停产关门，人员全部撤离。这样，党的第一个地下印刷厂就此结束了。

1925 年 8 月 22 日，上海反动当局组织流氓冒充工人，闯进上海总工会机关进行捣乱，砸烂家具，打伤工作人员。上海戒严司令部以维持社会治安为名，对上海总工会进行查封，上海总工会副委员长刘华也被反动派杀害。白色恐怖笼罩着整个上海。我由于经常在厂内外活动，也引起了反动派的注意。一次工头找我谈话："年轻人要好好在厂做工，不要外出搞什么活动。过去的辛亥革命，我也参加过一些活动，到头来有什么结果呢？宋教仁不是被暗杀了吗？"他表面是在善意地劝说我，而暗地里，却到我工作的机器旁检查工具箱；与此同时，巡捕们也来到我的宿舍进行搜查。正在这时，中共中央出版局又要筹办印刷厂，需要人。党组织知道我的危险处境，便决定把我调出中华书局印刷厂，去筹办党的地下印刷厂。

大约在 9 月底或 10 月初，我接到党组织的通知，去见倪忧天。倪忧天把国华印刷所发生的事情详细地告诉了我，并说："现在印刷任务很急、很繁重，组织上考虑到你对印刷业务熟悉，决定让你再来筹办印刷厂。"倪又关心地说："敌人正在监视你的行动，组织调你来筹办印刷厂，对你隐蔽也有好处。"起初我还不大愿意去，仍想继续搞工人运动，但是，组织已作出决定，便告别了曾经朝夕相处、同生共死的亲密战友，依依不舍地离开了中华书局印刷总厂，走上了新的工作岗位。

新的印刷厂在青云路青云桥南，靠近横浜河，设在广益里内东边的一幢半房子里。工厂的设备要从国华印刷所拆迁。尽管国华印刷所没有被敌人查抄，但随时可能被敌人破坏。为了保密，拆卸机器没有请外人，我一个人夜以继日地拆卸、整理、装箱，用了两天多的时间，然后雇了两辆老货车，把机器运到新厂址安装好。再由倪忧天通知陈豪千等人来厂开工印刷。厂名定为“和记印刷厂”。

印刷厂开工后，为了减少机器开动时发出的噪音，安装时，在地下挖了一条槽沟，将皮带盘和地轴都埋在槽里。但因地下水位高，碰到下雨天，皮带槽就成了水沟，马达就不能开动。为了对付下雨天和停电，我们还准备了手摇装置，用人工手摇的办法开动机器。

新厂排字房仍由陈豪千负责，还有孙五梅等五六个人。浇字工人陈祥生，是新从明星印刷厂调来的。我负责机器房的工作，并担任厂党支部书记。组织上还派工人徐元坤（徐梅坤的胞弟）和两个学徒到机器房工作。会计兼校对是曾猛。厂的总负责人仍然是倪忧天。陈祥生和徐元坤两人以后由我介绍加入了党组织。

印刷厂接受的任务有突击性和经常性两种：突击性的任务很急，比如明天要开市民大会，需要大量传单，今天送来稿子，当晚就要印好送出去；经常性的任务是印《向导》周报和《新青年》杂志。工厂按照稿件排好字后，先用薄型纸印六份清样，交给组织转送到北京、天津、郑州、广州、武汉和重庆，供那些大城市的党组织翻印出版。本厂则自己打纸型印刷；当时这两份刊物的印刷数量都不大，大约每次印二三千本。

在青云路青云里，我们还租了一幢石库门房子，楼上是工人的集体宿舍，我和陈豪千两人住在亭子间，楼下则用以堆放纸张并兼作食堂。工人们晚饭后一般不出门，在宿舍里不是开党团组织生活会，就是开娱乐会讲故事。我仍像在中华书局那样，晚上除了参加突击性的夜工以外，经常外出参加上海地方党组织举办的学习班。学习班的地点不固定，多在青云里或师寿坊（上海大学所在地）。讲课时外设岗哨，参加的人需要对上“口号”才能进去。学习班仍由罗亦农、贺昌、汪寿华等领导人讲授，内容有《俄国革命运动史》和《青年运动》等课程。

青云桥印刷厂建立以后，也遇到一些麻烦的事情。有一天傍晚我们正在印刷《向导》周报，突然有人来敲后门，开门一看，是一个西装革履的邻居，他大约在什么银行或洋行当职员。他问道："你们印的是什么东西？为什么白天不印？是不是印见不得人的东西？"他这样大声嚷嚷，对印刷厂的保密十分不利。我便客气地把他请进来，态度软中带硬地对他说："先生，您不能这样讲，这样讲是有损本厂名誉的！我们白天印，晚上也印，白天机器声扩散响声小，晚间夜深人静响声大，难免影响邻居休息。我们印的没有什么秘密，先生如果不信，可以到里面去看看。"我说罢就拉着他的手往里走。这样一来，他反而觉得难为情，连声道歉说："请原谅，请不要在意，我是随便问问的！"说完回头就走了。

第二天上班时，我向倪忧天、陈豪千汇报了昨晚发生的情况。分析认为，夜间机器发出的噪音，的确影响了邻居们的休息，这是引起邻居不满的主要原因。但还不止如此，从那位邻居的话可以听出，由于楼上排字房和邻居紧贴隔壁，工人们在排字时，说话不够注意也是个很重要的原因。如碰到缺少某铅字时，就随意向浇字房的工人高声大叫缺个共产党的"党"字，缺少总工会的"总"字或缺少蒋介石的"蒋"字，等等。这对即使不过问政治的一般平民百姓来说，也能猜到工厂印的是什么样的印刷品。根据这一情况，厂里立即开会，要求大家加强警惕性和纪律性，以后缺字不准随便乱叫乱喊。自此以后，工厂与邻居倒也相安无事。

1926 年春的一天，青云路派出所的两个警察突然闯进来，手拿我们正在印的一页《向导》周刊的印片，气势汹汹地说："厂长在吗？叫他赶快出来！"工友们告诉他俩说："厂长采购纸张、油墨去了！"他俩一听火气更大，就把校对兼会计的曾猛带走了，关在青云路派出所。第二天派出所来人叫保，我们花了 50 块大洋，才把曾猛保释出来。人是回来了，但这个地下印刷厂显然已经暴露，不能再印秘密文件和进步书刊了。遵照上级的指示，印刷厂立即停业关闭。

在青云路印刷厂出事前，中共中央就决定要再办一个印刷厂，组织上又把这项任务交给了我。于是我把机器房的工作移交给徐元坤，到租界闹市区选厂址，最后选定泥城桥新闸路 57 号鸿祥里 14 号的一幢石库门房子。添置了机器，购买了印刷材料和其他用品，挂出"中兴印刷所"的牌子，开始正式营业。

原想把新买的全张机“大英架子”安装在通客堂地板上，可是当我们动工时，管房子的经租账房突然进来看到，无论怎样说好话，他坚决不让装。但“大英架子”要安装在灶披间里，是不可能开机印刷的，只好请来明精机器厂的老板章锦林，一起研究。章的办法是先把地基用水泥填高扩大，再叫工匠将墨台改装，缩短平台。这样安装以后我们勉强可使用。住在这里的居民，几十年来一直感到奇怪，为什么这个灶披间的地基高出一尺多？直到全国解放以后，一次我故地重游，说了这件事，才解除了他们的疑团。这是后话。

中兴印刷所不排字，只浇铅版和印刷。浇铅板的工人是史叔荣，他先前在国华印刷所做过。厂里除我以外，还有倪通裕（倪忧天的侄儿）、徐鸿生（商务印刷厂的工人）、我哥哥毛品章、施有章，另有一位名叫王芝惠的，是从北方调来的，由他任账房，总共六七个人；组织上指定我负责该厂的工作。

这个厂能印全张报纸，印的份数也比较多。布哈林的《共产主义ABC》，一印就是一万多册。在这里印好的印刷品都是由厂里的工友送发，不许外人来取。1926年夏，由于青云桥那个厂已经暴露，不得不转移厂址。上级决定在新闸路638弄新康里（现名斯文里）22号，租了两幢房子，由陈豪千的原班人员负责迁厂事宜，挂“文明印务局”的牌子。这样，两家地下印刷厂都在新闸路，一家在东头，一家在西头。因怕青云桥厂在迁移时被敌人盯梢，需要观察一段时间，所以相当长时间，两家印刷厂互不交往。以后因文明印务局的工作比较复杂，才把我调去。中兴和文明两厂的负责人是倪忧天。我是具体经办人，不脱产，两边跑，开始是以中兴厂为主，以后以文明厂为主，并兼任两厂党支部书记。后来，文明厂又增加了马永寿为技工，马永年为学徒。中兴厂的日常工作改由徐鸿生负责。

这两家印刷厂共有20多名工人，骨干力量多数是共产党员和共青团员。学徒则多数为中共领导人员的子弟，政治素质较好，组织纪律性也比较强。为了保守机密，平常全体人员都不与亲友来往，并注意不使一张废纸流散到外边。工人们的政治热情很高，当厂里没有加班任务时，便集中在一起学习。大家兢兢业业工作，为革命事业争作贡献。但其中有人因不满足于每天这样单调的工作和学习，常在工余时间和上海印刷总工会的工人一起，到南京路先施公司屋顶花园上向下散发传单。显然，这给地下印刷厂的安全保密带来了隐患。

不久，召开了有两厂各部负责人参加的民主生活会，起因是有些同志对倪忧天遇事不与其他负责人商量，自己说了算有意见。中共中央出版局的负责人郑超麟、王若飞、毛泽民、彭礼和到厂出席了民主生活会。在这次会上，出版局领导人既肯定了印刷厂的成绩，又提出了改进厂里工作的意见。对少数人私下外出散发传单的问题，在肯定他们革命热情的同时，也指出这种不经组织同意的行动，是组织纪律所不能允许的，搞不好要给党的事业造成巨大的损失。出版局负责人的讲话在全厂传达以后，大家受到很大的教育，提高了全厂人员的组织纪律性。

我们的地下印刷厂劳动条件是比较差的。前面提到过工房小、机器大，工人操作时几乎是无立身之地；在装版和卸版时，还必须先把机器停下来；工人不是从铺板上来回爬，就是从机器底下来回钻。因为这是革命工作，不是为资本家干活，所以大家都毫无怨言。

地下印刷厂也碰到过几次险情。有一天，中兴厂电动机的马力稍微加大了一些，机器来回冲击着邻居家的墙壁。这家邻居正在烧着一锅稀饭，由于受到机器的震动，烟囱破裂倒进锅内。这一下可闯下了大祸！这位邻居怒气冲冲地闯进来，大喊大叫，提出抗议。开机工人当即停车，向他赔礼道歉，并表示愿意赔偿损失。这么一说，这位邻居的火气立即消下去了，反而面露笑容地说："以后注意点就行了！"这场风波瞬息间大事化小，小事化了，可算得是一件幸事。

还有一次，我坐着一辆黄包车把一批印好的《告上海人民书》送往上海总工会。当车子拉到新闸路时，由于一路震动，包扎印刷品的绳子断了；印刷品经风一吹，像天女散花一样，飘到空中又落到地上。这时幸亏有几位过路的热心人帮助收集起来。他们急于赶路，也无暇看传单的内容，一场意外事故就这样避免了。

无论文明厂，还是中兴厂所印的书刊，都是找厂外的一些小作坊装订的。在梅白克路（今新昌路）的一条弄堂里，有家装订作坊，雇用着本里弄的几个女工，专门承包文明和中兴的装订业务。这家作坊的老板经常自己来回取送印件。有一次老板雇了一辆黄包车，装满了已装订好的书刊，他自己押运，从作坊运出。当黄包车拉到泥城桥交叉路口时，正碰上了红灯，黄包车停了下来。值勤的巡捕上来检查，翻看书刊。恰巧这时老板借停车之际，到路边的小店去买香烟。他回头一看，巡捕们正在搜查印件，知道情况不妙，拔腿就跑。回到自己的作坊，气急败坏地对妻子说："不得了啦！巡捕抓住了黄包车，搜出了印件。你赶快烧掉一部分，我带另外的找地方藏好！"

老板藏好印件后，立即来印刷厂报告。厂领导得悉凶讯，也感到事态的严重，认为这有可能威胁到印刷厂的安全，于是急忙作应变措施。所幸这一天竟平安地度过了。

第二天，那位黄包车夫来到装订作坊，叙述了前一天的遭遇。当巡捕发现车上拉的是革命书刊后，就把他带到巡捕房，对他进行毒打审问。但他一口咬定是在马路上临时接的货，沿途有人押运，指示道路，自己不知道是什么货运到哪里；押运的人在搜查时跑掉了。巡捕房对他逼供没有什么结果，又揍了他一顿，关了一夜，就把他放了。由于这位黄包车夫的机智掩护，此事化险为夷。作坊老板连声道谢，并拿出五块大洋给车夫作为他养伤的费用。

总之，由于印刷厂全体人员警惕性的提高和组织纪律性的加强，这两个印刷厂在我离沪到武汉前的一段时间，虽然经过几次险情，但总算平安地过去了。我们顺利地完成了组织上交给的印刷任务。

1926 年 10 月，北伐军攻克武汉。翌年初，中共中央决定在武汉建立印刷厂，调倪忧天到武汉筹办此事。上海方面的印刷工作，开始由毛泽民、后由彭礼和负责。不久，倪忧天从武汉打来电报，要我也到武汉协助他办厂。接到组织上的通知后，我就约了中华书局印刷厂的同事朱飞熊于 2 月 7 日赶到武汉。

在武汉建立的印刷厂命名为"长江印刷厂"。厂址坐落在汉口济生三马路、体育场附近的福生里，房子比较大，有楼上、楼下四间的石库门通厢房。厂名用红漆写在高墙上，在远处就能鲜明地看到。这家印刷厂不同于上海的地下印刷厂，是半公开性质的，它主要承印中国共产党的书刊；有时也承接国民党左派部队的印刷品，以增加经济收入。当时，毛泽民任武汉《民国日报》的经理，印刷任务视需要而和我们互通有无。

汉口初开堂药店，当年中共长江书店旧址

长江印刷厂同长江书店关系密切。长江书店也是中共中央开办的，经理是苏辛甫，专卖中共和国民党左派的一些书刊。开始书店的规模不大，店面只有一间，在大革命的形势下，书刊较少，不能满足读者的需要。长江印刷厂办起来以后，所印的书刊都由长江书店经销。《向导》周报开始每期印一万份，后来增印到二万份以上，即使这样，也无法满足读者的需要。《共产主义 ABC》等书的销路更广。印多少，销多少。因此，长江书店迁址中山路大街，店堂为五开间，红漆门面，非常引人注目。

长江印刷厂的规模也不断扩大，又在福生里另租了三幢房子。楼上作工人的宿舍，楼下作为工会的会议室、俱乐部和仓库。工人增加到六七十人，其中一部分是从上海来的技术工人，一部分是从武汉当地招收的。厂长是倪忧天，我担任工务长兼厂党支部书记。排字房的负责人是汪向明，他当时虽然还不是共产党员，但思想进步，工作和社会活动都很积极。

北伐军占领武汉三镇以后，工人运动闹得热火朝天，嘹亮的歌声响彻城市的上空，红旗到处迎风飘扬，人们笑逐颜开，乐得像过节一样。长江印刷厂里也是一派喜气洋洋的景象。在开工后不久，我们就召开工人大会选举厂工会的领导人。会上大家推我担任厂工会的委员长。但在第二天向武汉印务总工会汇报备案时，印务总工会的负责人却说："毛之江（当时我名毛之江）是长江印刷厂行政上的工务长，是代表厂方的，不宜担任委员长，即使是工人们拥护他，也只能任常务委员。"厂工会根据上级工会领导人的指示，重新推选湖北省籍的排字工人、中共党员安先成任委员长。我任厂工会党团书记。

正当北伐战争胜利发展的时候，1927 年 4 月 12 日，蒋介石在上海发动了反革命政变，大批共产党员和革命群众惨遭杀事。优秀的共产党员、上海总工会领袖汪寿华就是在这时牺牲的。

许多参加过上海三次武装起义、出头露面的工人干部，也都纷纷撤离到武汉。中共中央在上海泥城桥办的中兴印刷所的工人也转移到武汉长江印刷所。这引起部分本地工人的不满，他们向厂方提出："武汉还有许多印刷工人失业，怎么可以先安排上海工人来厂做工呢？"根据这情况，由倪忧天出面对武汉工人说："他们是上海总厂老板派来的工人，我们这里是分厂，不能拒绝接收他们。"工会召开了会员大会，由上海来的工人讲上海武装起义的经过，讲蒋介石制造四一二事件，屠杀革命者的罪行。会议临结束时，倪忧天说：工人阶级是一家，武汉工人应对上海工人表示同情和支持，这实际上也是对蒋介石叛变革命的声讨。经过反复的思想政治工作，不仅解决了两地工人之间的矛盾，而且也极大地提高了全厂工人的阶级觉悟。

长江印刷厂是在北伐军占领武汉后建立的，因而工人们在精神上不像在上海那样紧张，工作开展比较顺利。但在 7 月 15 日以后，随着汪精卫的背叛、大革命的失败，长江印刷厂也关闭了。

汪精卫初到武汉时，中国共产党曾经发动了有 10 万人参加的群众大会欢迎他。长江印刷厂的工人也参加了这次大会。汪精卫在大会上慷慨激昂地说，谁反对孙中山先生的"联俄、联共、扶助农工"的三大政策，谁就是反革命。但时隔不久，7 月 15 日在汉口召开的国民党中央常务委员会扩大会议上，汪公开宣布同共产党决裂。随后"宁汉合流"，汪精卫集团就和蒋介石一样对共产党员和革命群众大开杀戒，并提出"宁可枉杀千人，不使一人漏网”的血腥口号。大批共产党员和革命群众倒在血泊之中，党组织遭到严重破坏，革命团体都被取消，工农运动被镇压。至此，轰轰烈烈的第一次大革命失败了。

当时，在长江印刷厂旁边的济生三马路广场上，常有所谓“赤化分子”被武汉卫戍司令部枪杀。我作为印刷厂的党支部书记、工会党团书记，曾根据上级组织的通知，到武昌参加党的活动分子会议，听取中共中央负责人关于政治形势报告，以及如何采取应变措施等。

一天，党中央由罗亦农和向警予两位领导人出面，约我到江边一只摆渡船上见面。罗、向两位领导首先向我讲述了武汉的政治形势和斗争任务，以及对策，并指示说：“以后印刷厂的事由《向导》主编郑超麟和你联系。”我回来后立即和郑超麟作了详细的研究和部署，决定长江印刷厂停产，贴出“招顶出盘”的启事，逐步遣散工人；同时按照上级组织指示，另外择址筹建一个秘密印刷厂。

长江印刷厂贴出的“招顶出盘”启事，纯属掩护性质，实际是由上级组织派来的新“老板”盘进了工厂；表面上是倪忧天和上海派来的工人全部回去，实际是他带着少数工人隐蔽起来，在筹建新的秘密印刷厂。

我当时的主要任务是清理长江印刷厂的机器设备。先暗地叫马永寿找来铁工将机器全部拆下装箱，除了部分铅字、钢模留在武汉外，其他全部托运至上海，准备在上海再新建一个地下印刷厂。而武汉新建秘密印刷厂的设备则是四一二后，从上海中兴印刷所拆卸运到武汉的。

当长江印刷厂的机器设备拆卸到最后一批时，原厂工会委员长安先成突然走进门来说：有六七个被遣散的当地失业工人要来找老板，提出现在失业了，生活很困难，要求借给500块银元，以维持当前的生活。我劝他们不要一起进厂，由安代表进厂找老板反映。安找到“老板”以后，新“老板”向他说明，新厂刚在筹办，现在还没有活可做，等生意兴旺了，再请他们来厂。他当场拿出五块大洋交给安作晚餐费，并约他第二天再来厂从长计议。安高兴地说了一声“明天会！”便敲着叮当响的银元走了。

当安走后，我们感到可能要出大乱子，就连夜加快把机器卸装完，托运走。从此，这个印刷厂的新“老板”杳如黄鹤，远走高飞了。

武汉新建的秘密印刷厂的厂址，是由中共湖北省委派人选定的，它开设在汉口沙家港上游河街的一条小巷里，是幢双开间的石库门房子。倪忧天和我以及部分留下来的工人都住在那里。

不久，中共中央召开八七会议，党内有大量油印文件要印刷厂随时装订好送去。一天，我按照约定时间、地点同郑超麟碰头。郑迟来了一会儿，气喘吁吁地对我说：“经过里弄口时，看到印刷厂门口有武装警察，估计要出事。我没有进里弄就到这里来了。”我说：“既然这样，还是我回去看一下动静吧！”我十分警惕地回到厂里。听工友们说，在我离厂不久，突然来了十几个武装警察和两个便衣侦探，一边喊着找老板，一边搜查所有桌柜。楼上正在装订文件的工人机警地把文件藏在床铺的席子底下。他们上楼看到工厂还没有开工，在排字房和账房里也没有搜出什么，就走了。我急忙赶回去向郑超麟作了汇报。我们估计那里可能已经暴露，不能再作厂了，就把它作为暂时的住地。

又过了五六天，一天晚饭后，警察和便衣侦探又来了。他们没有找到老板和账房，就把倪忧天带走了。因为当时在场的人中，只有倪忧天穿夏布长袍、戴着眼镜。他们认为倪就是老板，对他进行了盘问。倪忧天说：“我是刚从上海来的工头。”他们说：“你既然是工头，那么就作为交换老板的人质，跟我们走一趟吧！”第二天，国民党的反动报纸上就刊登消息，说破获了共产党的一个地下印刷厂，抓住了一名要犯，等等。形势骤然紧张起来。

在倪忧天被带走以后，厂里急待处理的是八七会议文件。我们同留在厂门口站岗的警察说好话，请他们吸烟喝酒，缠住他们，然后进去将文件烧毁，因而敌人没有拿到什么“证据”。

我将厂里发生的事情及时向郑超麟作了汇报并请示营救办法。郑说：“党中央正准备迁回上海，我走后你与湖北省委联系，设法救出倪忧天；厂里的本地工人分别遣散，上海来的工人陆续返回，然后你也回上海去。”

我按照他的指示，向工人们说明印刷厂暂时不办了，发给他们生活费，把他们打发走。几天后，反动当局把尚留在厂里的个别工人逐出，把工厂封掉了。

在倪忧天被带走的第二天，有个士兵送来一张便条，说是倪写的。便条大意是说他刚从上海来，受了人家的骗，落到这地步，叫我带些钱和香烟去看望他。我从便条的笔迹看，确实是倪忧天写的，而台称和署名都是假的。于是，我准备了一些礼物，跟着那个士兵到了武汉卫戍司令部督察处，同倪忧天见了面。督察处派人到印刷厂是为了抓老板，既然倪不是老板，就对他迟迟没有审问，只将倪交给一般值勤的士兵看管，不怎么严。我把带去的香烟、酒、糖果等分给了士兵（以后每次去看他都这样），并在与倪忧天谈话间对好了口供。以后，我又给督察处送礼、托人说情和打听消息，并趁机将外面的形势和我们迁移的地址偷偷地告诉了倪忧天。

过了一个多月，卫戍司令部派人来通知说，倪忧天可以保释，要我们去领保单。我又去看倪忧天。倪说，警察署问的很简单，只要两家店铺作保，他即可释放。我从倪手中接过保单回来，立即向湖北省委作了汇报。在湖北省委的指示和安排下，找了一家书店和一家纸行担保。然后我去督察处，将盖有两个铺保印章的保单交给倪忧天。第二天，士兵来通知我去“对保”。

那天傍晚，我到督察处。一会儿从楼上走下两个穿长袍、派头很大的警探，出门就叫马车，要我和他俩一起上车去对保。那个士兵不请而自动上了车，两个警探马上挥手叫他下去。在路上他俩还说“他去了会不方便”。我心里想，大概他俩为了中饱私囊，在耍什么花招吧。

我们先到那书店。书店摆设很简单。警探问老板有多少资金？老板说有一万元。警探看了一下，一边摇头说他“瞎说”，一边仍让老板在保单上盖了章。我们出来上了马车以后，警探说：“你这事很难办，要靠我俩啰！”我一边说请帮忙，一边掏出两块银元塞在他手里；他不收，却说“你到另一铺保再商量吧”。

这时马车拐进了一个小巷。里面开有一个鸦片馆。我和他们一起下来，警探就进去吸鸦片；茶役则为我沏了杯茶。当我看到这两个警探将保单拿给周围的鸦片鬼传阅时，心里真是焦急。幸亏这些鸦片鬼都是没有政治头脑的，否则非出事不可。

警探吸完烟，精神十足，由我付了账，再到纸行对保。纸行是个石库门房子，门槛上有“盈记纸行”的字号，进去后有沙发、写字台，木架上还陈列着纸张样品，派头不小，两个警探一见，连声说：“这个行！这个行！”实际上，据我知道，这个纸行是个“皮包纸行”，就是这点东西。它是我们地下党为掩护工作而开设的。我和郑超麟就经常在这里碰头联系。

老板在保单上盖好印后，警探站在门外，要我和老板商量商量。这意思是最明白不过了。老板拿出10块银元，加上我身上的两块，一共12块，我一出门就递给了警探。他俩笑纳了，痛快地说：“你那位明天上午就释放！”

可是，第二天上午快到11点了，倪还没有回来，也没有他的一点消息。我又跑到督察处，卫兵说他早走了。我心里一沉，如果倪给押到敌人司令部去，那就糟了！

我回来不久，一位茶役送来一张便条，是倪忧天的亲笔，嘱我到某某饭店去吃饭，带些钱去。我跟着这个茶役到了中山路一家大饭店，上楼见倪忧天和昨日两位警探已坐在那里喝酒，喝得面红耳赤，桌上摆满了各种菜肴。他们见我来了，都邀我入席一起喝。一个警探向我解释说：“按这里的老规矩，凡是从拘留所出来的，首先是要理发洗澡、喝喜酒，以脱霉气。”倪趁机说了几句表示感谢的话。警探又说：“只要找到那个印刷厂老板，花几个钱，就可照样开工做生意。”还说：“以后你们有什么事，不要到督察处去，就到某某路某某茶园，找我们商量好了。”

饭后我付了钱，包括倪在饭店的理发、洗澡费。倪问我身边还有钱吗？我掏出一把不值钱的“国库券”放在桌上，倪将它收起也送给了警探。于是我们一起下楼和警探握手告别。

这件事虽然已经过去近70年了，但至今仍历历在目。事情虽然有些琐碎，但我还是把它写出来，让读者尤其青年朋友从中可见到旧社会官场之黑暗和腐败。

倪忧天被放出来时，已经过中秋节了。我给他买好当晚的船票，送他上船回上海。第二天，我和马永寿也离开武汉坐船返回上海。

四、难忘留苏岁月

我从武汉回到上海以后，先到倪忧天家接上党的组织关系，然后请假回嘉定老家探亲。正巧这天是10月10日，嘉定城西广大群众在共产党领导下，举行庆祝“双十节”提灯晚会。群众高呼“打倒土豪劣绅”等口号，一直到深夜。第二天上午，我因国民党（左派）县党部张兰芳等人的邀请，去给他们（两党积极分子会议，共20余人）介绍当前的形势，如汪精卫政府的叛变和“宁汉合流”，以及我党的八七会议精神等。第三天我离开嘉定回到上海。很快便接到组织的通知，要我去苏联莫斯科中山大学学习。

我们这一批被派往苏联的学员有16人，其中3个是翻译：许子桢（新中国成立后曾任全国总工会秘书长）、任岳（新中国成立后在公安部工作）和胡士廉。大约在1927年10月中旬，我们分批用小船摆渡，登上停泊在杨树浦黄浦江中的苏联货轮，就从那里出发。根据组织上的规定，在货轮开出吴淞口以前学员不许随便交谈，即使过去熟悉的人也不许打招呼。直到船驶入公海，大家才开始活跃起来。我们大部分学员是初次乘坐海轮远航，海上生活使大家觉得非常新鲜。风浪稍微平静时，我们便各自到甲板上散步。早上可以看到天边喷薄而出的朝阳，傍晚时可以看到五彩缤纷的落日余辉。当然，也有人因为晕船而呕吐，躺在铺位上动弹不得。我们在大海上颠簸了四天四夜，才到了海参崴。因为这时，苏方尚未收到中共方面关于派送我们赴苏学习的电报，我们只好又在船上等了一昼夜，才允许上岸。

我们发现前几批先到海参崴的学员，仍在那里等候赴莫斯科的通知。前后几批学员加起来有近300人，分别住在几家旅馆里。海参崴这个城市不算大，街上行人稀少，突然出现这么多年轻的中国人，极易引起敌人情报部门的注意。所以上级通知大家不要上街或互相串门。但这实际上并不起作用。我们都是年轻人，在那里又无事可做，并且都是刚从国内严重的白色恐怖下跑出来的，到了异国他乡好像出了笼的小鸟一样。一些老熟人在国内处于地下斗争环境时，彼此不敢联系，现在到了国外正是畅谈叙旧的极好机会。因而大家不顾上级的规定，照常频繁地互访叙旧。

我们是最后到达的一批，在海参崴只等了七八天，就收到了莫斯科通知启程的电报。于是大家同乘一列火车开始了寒冷寂寞的漫长旅程。一路上朔风凛冽，雪花漫卷，列车隆隆地奔驰在西伯利亚的冰天雪地中，穿过茫茫的原始森林，跨过了亚欧大陆，整整跑了 12 个昼夜，终于在 1927 年十月革命节后的几天，到达日夜向往的红都莫斯科。

苏联早在 1920 年就建立东方大学，专收东亚各国学生。1925 年 3 月孙中山先生逝世后，为纪念孙中山先生，在莫斯科阿罗罕街设立孙逸仙大学。在学校的高层建筑上，立有立体型的俄文大字“孙逸仙大学”。1928 年春，该校改名为“中国共产主义劳动大学”。但是，中国人仍都习惯地称它为“中山大学”（简称“中大”，章前页图片即中大校门）。

我们这批中国学员到达莫斯科时，学校已经做好了迎接准备。一到校，每人领到了一张已经填有俄文名字、编好号码的学号卡片。我的俄文名字叫“齐华依”，编号 743。另外还有一张表格让学员自己填写中文名字和简历。校方经过简单的了解后，大家便分别编班上课。我们这批学员都分在一年级。那时，二年级的中国学员大部分已经陆续分配工作，不少人已回国了，但仍有留在学校里的。他们对新来的同学很热情，向我们介绍学校的情况。其中有的人与新同学交谈，当谈到中国大革命失败的原因时说：“这主要是共产国际指导上的错误。”我听了很惊疑，便回答说：“我在汉口时，听到党中央八七会议精神的传达，我们党认为，大革命失败的主要原因是陈独秀右倾机会主义的错误。”由于双方观点有分歧，在交谈中时常出现激烈的辩论。

我们将这情况向学校领导作了汇报。学校领导要我们不要相信他们的话，说这是托洛茨基派的观点。因为原先中山大学的校长拉狄克是托派的主要成员，他在学校里还有很大的影响。当时，那些受影响或参加托派组织的中国学员，仍然留在学校里学习，有些依然出头露面地进行活动。

我所在的班大约有 30 几个人，大部分是知识分子（多数为中学生，少数是大学生），只有五六个是工人。我是印刷工人，初小文化程度，对马列主义了解不多。因此开学以后，对学校里开设的那些课程，如《社会形态发展史》《经济地理》《政治经济学》《西方革命运动史》《联共党史》等还有俄文，都感到很新鲜、很有兴趣，就如饥似渴地学习。每天都认真整理听课的笔记，按照教师布置的作业，一题一题地做好。由于自己原来的文化水平较低，基础差，学起来仍感到很吃力。于是我加倍用功，几乎把全部精力都集中到学习上了，整天坐在教室里，很少外出游玩，对学校里其他活动也不感兴趣，没有时间去过问。

但做梦也没有想到，1928 年春，在改选学校党的支部局（相当于我国现在大学的党委）时，学校领导竟提名选我为党支部局委员。为什么要提名选我呢？自己估计，大概是学校的领导和教师看到我平时学习用功，讨论发言积极，又是工人出身，受过罗亦农、汪寿华等领导人的教育，有实际工作经验，又搞过工人运动等，因而对我有好印象吧。

我们这一批学员到校时，校长是米夫，他是共产国际东方部部长兼校长。他工作很忙，平时很少到学校里来，学校中的日常工作由副校长库秋莫夫负责主持。

我对于“中大”以前的党支部局委员，除个别人（如杨放之）以外，都不了解。这一届党支部局的书记叫皮尔曼，他也是上届党支部局的书记。皮尔曼这个人很能干，政治理论水平高，看问题很尖锐，与同志间的关系也比较好。但他的最大缺点是自尊心太强，听不得一点不同的意见。当他一听到别人发表不同的意见时，就会立即打断，同你展开辩论，甚至对你进行批评。所以人们见到他都有些害怕。党支部局的组织部长是伊克那托夫，他兼任学校的教务主任；宣传部长是华克斯，是学校的任课教师。党支部局的书记和部长都是苏联人，委员中有个二年级的中国学员叫李竹声，他参加分管宣传部的工作，后兼任副校长。我参加分管组织部的工作，野营时任组织部长。另有个一年级学员叫蒋德芳，工人出身，他任“学生公社”（相当于学生会）主任，主要分工负责中国学员同学校方面的联系，向学校反映学员对学习、生活、工作等方面的意见和要求。此外，还有一个二年级中国学员叫苏美益，当选为委员后不久，就回国去了。党支部局的翻译是张琴秋（沈泽民的妻子）。一个苏联女同志当秘书，管文件的收发保管和开会时作记录，她是共青团员。

组织部长伊克那托夫，工人出身，是个老布尔什维克，为人忠厚稳重，能听取不同的意见，组织纪律性很强，学员们对他的印象很好。

组织部的工作人员除了部长和我外，经常在一起开会研究工作的还有几位干事：一位叫方廷桢（方仲如），一位叫陈逸（陈修良），一位叫博古（秦邦宪）。博古分管共青团工作。

宣传部长华克斯很少同学员接触，主观性很强，讲起话来喜欢批评别人，学员对他敬而远之。

党支部局的特点是脱产干部很少，除了书记和女秘书以外，其他成员都是兼职的。党支部局的下面除了各班学员党支部以外，还有一个“副支部”。这个支部的党员是学校教务、行政管理人员，都是苏联人。他们在开会、活动时，不同学员支部中的中国党员在一起。

1928年春，赤色职工国际召开第四次代表大会时，上级指示要派两名工人出身的中国学员去列席大会。学校领导就指派汪沛贞和我去参加。出席这次国际大会的中国代表有向忠发、苏兆征等人，翻译是冀朝鼎。汪寿华牺牲后接任上海总工会委员长的郑复他虽然没有参加这次大会，但他在会上被提名为赤色职工国际的委员。

1928年春，中山大学改名为中国共产主义劳动大学。校名虽然改了，但办学方针和教学内容并没有作大的变动，学员仍然是以中共党员和共青团员为主。有所不同的是，这时东方大学政治班的学员也合并到中国共产主义劳动大学来学习。

1928年初夏的一天，“中大”秘书长阿勃拉莫索（曾在苏联驻华使馆工作过，会说中国话）交给我一份名单，要求按名单通知有关的人去见他。名单上的人是：方廷桢、陈昌浩、沈侃夫、李元杰、程祖怡和我六人。我们应约到阿勃拉莫索的办公室。阿勃拉莫索态度十分严肃，用中国话郑重地说：“根据中国革命的需要和中共代表团的要求，并得到第三国际的支持，决定派你们几人去学习无线电通讯技术。这须绝对保密，对任何人都不能讲！你们白天照常在校上课，晚上前去学习。”

国际无线电秘密训练班，位于莫斯科城内一处独立的三层别墅里，负责人是共产国际派来的，名叫晓克。除中国人外还有3个德国人，3个保加利亚人，英国、捷克各1人，总共只14个人。学习的内容，除学习无线电外，还学习英语、骑马、驾驶汽车，各种武器的使用方法，以及如何搞秘密工作等。

教员是苏联人。我们开始是学习收发报技术，教员用电键“嘀嘀嗒嗒”地拍发，我们六人围桌而坐，头戴耳机，边听边抄，抄完后当场校对是不是正确。暑假过后，便开始学习无线电原理和制作机器零件的技术。教员讲课用的是俄语。方廷桢等人懂俄语，常常提出问题请教员解答。我和沈侃夫听不懂，只好课后再请方廷桢等人辅导。教室旁边的一间房子里有一架发报机，隔壁还有一个小工厂。老师说：“你们要时常到小工厂里去看看，争取时间学会使用简单的工具制作电容器、变压器、线圈等无线电技术。你们回国后有些原件可能买不到，可以自己动手去做。”

我们几个人去工厂时，工人们很热情，需要的工具和提出的问题，都能得到满意的解决和答复。我和侃夫是工人出身，对于制作机械很感兴趣，所以到那个小工厂去的次数要比别人多。

1928 年暑期野营活动时，“中六”野营党代表兼党支部局书记伊克那托夫指定我和一个二年级学生，由军事教官孔节枝（北伐战争时期在中国当过军事顾问）带领去参观、学习东方大学在莫斯科郊外的野营训练。在我们到达的第二天，正巧赶上周恩来到东方大学传达中共六大精神。报告结束后，周恩来和学员们一起到饭厅去吃饭。我因在武汉见过周恩来，有点熟悉。所以他见到我，就热情地向我打招呼，说：“你们要抓紧学习，现在国内急需无线电通讯方面的人才。”这时因旁边挤进来很多学员，我们的交谈就被打断了。虽然周恩来只讲了几句话，但给我留下了深刻的印象。当晚，我俩与苏联教官孔节枝，和周恩来一起，先是乘牛车到火车站，然后同坐火车赶回莫斯科。

大约 1928 年底，陈昌浩因组织上调他去搞共青团工作，中途退学了。而我们五个人一直坚持了下来。

从总的情况看，1928 年在学校里，我们学员的学习生活还是比较平静的。大家都很珍惜学习机会，都能够自觉遵守学校的规章制度，抓紧时间进行学习。在生活上大家也是比较满意的。苏联当局对学员的生活给予了特殊的照顾和优待。吃的是西餐，每天都有鸡、肉、鱼、面包、牛油、香肠、鸡蛋等。在当时，这些东西即使是苏联人也很难吃到。中国学员后来外出发现，其他学校学生的生活待遇也比不上中山大学。在野营时，我们还看到连苏联红军吃的都是黑面包，而我们中国学员平常吃的却都是白面包。苏联的机关干部平常也没有肉吃。学校知道中国学员爱吃中国菜，就送来猪肉，要中国学员自己到伙房去烧。我们穿的衣服也由学校统一发给，有白色的衫衣，呢子列宁装、大衣、皮鞋等。住的地方也很讲究，都是过去一些贵族富豪住的公馆房子。每个星期可以换一次内衣，两个星期换一次床单，很讲究卫生。每月每人还发给十几个卢布的零用钱。

但是，在这一年里，“中大”也发生过一些意见分歧和争论。

第一件事，是有少数人散布托派观点。他们除了把中国大革命失败的原因都归结于共产国际的指导外，还议论大革命失败以后，中国革命的前途问题，说是由于资产阶级取得了政权，中国的封建势力已经是“残余的残余”，因而反封建的土地革命已不是主要的革命任务，今后中国需要有一个资本主义工业和平发展时期，等中国无产阶级成长起来以后，再进行“直接革命”。他们还说，苏联现在是斯大林独裁专政，列宁逝世前就批判过斯大林；图书馆里陈列的都是斯大林、布哈林的书，没有列宁的书，特别是像列宁遗嘱那样重要的文件也不给大家看；现在看到的联共中央开会的报告中所列举的建设成就的数字，都是假的，不可靠的；现在顿巴斯的矿工正在罢工反对斯大林等等。新来的学员中有人听了后就同他们进行辩论，给他们扣上“你们是托洛茨基反对派，在中国革命问题上是取消主义”的帽子。后来联共中央开会，并在报上发表文章，公开批判他们的那些言论，学校也组织学员进行学习。散布托派观点的人中有些出头露面的人物，被遣送回国；有的仍留在学校，但表面上不再那么高调了。

第二件事，是批判“旅莫支部”问题。新来的同学对此原先并不了解。一次，一位最早到莫斯科名叫卡士奇的人，对新来同学作了介绍。他说：“原先侨居在法国的中国同志，有个中共旅法支部。后来他们中的部分人到了莫斯科，就自动建立‘旅莫支部’。支部书记是任卓宣（即叶青）。任为人独断专行，很凶狠，对支部内部控制很严。”“旅莫支部”在苏联的公开活动没有得到共产国际的承认，开始时也没有人注意和重视它。后来因为内部控制太严，有人表示不满，就向领导上反映了。共产国际了解此事后，认为这是违反国际章程的做法，是与国际的组织原则不相容的，宣布予以取消，将它统一于联共组织之中。这事发生在1926年夏天。我们到达莫斯科时，已经解决了，但在1928年又发动学员对它进行批判。

第三件事，是“江浙同乡会”问题。学校里有些中国学员俄语水平较高，兼任翻译工作。如顾谷宜、董亦湘、俞秀松等。因为学员平时吃穿都由校方供给，而做翻译工作的人，每月还有100到200卢布的工资收入。这些人有了卢布，就经常邀请一些熟悉的人下馆子，这次你请我，下次我请你，你来我往；有时他们还自己买菜在宿舍里烧着吃，有吃有喝，有说有笑。苏联人看到这些人经常在一起，不知道他们在干什么。有一次，其他中国学员同他们开玩笑说：“你们这些人是‘江浙同乡会’吧！”因为他们当中确有不少人是江浙一带人，于是“江浙同乡会”的称呼就这样传开了。苏联人听说后，没有深入了解，也没有弄清它的性质，就认为这是“封建性的组织”，应该予以批判。这件事还传到中共代表团那里，一次向忠发到校向中国学员作报告，也提到了这件事，并作了很严厉的批评。这件事本来校方如果处理得好，找他们好好地谈一谈，进行正面教育，是完全可以妥善解决的。但因为一开始批判的调子高，有点“左”，结果当事人听了很反感。后来此事被别有用心的王明等人抓住，大做文章，借以整人，结果被搅得满城风雨，并造成了严重的后果。事实上，“江浙同乡会”并不是一个组织，当时我也没有听说俞秀松他们是“托派”，这些同志平时在学习上和工作上，都是很好的。

第四件事，是批评“先锋主义”。事情发生在1927年到1928年这段时间。“中大”共青团支部书记西门中华的俄语水平较高，翻译工作做得好，但他说话不够慎重，没有谱，喜欢放“大炮”，因而在群众中的威信并不高。他不听从学校党支部局的领导，跟着他跑的还有些人。这些人就被称为“先锋主义”而受到批评，西门中华的团支部书记职务也被撤掉了。后来，他回到国内，竟跑到国民党那里去了。

当时虽然国共已经分裂，但在“中大”中的国民党籍学员仍然留在学校里。他们真实的政治态度，别人不得而知。例如我们班上有个国民党籍的同学名叫毛仲平，浙江人，平时就很少讲话。回国后他到哪里去了也不知道。1938 年 3 月 12 日，延安召开悼念孙中山先生逝世 13 周年纪念大会时，国民党天水行署主任蒋鼎文派了一个三人代表团带着挽联来参加。当时我在陕甘宁边区抗敌后援会，负责搞接待，突然发现毛仲平竟成了蒋鼎文的要员。

以上所发生的四件事，除了“托派”问题以外，后三件事虽然也进行了批判，但都没有当作敌我矛盾处理。即使对待“托派”，也没有像以后那样严厉。对其中有些人学校领导都知道他们的底细，但只要他们不在学校里公开活动，照旧让他们上课学习。但因这几次批判的调子很高，思想政治工作没有做好，所以被批判的人都很不服气，对学校领导有不满情绪，这就为 1929 年学校内部两派的激烈斗争埋下了祸根。

1929 年校党支部局领导成员改选以后，斗争日趋激烈。校支部局领导成员每年改选一次。我没有参加这一届支部局委员会。新支部局的中国委员有夏曦（分管宣传）、王云程、朱阿根（分管组织）、殷鉴（分管学生公社）等人。开始仍然是皮尔曼任书记，夏季过后，再也没有看到皮尔曼了，支部局书记由伊克那托夫兼任。1929 年校内斗争形成为两派，本来双方争论的并不是什么大是大非问题，更不是什么两条路线斗争，但由于学校领导对有些问题没有及时处理好，逐步积累起来，而至总爆发了。

1929 年夏季，又从中国来了一批新学员。他们中很多人穿的是长袍，到达莫斯科后通常都要换上列宁装式的制服。但是，学校在量过学员的身材尺寸之后很久，制服还没有发下来。他们就到学校总务处询问，要求早点把制服发下来。但是每次苏联工作人员总是回答说：“息气阿斯（等一等）。”学员们因天气渐热，穿长袍不舒服；特别在莫斯科穿长袍，上街容易引起苏联人的围观。这样，这批学员就产生了不满情绪。实际情况是当时苏联经济建设正在准备搞第一个五年计划，由于集中发展重工业，把农业和轻工业挤掉了，造成市场上食品、衣料等生活用品的供应很紧张。学校因为买不到做制服的衣料，所以只好一再说“等一等”，但没有向中国学员说明事实真相。后来，因为学员的意见越来越多，学校没有办法，只好先发给买来的白布衬衫。苏联人的身材一般都比较高大，所以这些买来的衬衣给中国学员穿既长又肥，很不合身，好心办了坏事。有个工人出身的中国学员，故意把肥大的白布衬衣套在长袍外面，在学校的长廊上荡来荡去，远远望去活像一只站立的北极熊，特别引人注目。他并且大声发牢骚说："请大家看看学校领导上的官僚主义，给我们发这样大的衬衣，多么浪费！"引起许多中国学员的围观和议论。个别情绪偏激的人说："我们在国内受敌人的迫害，想不到来苏联学习，又受到这样的虐待！"

另外，苏联人是不用痰盂的，而中国人有随地吐痰的陋习，所以有些中国学员要求在教室和走廊上放些痰盂。学校也由于以上同样的原因对此无法解决，这又引起学员的不满。再就是吃饭问题。当时苏联经济困难，食品供应短缺。有些学员不体谅他们的困难，很不自觉，吃饭时把面包皮剩下不吃，扔在食堂的餐桌上。这种糟蹋粮食的行为，不少中国学员见了也很生气，曾当面批评过他们。还有些中国学员对菜的咸淡有意见，却上纲上线说是苏联人对中国人不友好。对此也有许多中国学员不同意他们的说法。就为这些琐事他们经常在食堂里发生争吵。苏联人听不懂，就问中国翻译；翻译说："这些人是无原则的瞎胡闹！"并简述了他们争吵的内容。苏联人听了很冒火，批评这些中国学生"真是无政府主义"！中国学员则当场顶撞说："你们真是官僚主义！"这样一来，部分中国学员同校方的对立情绪就越来越严重了。

还有讲课的内容问题，中国学员要求苏联教师讲课不要单纯讲理论，要联系中国的革命实际。这个要求当然是正确的，但对苏联教师来说也有难处，他们对中国革命实际情况的了解，毕竟不如中国学员多，所以改进不多。也有中国学员要求在上课以前能把讲义发下来，先看看，以便于听讲。这条意见也是合理的，但做起来却不那么简单。因为教师的讲稿先要翻译成中文，然后用药水把字写在玻璃板上，再油印在纸上。这样需要三四天才能发到学员手中。对此大家意见也很大。校方也没有向学员说明原因。讲课的苏联教师多数是兼职的，要讲好几个学校的课，从这个学校到那个学校，每天跑来跑去，还要备课，所以每次讲完课后，夹起皮包就走了。他们与中国学员平常接触很少，师生之间从学习到生活到思想，隔阂都很深。因而中国学员在背后就对教师评头论足，没有礼貌。

在讨论政治问题时，由于意见分歧，更形成了学员之间的对立。例如，在讨论到中国革命的前途时，有的中国学员生搬硬套俄国十月革命前的情况，引起了一个政权还是两个政权的争论。在讨论农民问题和反封建斗争时，有的中国学员认为不能笼统地提农民是一个阶级，因为农民中有贫农、中农和富农之分，而富农和地主同列为革命对象，因此富农不能列入农民阶级之中。持这种观点的同学就给争论的对方扣上“富农路线”的帽子，而对方不服，引起了更激烈的争论。这些争论进一步发展到一部分翻译、学校领导人同一部分中国学员之间的尖锐对立。因为在争论中，少数中国翻译如博古、张闻天、沈泽民等人经常向校领导反映他们自己的观点，而学校领导人由于平时同他们接触较多，很信任他们，有点偏听偏信，于是就支持他们，说他们是“布尔什维克”（俄文中的“布尔什维克”也有多数派、正确的意思）。这样更引起持不同观点的部分中国学员的不满，讽刺他们是“马屁精”、学校领导的“尾巴”。

显然，上面这些都是认识方面的问题，本来可以通过批评教育来妥善解决的问题。但一些人仗着有学校领导的支持，就给对方乱扣什么“无政府主义”、“托派观点”、“对中国革命失败情绪的反映”等政治大帽子，使双方的对立情绪愈加尖锐。一部分学员还挖苦讽刺博古等人是“莫斯科的革命家”。甚至有一个学员写了一篇文章叫《怎么干，回去看！》，意思是你们这些人到底是不是正确的马克思主义者，要回国后看实际的表现。我后来听说写这篇文章的学员，名叫袁凡。

随着争论的激化双方越来越对立，学校领导也同一部分中国学员的关系疏远和紧张起来。副校长库秋莫夫看到这种情况感到不对头，有一次，就在学校四楼的大教室里召集部分对张闻天、沈泽民、博古等有意见和部分后进校的学员谈话。他先谈了学校的教学情况，然后质问：“你们中有些人为什么要反对他们（指博古等人）？”这些中国学员回答说：“他们这几个人在国内没有什么斗争经验，在学员中威信不高，仗着学校领导的支持当上翻译，拿的钱多，神气活现，生活特殊化，脱离群众。学校领导为什么这样信任他们？”库秋莫夫解释说：“他们学习很认真，理论水平很高（那时张闻天、沈泽民、王稼祥等人都进了红色教授学院，王明考不进，还轮不到他）。学校就是要培养他们，你们应该支持他们嘛！”但是库秋莫夫没有能说服他们，相反，引起这部分学员更大的反感。库秋莫夫这次讲了不少的话，但他讲完时，全场只有杨之华一人鼓了掌。

不久，学校内部就出现了所谓“两条路线斗争”：一条是以博古等人为代表的拥护校党支部局领导的“路线”，认为校党支部局在第三国际和联共中央直接领导下，所执行的路线是正确的；另一条“路线”的人，则虽然具有各种不同的政治倾向，但在反对校党支部局领导这一点上却是一致的，他们认为党支部局领导在实际工作中所执行的是“机会主义”路线。那时候双方都强调或者对或者不对，或者支持或者反对，不容许有第三种态度和意见存在。但是，也有些学员认为，校党支部局领导工作是有缺点和错误的，但不能全盘否定。他们说，党支部局是受联共中央直接领导的，中国驻国际代表团也常来学校指导，难道说联共中央和中共代表团的领导都错了吗？也有学员认为，对立的双方都有缺点和错误，不能简单地说哪一方是完全正确或错误。但这些比较客观的意见都被称为“调和路线”，同时受到对立双方的指责和攻击。

双方极端对立的情绪形成以后，无论碰到什么问题，意见都是对立的，都无限“上纲”、“上线”，用“左”的词句指责对方，讽刺谩骂，形成“残酷斗争，无情打击”的高调，大有势不两立之态。持极端态度的人，虽然双方都是少数，但他们在群众中的影响却很大。

学校形成这样严重对立的紧张局面，主要是领导上的官僚主义，平时不注意做学员思想政治工作，作风简单粗暴，碰到问题，听不得半点不同的意见，动不动就要进行批评，乱扣帽子所致。

后来有人说，当时在“中大”的600多名中国学员中，只有28个人是拥护博古等人的“党支部局路线”的；也有人说，党支部局在讨论共青团工作时，只有28票拥护支部局的意见。实际情况并不是这样。说这些话的人，都是没有在“中大”学习过的，他们对具体情况并不了解。当时和我同班的34个人中。争论双方各17人，势均力敌，斗争非常激烈。在争论某些问题时，如有一人缺席，就意味着某一方少了一票，而影响“大局”。在有的班里，支持校党支部局领导的占多数，仅少数人反对，这少数人表面上不敢公开表示反对。如翻译班和陈昌浩、殷鉴等人的那个班就是这样。有的班情况正好相反。但不论哪种情况，每次双方站起来讲话的人都很少，多数人只是跟着跑，举举手罢了。1928 年中共六大以后，“中大”办了一个“特别班”，也称“老头班”，多数学员是六大后留在莫斯科学习的。他们中有林伯渠、何叔衡、吴玉章、徐特立、谢觉哉等老同志。称他们为“老头班”，事实上当时他们的年龄一般也不过四五十岁，比我们二三十岁的大一些罢了。我与他们很快熟悉了起来，常同他们一起到校外去散步谈天。他们一般是拥护学校党支部局领导的。但是有位老同志叫方维夏，他同别的几位老同志的意见不一致，平常便很少在一起交谈。

那时，中共驻国际代表的成员也时常到“中大”来。在交往中，我对邓中夏的印象最好。邓看到“中大”内部派性斗争这样激烈，很觉不安。一次，他找校领导人，把在学员中听到的各种反映，都向他们作了汇报，并建议校领导认真考虑学员们的意见，努力做好调解工作。虽然我当时已不是校党支部局的领导成员，但校方仍邀请我参加这次谈话。当时我还任《共产》杂志中文版的编委。谈到这里，我多说几句：有次编委在中国问题研究室开会时，我说自己是个工人，文化低不行。主编瞿秋白说，就是要吸收像你这样的工人同志参加编委工作，可以帮助我们一些知识分子出身的同志，怎样使写出的文章让工人同志都看得懂。我就是这样当上编委的。

但是，校党支部局的领导并不重视邓中夏的建议，认为他是在搞“调和”、“折衷”。中共代表团团长瞿秋白也时常到学校中国问题研究室阅读保管在那里的国内文件。我在室里看文件时常碰到他。他和林伯渠、吴玉章等 20 多人一起研究汉字改革拉丁化问题。他还在“中大”大礼堂作过几次关于中共党史的报告。瞿秋白对校内激烈斗争的态度也是鲜明的，但他没有像邓中夏那样正式出面进行调解。我曾听到别人说，王明等在背后议论时，说瞿秋白也是持“调和”观点的。代表团的其他领导成员张国焘、余飞，有时也到学校中国问题研究室看文件。不少对学校领导不满的学员常到代表团的驻地找张国焘和余飞反映问题和看法。陆定一也以少共国际委员的身份到学校作过报告。一次，学校共青团员开大会，陆定一应邀前来作报告。在报告结束时，有人向他提出："学校党支部局的路线究竟是不是正确的？"陆回答说："我不了解你们学校内部的情况，这个问题还是由你们自己讨论得出结论吧！"他可能考虑到自己所处的地位，不好随便表态，才如此答复的。

王明（即陈绍禹）那时好像没有在学校里担任什么职务，只是当校长米夫的翻译。因此，他有机会同共产国际、联共中央、中共代表团的领导人接触。王明这个人讲起话来节奏很快，满口马列主义，有一定的煽动性；但讲话的内容很空洞，平时也不大接触群众，因而威信不高。博古主观性很强，喜欢同人辩论，但能接近群众。他不拿稿子作报告出口成章，条理清楚，记录下来就是一篇文章。有人要他给墙报写稿子，他坐下来不一会，一篇文章就写成了。博古和人辩论争强好胜，喜欢给人扣帽子。在延安时我们常在一起，因此也经常就一些问题交换看法，有时还发生争论，甚至争得面红耳赤。在一次争论中，他给我扣上"齐华主义"的帽子。我感到委屈，就向张闻天反映。张说："他这个人的作风就是这样，你要谅解他。"

"十天大会"是"中大"内部"两条路线斗争"的高潮和顶点。后来广为流传的所谓"二十八个半布尔什维克"之说就是从这里来的。

1929 年夏天快放暑假的时候，"中大"召开全校师生参加的教务会议（因会议开了十天，故被称为"十天大会"）。所谓"全校师生"，实际上苏联教师并没有参加，只有中国教师、翻译和学员参加。会议的内容是为了总结本学期教务计划的执行情况，并讨论下学期的教务计划。会议开始时，新校长范尔盖宣布了会议的目的和内容，并根据校党支部局的意见，提出大会主席团的七人候选人名单。接着他例行公事地问了一句："有没有人提出另外的大会主席团成员候选人名单？"不料，一个名叫蒋先启（从东方大学并来的）的中国学员站起来说："有！我提出一个候选人名单！"说着就从口袋里掏出一个小本子，念了七个人的姓名。校长只好把两份候选人名单提交大会来表决。这时，蒋先启又站起来说："校长同志，应该是后提的名单先付表决。"校长说："应该先表决校党支部局提出的名单。"蒋再次发言坚持一定要先表决他提出的候选人名单。会场上许多人纷纷站起来支持蒋的意见。人们嗡嗡地议论着，会场上的秩序有点混乱起来。对此，校长事先毫无思想准备，只好同意先表决蒋先启的提名，结果会上大多数人举手通过。这样，校党支部局原先提出的候选人名单，就没有付诸表决。这种事情以前是没有过的。被选出的主席团成员除校长外，都是对校党支部局领导有意见的。记得有余涂山（湖北省的工人，俄文名字叫范列考夫）、李剑如（参加上海第三次武装暴动的工人，俄文名字叫阿拉琴），其他几个人因平时活动不太突出，我就记不得他们的姓名了。这样，整个会议只好在对校党支部局领导有意见的那几个人的控制下进行了。

为选举大会主席团占去了不少时间，接下去就是学校的教务工作报告。报告人是学校的副校长，报告的篇幅很长，讲了两三个小时，一个上午的时间就过去了。下午分班对报告进行讨论，第二天是大会发言。会议中间有人上台说："学校的这个教务计划是非马列主义的！"表示要从根本上否定。经他这么一讲，引起整个会场上的混乱和紧张。一部分拥护校党支部局领导的人，当即站起来责问发言者："请你讲清楚在哪些具体问题上是非马列主义的？""你的发言是非常错误的！"等等。这时，坐在主席台上的范尔盖校长马上写了一张纸条："某某人说，我们学校的教务计划是'非马列主义的'，这个观点是错误的。"要求提交大会，立即付诸表决。表决结果多数人不同意，没有被通过。校长又修改说："要是有人说我们的教务计划是'非马列主义'的，这是不对的。"再度表决还是未被通过。第三次他又修改为"假使有人说我们的教务计划是'非马列主义'的，这是不正确的。"也未被大会通过。校长气得脸色发青。这样一来，会议原定的议程全被打乱了。大会发言时，有人赞成，有人反对，有人避开争论，发表其他意见，也有人甚至批评校党支部局执行的是"机会主义路线"。

在大会发言中，有些人逐渐把矛头指向王明、张闻天、沈泽民等人；

同时对学校领导上的官僚主义作风提出批评，还对生活后勤工作提了一大堆意见。发言的人十分踊跃，有些人的发言，还夹杂着个人意气甚至人身攻击。

一天下午继续开大会，余涂山在发言时拿出了一张纸条。看了看说：所谓正确的布尔什维克究竟有多少人呢？接着他就念了纸条上所列的28个人的名字。又分析说："这28个人中，绝大多数是没有实际革命经验的知识分子，工人出身的只有3个半人！"他又不紧不慢地念了3个人的名字："王盛荣、宋盘民、乐少华，半个是谁呢？他就是王云程。"他解释说："王云程过去在汉口一家洋行里当过职员，不能算正式工人，只能算半个。"后来在社会上广为传说，"二十八个半布尔什维克"中那半个是指徐以新，说当时他年龄小，而且观点不明确，所以只能算半个。这完全是无稽之谈。其实，余涂山在大会上念的28个人的名单中并没有他。当时也根本没有"二十八个半"的称呼。徐以新当时是个小青年，下课后经常同袁家镛、陈维明（沙可夫）、孟庆树（女）、朱子纯（女）等一起玩；虽然他当时的思想观点是拥护党支部局领导的，但年轻爱玩，在政治上活动较少。所以余涂山念的"二十八个布尔什维克"名单中只有袁家镛是在内的；孟庆树、朱子纯、徐以新等人当时还不够格。那么后来为什么把他们几个人都说成是"二十八个布尔什维克"呢？这主要是因孟庆树后来和王明结了婚。所以有人就把那时经常同她在一起的几个人都算了进去。

前些年台湾出了一本书，是原"中大"学生后被捕叛变的盛忠亮写的，书中他吹嘘自己在反托斗争中如何坚定积极，并且写出了"二十八个布尔什维克"每个人的姓名。但是，我看到他列的名单中，大多数人是张冠李戴，搞错了的。

当时王明等人确实有严重的宗派主义。余涂山在大会上提出"二十八个"的说法，用的是讽刺性的反话。他曾明确地说："你们这些人是括号里的'布尔什维克'，你们是少数人，也就这么28个人吧！"从此以后，"二十八个布尔什维克"的称呼就流传开来，有的还说成"二十八个半布尔什维克"，一直传到国内，而且越传就好像越真有那么回事了，几乎没有什么人表示过怀疑。其实，当时"中大"内并不是28个人同其他人的斗争。

王明等人的宗派主义小集团在学校里起了很坏的作用。王明因他平常接近米夫，又能背诵马列著作中的词句，能说会道，吹吹拍拍，得到了米夫等第三国际领导的信任。然后，他利用第三国际的信任和威望来压制、打击有不同意见的人；又以此为资本骗取张闻天、沈泽民、王稼祥等人的信任。张闻天、沈泽民、王稼祥等人是被王明利用的，以为他就是“国际路线”的代表，跟着他没有错。其实，他们中虽然在观点上一致，但在思想作风上并不完全一致。有些思想作风不好的人，如孙际民、盛忠良等，在王明等人看来，只要在“路线上保持一致”，这就是小问题，从不批评教育，于是别人都说他们是在互相包庇。虽然有时他们相互之间也会发生争论，但会很快取得和解。这与他们对待持不同观点的人态度是迥然不同的。

关于王明为人的不正派，我这里举两个例子。

1928年，我们党准备在莫斯科召开六大。我是校党支部局的组织委员，但并不知道这件事。一天，王明写了一张条子给我，说校长指定孟庆树、朱子纯两位女同学去作会议记录。那时会议很多，我也没问开什么会，见是校长的意见，就跑到班里把她俩叫出来，让王明带去了。这事本来我一直蒙在鼓里。后来校内两派斗争激烈的时候，有人捅出孟、朱两位女同学出席六大作记录的事，我才省悟过来。他们说这是王明私自定的名单，校长根本不知此事。我立即去找王明责问他：“王明，你为什么这样不老实？六大作会议记录，学校里有这么多党员同志你不找，为什么偏要找两个团员女同学去？”他嘻皮笑脸地说：“这有什么关系？你们校党支部局的女秘书不也是个团员吗？”我说：“你不要诡辩了！我到现在才明白，原来你是趁此机会，利用校长的名义指名要人，好达到你追求孟庆树的目的。这太不像话了！”王明听了我的批评，脸色顿时变了，显得很不高兴。

还有，1930年我回国后，在上海有天晚上在浙江路碰到博古，他拉我到王明那里去，王明和何凯丰住在垃圾桥一家亭子间。王谈了许多话。那时王明还没有上台，但共产国际的精神他事先已得知，他要拉一帮人把李立三等赶下去，由他们来当权。我当场说：“立三错误路线应当批判；但你们这样活动是不正常的，是一种宗派行为。”顶了几句就走了。自此王明等人对我就很不满意。1937 年王明和康生从苏联回到延安，他们问我的那句话就不是偶然的——哎，这是后来的事，不展开说了。

参加“十天大会”的有 500 多人。会上反对学校党支部局领导的有 300 多人，占多数；而拥护党支部局领导的则不到 200 人，居少数。如果不是这样，那开始时校长提出的大会主席团名单和那个提议也不会不被通过的。在反对党支部局领导的多数人中，有相当多的人是过去因各种原因受过批判的人，因而他们对学校领导都有程度不同的不满情绪。所以他们在“十天大会”上对校党支部局领导采取了一致的立场，但在政治观点上他们并不都是一致的。

大会连续开了十天，开始与会者都很紧张，担心会议出现意想不到的结果。后来，看到大家争来争去就是这些内容，没有什么新的东西，参加的兴趣就不大了，有些人就干脆不来了。控制会场的主席团成员，反对校党支部局领导的倾向非常明显。开始大会规定每人发言不超过 10 分钟，后来改为 5 分钟。但是与他们观点相同的人发言，超过时间可以照样讲，不受时间限制；同他们观点不同的人发言到了时间，要求延长两分钟都不肯，硬被他们轰下台。

那时，我和方廷桢等五人除在学校上课外，每周有两三个晚上，要到“国际无线电训练班”秘密学习，白天也要抽空去电台实习。会议大概开到第十天的时候，我从无线电训练班回到学校，急忙到会场上看个究竟，但见会场上的气氛同前几天大不一样了。主席台上坐着瞿秋白、张国焘和区委书记芬可霍夫斯基。张国焘正在讲话。他说：“你们这个学校斗争复杂得很，听你们讲，学校里有两条路线斗争。如果说有路线斗争的话，我看有六七条路线：王明、张闻天、沈泽民算一条，托洛茨基派算一条，‘江浙同乡会’算一条，旅莫支部算一条，‘先锋主义’算一条，还有什么反对派也算一条吧……”区委书记芬可霍夫斯基是联共中央委员、老布尔什维克。因“中大”所在的那个区有许多国际和联共中央的直属单位，所以区委领导人的配备特别强。他一脸大胡子，脚穿马靴，听到张国焘这样讲，马上站起来说："张彪（张在苏联时的别名）同志在中国共产党成立的时候是有功劳的，在党内担任过领导工作，负过重要的责任，但他刚才讲话的观点是错误的。我们党内只有马克思列宁主义路线同反对马克思列宁主义的路线，没有他讲的什么六七条路线，他的说法是错误的。"台下有些人不同意他对张的批评，就哄闹起来。这时，张国焘又站起来说："同志们，你们不要吵，不要闹，我同区委书记的问题，到第三国际去解决！"台下哄闹的人更加起劲了，有人竟然跑到台上把区委书记拉了下来；有人则大声叫嚷："我们到第三国际请愿去！"于是有很多人站起来准备往外走。在这种混乱的局面下，瞿秋白站起来严肃大声地说："同志们，我以中共中央和中共代表团的名义命令你们：你们不能到第三国际去请愿！你们这种做法是错误的。不准你们有这样的行为！"经他这么一讲，会场上的混乱情况才慢慢地改变过来。这时已是下午 2 点多钟了，大家急于去吃午饭，于是大会主席匆匆宣布散会。

"十天大会"，因为反对校党支部局领导的人占多数，学校领导对会议没有作什么结论，不了了之，这时刚好遇到放暑假，就以放假的名义，将会议草草地结束了。假期里，身体好的人去野营，其余的人去休养。野营主要是接受军事训练，每人发一套苏军士兵的军装，还有一双翻毛的粗军皮靴和代替袜子的包脚布。每天上操进行制式教练，学习辨认地形地貌，进行实弹打靶，投弹和徒步行军。排长以上的军官都是苏联人，正、副班长则指定中国留学生担任。过的完全是军营士兵的生活，十分紧张，一天下来大家都觉得很疲劳。

去休假的生活则轻松愉快。我们中国留学生都被送到黑海边的克里米亚海滨休养，那里吃的住的生活条件都很好。我曾和方廷桢等两三个同学，利用饭后休息时间到附近黑海边的一个农村去进行社会调查，分别访问了贫农、中农、富农三种类型的农户家庭。先去访问了一户贫农，他家有三口人，主人很热情地表示欢迎，拿出自家种的新鲜葡萄招待我们。我们要付给他钱，他不但不收，又拿出一只西瓜打开来请我们吃。我们问他家里的情况怎么样？他说，十月革命前很穷苦，现在的生活很好。我们看到他家的房子和室内的摆设都不错，还看到他家的小孩没有事，拿着一只熟的鸡腿在啃着“吃白相”（玩），觉得苏联农民的生活水平同当时中国广大农民的苦难生活相比，真有天壤之别。后来又去访问别的农户，看见路边有两三个苏联农妇在聊天，并且很高兴地主动和我们打招呼，我们就同她们交谈起来，问她们是过去的生活好还是现在好？其中一个妇女说，还是过去好！问她为什么？她说过去我家里牛羊成群，现在都没有了，说是消灭富农，但是现在又有了新的富农、资本家。又问她新富农在哪里，她就指着我们住的休养所说：喏！那里住的不就都是“新富农”吗！再问她旧的富农到哪里去了？她说都跑掉了。这时躲在一旁听我们交谈的一个小孩（就是这个说话妇女的儿子）对他的母亲说，你讲这种语学校里的老师说就是“要替列伐留济呀”（俄语：反革命的话）！他母亲随手捡起一根杨树枝要打他，小孩就跑开，躲到一边去了。我们对她说，可不可以到她家去看看？她就请我们进她家里去参观，看到室内的摆设比先前访问的那户贫农家要阔气得多，什么五斗厨、大立柜、沙发等都一应俱全。她还拿出一张珍藏的照片给我们看，指着照片中间一个穿着很神气的沙俄军官戎装的男子说，这就是她的丈夫；旁边合影的还有几个中国人。我们问她的丈夫怎么会和中国人合影留念？她才说出真相，原来她家不但是富农，而且丈夫是白军的军官，十月革命后因为反对苏维埃政权，在国内战争中被打败了，就逃亡到中国的东北地区去当“白俄”。这照片就是他在中国东北和几个中国朋友合影后寄给家里人留念的。她一直很小心地珍藏着，轻易不拿出来给外人看；因为看到我们也是中国人，才给我们看了……我们这次农村访问，虽然是走马观花，浮光掠影，看到一些表面的现象，却也足以从一个侧面反映了十月革命后苏联农村阶级关系变化的现状。

秋天，新学期又要开始了。我和方廷桢认为，学校是共产国际和联共中央直接领导下的，路线是正确的；但学校领导也的确存在严重的官僚主义，不倾听群众的意见，不做深入细致的思想政治工作，因而不能团结大多数。要不然为什么有些人本来表现是好的，现在却要反对校领导呢？我和方廷桢去见杨尚昆，请他一道去找校党支部局书记伊克那托夫，并帮助我俩作翻译。我们见到伊克那托夫后，建议学校领导主动承认并改正官僚主义的错误，做好学员的政治思想工作，争取团结大多数。伊克那托夫当面同意我们的意见，但事后并没有看到他采取什么有力的具体措施。

此外，我和方廷桢一起又以个人的名义找一些同学谈心，特别是找那些过去反对学校领导很积极，而现在表现得比较消沉的同学，开导他们说，如果再那样闹下去，就会使同学们思想混乱，影响学习。有一次找到赵言轻（俄文名字叫唐伯索夫，是冯玉祥西北军部队派来学习的）谈话，赵表示同意我俩的看法并愿意与我们各写一篇文章，阐明自己的观点，贴在墙报上。

第二天，我们三个人又凑在一起，互相交换看已写好的文章。赵看了我俩的文章表示同意，但我俩看了赵的文章，却认为他的文章观点不大明确，希望他再修改一下。赵同意拿回去修改。可是过了两天，我和方的文章都在墙报上发表了，赵的文章一直未拿来。我们向赵索讨，赵却说："我的文章不发表了！"我就问道："这是为什么？"他讷讷地说："人家说我是叛徒！"方听了对他说："这叫什么叛徒？革命者不应当隐瞒自己的政治观点，应该抱有明确的政治态度和坚定的政治立场。"他听了后又爽快地说："好吧，我去修改。"但过了几天，他仍然没有把文章送来。又过了几天，赵言轻找到方廷桢，说："吃过晚饭，我们两个到公园里去谈谈好吗？"方当时是班党支部书记，随即答应了。当晚，他俩坐在公园的长凳上谈心。赵说："我近来心里很苦闷，我犯了罪，我参加了托派组织，是学校里托派组织最高委员会'三人团'的领导成员之一。后来因为我和他们有些意见分歧，他们就不信任我，撤了我的职务。前些日子他们见我写文章就说我是叛徒。"接着赵又轻轻地说："接替我职务的是卞福林（无锡工人，俄文名字叫范尔雪银）。托派在学校里的主要头头是贾重周。'十天大会'为什么闹得这么凶？这是托派利用会上意见分歧和对立情绪进行挑拨，煽风点火，故意制造的。"他说到这里停了一下，若有所思地继续说："不过，对在会上究竟怎样闹法，也是有分歧的。一种意见是趁此机会坚决干到底，使事态和斗争进一步扩大，最后把中共在第三国际的领导权拿到手；如果这一目标达不到，至少也要把共产国际东方部的领导权控制在手里。另一种意见主张不要闹。如果闹，总有一天组织要暴露而遭到破坏，因而主张采取隐蔽的方针；要利用中共组织的关系，争取从国内多派些托派人员来苏学习，培养人才，以便于以后大干。还有第三种意见，主张既不大闹，也不是不闹，而是根据形势发展，先将中共代表团的领导权夺过来。”说到这里，赵言轻很悲痛地说：“我认为他们这样做不好，经过激烈的思想斗争，我想通了，觉得还是向你们讲清楚为好。”赵讲完后轻轻地啜泣起来。方廷桢当即对他进行了安慰和鼓励，说：“你这样做是很对的，不要难过，组织上是会谅解你的。”他听了后情绪似乎好些，就慢慢地走回宿舍去了。

方廷桢听赵谈后感到问题严重，立即赶到宿舍里，把我叫醒。因在集体宿舍里讲话不方便，就在外面找了个比较隐蔽的地方，他兴奋地告诉我说：“学校里闹事的根子找到了！托派骨干唐伯索夫今晚都对我讲了。”接着他把赵的上述谈话内容都告诉了我。随后我俩商量找学校领导反映。因为考虑到可能有苏联人作他们的后台，所以反复研究后认为，还是向伊克那托夫汇报为好。他是工人出身的老布尔什维克，为人忠厚、稳重、正直，比较可靠。第二天我俩就秘密向伊克那托夫作了汇报。他当天上午就去向联共中央汇报，回来后对我们说：“联共中央当即作了两条指示：一、此事必须绝对严守秘密，千万不能声张出去；二、找个安全的地方要唐伯索夫把托派的组织活动情况写成书面材料。”我们根据他的指示，一面秘密把赵言轻转交给苏联有关方面，由他们做工作；一面还大胆地找一些人交谈，交换各自的看法。由于我们谈话态度诚恳，感动了一些人，他们的态度不像过去那样激烈了，而趋向沉默。这中间，赵言轻还对我俩说：“从东方大学转过来的一些中国学员中，不少人是托派。后来因我与他们意见分歧，有些活动就不告诉我了。”赵写完书面材料后约一星期，一天，有位同学回集体宿舍取大衣准备去看电影；他开门进去，突然看到宿舍壁炉上黑乎乎地吊着一个东西，他走近一看，吓得连声大喊：“有人上吊自杀了！”这个自杀的人就是赵言轻，他是用皮带吊在炉子的铁条上自杀的。保密局接到报告后即把尸体抬走了。赵的自杀，对全校师生和工作人员震动很大。但学校并没有公开宣布此事。

不久，学校领导就布置进行清党运动。清党委员会的成员是由上级组织派来的，由十个人组成。这十个人又分成三个组，每个组负责清查五六个班级，搞人人过关，每个人都要接受清查。清查大多在晚上进行，不影响白天的学习活动。清查时，三个委员坐在铺着红色台布的桌子后面，点到受清查人的名字时，要走向前去，像受审判一样，站在他们的对面。其他学员坐在两边旁听。受清查的人自己要先报姓名、年龄、出身成分、履历等，接着是回答委员们提出的问题。比如我在接受清查时问得较简单，原因主要是我工人出身，平时在学校里表现较好，是拥护校党支部局的。受清查的人回答完委员们提出的问题后，委员们再问旁听的人："大家有什么意见？"场上如果无人回答，这时委员就说："没有意见就算审查通过了。"如果有人提出问题，就要向大家当场表态，对存在的问题进行说明。旁听的人发言不多。一般说，对工人出身的人的审查提问比较松些；对地主、富农或资本家出身的知识分子，审查较严。对后一种人，审查时，大家会提出许多问题要他答复。这些问题包括历史问题、社会关系、政治观点、在学校里参加什么活动和斗争、抱什么态度，等等。委员们比较着重审查阶级成分、社会关系、平时参加什么组织活动等，对思想观点问题也在查问之列，但问的不多。回答问题时有的人按问题回答，有的人拒绝回答，有的人当场与委员顶撞起来。这样，往往时间拖得很长。有时一个晚上只能审查一个人。审查后的组织结论如何，没有公布过，只有天晓得！

在清党中，查到有个名叫安福的知识分子，他同托派"三人团"之一卞福林是同乡，平时两人来往频繁。清党委员会早已掌握了他的材料，所以当审查到他的时候，要他交待参加什么组织的问题。他却回答说："什么组织？我就是参加共产党的组织。"等了许久，他还是坚持不讲。在这情况下，清党委员会就公布说："唐伯索夫在死前留下一个交待材料，已经供出了你们托派组织的名单，你是这个组织里负责训练的委员！"这个消息一传出后，另外两个清党小组的人都过来围观。会场上有人揭发，有人批判，有些人互相议论起来，气氛十分紧张。

第二天，方廷桢和我的文章在墙报上发表，把赵言轻是怎样交待的情况公布出来。这样，在清党过程中就和侦破托派的案件结合起来。学校领导还为此专门发出了号召，要求凡参加托派的人，自觉起来向党组织交待自己的问题，并要知情者起来揭发检举，注意这些人的活动。但有一条规定，具体名单只能交给组织，不得向外散布。

由于安福问题的揭露，学校形势立时起了很大的变化。过去那些反对学校领导的人，很快开始分化了。有些人原系领导积极分子如余涂山、李剑如、刘子载、徐祖辉、柳步青等没有参加过托派组织，就沉默不响；有些原来积极参加反对学校领导的，就转过来，表示拥护学校和校党支部局领导。如江元青（印刷工人）、宋三妹（纺织工人）等没有参加托派组织，也主动找校领导承认自己的错误，并在大会上积极揭发反对派的内部活动情况。有些问题还涉及到中共代表团内的某些人等等。这以后表示支持学校和校党支部局领导的人，很快地由少数变成绝对的多数了。

学校对托派分子没有专门立案审查，只是组织学员写文章在墙报上予以揭露。

一些参加了托派组织的人交待了他们是怎样利用一部分群众的不满情绪活动的情况，还交待了他们如何暗藏托派文件、互相秘密传阅的方法：他们往往利用在食堂门口等待开饭的机会，趁人多拥挤时暗中传递文件。这些交待了问题的人和一般有托派观点的人，都没有被抓走，也没有对他们采取其他措施，校方仍然允许他们上课学习。党员们经过清党委员会审查研究，对有问题的人，分别情况，给予警告、留党察看等组织处分，但处分决定一直没有公布。托派骨干分子贾重周、卞福林等由于不肯交待自己的问题，被苏联保安员秘密抓走了。他们在学校里一个一个地消失了，以后再也没有看到他们。

“中大”这次清党与后来我们党的延安整风不同，它主要重在组织上的清理，而不是重在清理思想，分清是非，因此没有真正解决问题，留不了不少后遗症。许多没有参加过托派的同学就感到不服气。另外，这样简单的做法也使个别隐藏很深的托派分子难以被发现。

1929 年冬天，“中大”的清党工作宣告胜利结束。从“中大”发生的一系列问题来看，开始校领导有官僚主义作风，工作不深入细致，引起学员的不满。这中间校里的“托派”分子煽风点火，导致了学员之间和学员与校领导之间的严重对立。然而托派问题被揭露以后，却又掩盖了另一方面的矛盾，大家都转而一致表示拥护校领导了，似乎校领导的问题也不存在了，以前大家提的意见也全都错了。这也叫一种倾向掩盖了另一种倾向吧。

这里也掩盖了王明等人在“中大”的一些不光彩表现。因为学员中托派事发，他们和校领导一样一下子变为“正确”的代表，肃托的“英雄”，捞取了政治资本。王明等人日后的发迹就是从“中大”开始的。特别是个人品质不好的王明得志以后，和康生勾结在一起，利用手中的权力，随意诬人为“托派”或“托派嫌疑”，陷人于死地，犯下了种种不可饶恕的罪行。

1930年初，联共中央监察委员会派了一个调查组，专门调查“中大”内部的斗争和问题。组长克尔莎诺娃是位女同志，她是联共中央委员、列宁学院院长。调查组经过一段时间的工作后，最后在全校大会上宣布了结论，肯定了“中大”校党支部局的路线是正确的；同时批评了校党支部局在工作中存在的大量的缺点和错误，其中，最大的问题是没有及时把大多数工人同志团结在自己的周围。调查组也批评了反对校党支部局的人的错误。虽然这个调查结论基本上是正确和客观的，但为时已晚，两派的严重对立和斗争在许多人的思想和感情上造成的创伤和裂痕已难以愈合，影响和后果已无法消除。

调查组的这个结论是在“中大”合并到列宁学院后宣布的。“中大”合并到列宁学院后，意味着“中大”停办了。这以后，许多中国学生开始陆续回国或分配工作，留在列宁学院继续学习的已不多。我们学习无线电的五位同学则早就搬到了第三国际无线电训练班，专门学习无线电等技术（列宁学院如有重要的报告，我们仍照常去听），我们常常带着自己制作的收发报机，乘火车到离莫斯科几十公里远的郊外实习。实习时，是和业余电台“CQ”联络，顺利时晚上可和西欧国家业余无线电爱好者的电台通报。我们还去过位于莫斯科郊外的国际电台参观学习。

1930年秋末，国际无线电学校负责人晓克找方廷桢、沈侃夫、李元杰和我四人谈话。晓克说：“根据共产国际的指示，和你们的学习成绩，你们在这里的学习毕业了。现在要送你们回国工作。”并告诉我们回国的路线和在各地接头的方法。这样，我就结束了在苏联三年多的学习生活。经过几天的准备，我们四人就秘密地从莫斯科乘火车到了海参崴。在那里稍作休息和准备以后，又从海参崴乘车到了一个秘密地方交通站，打扮成商人，由苏联交通员带路翻山越岭来到中苏国境线，苏联交通员嘱咐了一番就回去了。我们就大摇大摆来到国境线边上的一个中国哨卡。两个站岗的东北军士兵正在晒太阳，无精打采地看了我们一眼，没有问话就让我们通过了。然后，我们四人就分散行动，约好在上海南京路先施公司附近的马路上会面。

五、建立秘密电台

1930年冬，毛齐华从苏联回国后在上海

1930年初冬，我和方廷桢、沈侃夫和李元杰，如约在上海碰头之后，住在组织上指定的三马路一家旅馆里，等待组织派人来接头。有一天，突、突、突一阵摩托车声在旅馆门前戛然而止，楼梯上咚咚地走上来一个人，原来是顾顺章。只见他油头粉面，西装革履，一副上海小开的样子。寒暄以后，他说："我们现在正在筹建无线电台，很需要你们学到的无线电技术，以开展党的通讯工作。"在顾顺章要离去时，我顺便问他："你可知道有个叫曾培鸿（即李强）的人吗？1927年曾在武汉搞过情报工作。他现在哪里？"顾说："他就是你们的领导，是工程师，明天就来同你们见面。"

第二天，李强果然来了。老朋友、老战友久别重逢，分外高兴，大家互相问长问短，有说不完的话。随后他介绍了一些情况，要我们安排好住处后再开展工作。我按照秘密工作的要求，租了一个亭子间，并把妻子潘林珍从乡下接出来，安了家，由她担任守门瞭望。这以后，李强经常到我家谈工作、聊天。

又过了十多天，李强叫我把家搬到慕尔鸣路兴庆里17号（今茂名北路111弄17号）新建的党的地下电台所在地。房子的二房东是吴克坚，住在楼下，大家称他为"账房先生"。曾三（康和生，新中国成立后曾任中央档案局局长）是报务员，住在小亭子间。我家是三房客，住在楼上。收发报机就放在我房内衣橱里，每夜在我房间里进行收发电报工作。后来吴克坚去了苏联，我从楼上搬下来顶替吴克坚当了二房东。我和妻子所设的慕尔鸣路电台，属中央特科四科领导。新中国成立后，我知道了有关中央特委的一些情况。原来，早在1927年5月，党中央在武汉时期，为惩处党内的内奸叛徒，曾在中央军委下设立过“特务工作处”。南昌起义失败以后，党中央领导机关秘密迁往上海租界，当时处境困难，工作难以开展。同年11月党中央政治局委员兼中央军委书记周恩来从武汉回到上海，奉中央命令着手整顿中央各个机关。为了严密保卫党中央的安全，12月间，中央决定由周恩来、向忠发、顾顺章组成中共中央特别工作委员会（简称中央特委），由周恩来任书记，下设中央特科，是一个绝密机关，特科下设两科一队（内部习惯称为“赤队”）。中央特委是领导决策机关，而中央特科是执行机关。

中央特科的主要任务是：保卫党中央机关的安全；了解和掌握敌人的动向，向革命根据地通报敌情；营救被捕同志和惩办叛徒。随着革命形势的发展和斗争的需要，中央特科扩大为四科。其中，特四科负责联络通讯，科长李强，成员有：我和方廷桢（方仲如）、沈侃夫（陈宝礼）、李元杰、程祖怡，我们都是莫斯科国际无线电学校的学员，宋濂、涂作潮（他们俩是在苏联列宁格勒学习回国的），其他还有张沈川（张燕铭）、黄尚英、伍云甫、曾三、蔡叔厚（蔡绍敦）、于昆（于蓝之）。

20世纪50年代，毛齐华（左一）与曾在上海参加地下电台工作的老战友李强（二排左三）等在北京相聚

我时常按照李强的通知到巨籁达路四成里12号（今巨鹿路391弄12号）去碰头，研究工作。那里是中央特科办的一个秘密无线电学校（也称“训练班”），是一幢三层楼的房子。三楼是学员宿舍，二楼是宿舍兼教室，楼下客堂里放着一张写字台、几条凳子及一些电器材料，另外有一些工具和一台进口的小发电机。门上挂着一块“福利电器公司工厂”的招牌。人们一般称它为“福利公司”。

在此以前，党的地下组织曾由张沈川负责办过无线电训练班，采取两三个人一班，分散在市内好几个地方，单线联系，以“家庭补习”的方式进行教学。现在是集中起来教学，共有16个学员，仍以张沈川为主，给学员教报务课。教职员工有的曾参加过上海三次武装起义，有的参加过省港罢工、秋收起义或广州起义，都是经过党多年教育和革命斗争考验的党团员。虽然“福利公司”的招牌写着“工厂”，但是进进出出的人员中，有的穿长袍，有的穿西装，有的穿学生装，有的穿工人装，形形色色，而且大多数是些青壮年。福利公司工厂对外没有业务关系，也没有什么产品。人员进出如此纷杂，很容易引起敌人的怀疑。

有一次李强来到电台，传达周恩来的指示说：“你们对无线电器摸得很熟，但对思想政治工作注意不够，今后要特别重视！”

中共第一个无线电培训班弄口

中共第一个无线电培训班大门

在四成里，我们同看管弄堂的人相处得很好，进出见面总是打个招呼，互相问好。一天上班时，他忽然告诉我说："弄堂里面有个教师，说是共产党，昨晚被巡捕捉去了！"我也关心地对他说："今后你也要多加小心！"此后，他每天晚上10点钟便把弄堂门关上。为了晚上出入弄堂人员的方便，他在门口搭了一间小木屋。木屋要装电灯，我们就免费给他提供了一些材料，并由沈侃夫替他安装好。因此他很感激。以后据我们了解，那个被捕的是刚从苏联回国的吴亮平。

不久，福利电器公司工厂发生了两起怪事。一天，有一个穿着一身蓝布工人服装的人突然上楼来，自称是查电表的，在房内转了一圈后很快走了。当时大家没有警觉。几天后的一天上午，大家正在李强主持下，在楼下讨论训练班的教学计划，突然有四个流氓样的人闯进房来，先是东张西望，随即拿出一张印有观音菩萨像的纸，叫道："老板，你们在这里办工厂，我们特来恭喜发财，请给点酒水钱吧！"李强懂得一点上海白相人（流氓）的行话，就和他们搭腔。这使他们产生了错觉，临走时还亲热地说："噢，原来都是自家人！你们在这里办厂怎么不向老头子打个招呼？"李强笑着说："请各位多包涵！"并当场拿出四块银洋把他们打发走了。这本来是要出事的兆头，但大家还是把它当作是平常流氓分子来敲竹杠。其实，在反动派严密控制的环境下，把那么多的人，长时间集中在一起办训练班，是党的秘密工作所不允许的。对此，李强等人曾向顾顺章提出过意见。但顾却毫不介意地说："我在法租界里有情报组织，巡捕房里有我的眼线，如有问题，我很快就会知道。你们放心干吧！如果万一被敌人发现，我会马上通知你们转移的！"他是特科的领导成员，却持这样的态度，我们有什么办法呢？

但问题终于发生了。那是12月17日上午，李强和我们在楼下研究怎样制作变压器（张沈川在楼上给学员上报务课，未参加讨论），方案确定下来后已经11点钟，到吃饭时间了。我家离厂不远。李强因很喜欢吃我妻子潘林珍烧的江南菜，这天便照例和宋濂、曾三到我家吃午饭。饭后我们三人闲聊。宋濂要写信，因为手头没有纸便到四成里去取。不多一会儿，宋濂气喘吁吁地跑回来说："出事了！我们训练班后门上的警号变了！”我们听后大惊，马上派了一位平时不出头露面的人去探听虚实。那位看弄堂的人在外面等着，见他来就说：“不要进去了，刚才你们工厂的 20 个人全部被巡捕房抓去了！”李强闻讯后，马上赶到四马路振华旅馆找吴克坚。吴正在等候中共中央送经费的同志。李强忙将福利公司被破坏的凶讯报告了吴克坚。当时，涂作潮也险些被捕。他穿了件工作服外出买油漆，当他提着油漆桶回到训练班，法国巡捕已守在那里。开门一看，见他是个油漆工，就很不耐烦地将他赶走了。

训练班出事以后，我们立即采取了紧急措施：一是李强赶到张沈川的住处，把党的文件全部处理好，同时转移住地；二是我夫妇赶到方廷桢、李元杰的住处，把他们的东西全部搬出；三是要求设法把四成里训练班的重要设备抢运出来。为了抢运出这些设备，行动前，中央特科曾派人去侦察，发现守在那里的巡捕已经撤走，门上贴了封条。在几天后的一个夜晚，我们组织了一些人，租了一辆汽车开到弄堂口，由特科派员四面警戒，进去揭下封条，把里面的电器设备、小型发电机和其他物资装上汽车，再把封条照样贴好。走时给了看弄堂的那位老人 5 块银元，感谢他对我们的帮助。

在事发以后，上级组织在福建路一家旅馆里召开会议，检讨原因，总结教训。顾顺章没有从主观上作检查，而说是训练班一个姓杨的告密。因为当时训练班只有 20 个人，除杨外，其他人都被捕了。此人平时生活散漫，在事发的前一天晚上召开的小组会上，他曾受到许多人的批评。顾的讲话使到会的人信以为真。但是，这个说法很快就由被捕的人否定了。因为那个姓杨的在出事的当天外出看病不在工厂；还有如果是他告的密，必然要暴露被捕人的党员身份，但敌人在审讯时，未拿出任何证据来说明他们是共产党员。

会上，与会的同志指出了领导有轻敌思想，总以为“情报万能”；同时也批评了宋濂的错误，因他是第一个看到训练班遭到破坏的，又知道涂作潮的住址，却没有及时通知他。如果不是涂作潮的机警，他也要被捕。后来宋濂被敌人的白色恐怖吓破了胆，竟开小差跑了。

这次事件提高了大家的警惕性。以后李强很少到地下电台去了。

不久，中共中央派陈寿昌来领导我们。陈寿昌是浙江镇海人。每次他到电台，我们总要向他打听被捕同志的情况。他说："他们在狱中都表现非常坚强，没有一个暴露自己的真实身份。组织上正在从各个方面设法营救。"大家听了稍觉心安。

设在我家的慕尔鸣路地下电台，虽然距离福利公司不远，但因为这两处机关规定不得互相联络，以防一方暴露牵连另一方，所以被捕的人都不知道有这个机关，当时也就没有转移。福利公司事件发生之后，地下电台改由中共中央书记处直接领导，与特科分离。曾三照常负责与香港通报，陈寿昌差不多每天晚上都到电台来送取电报稿。

一天晚上，我和陈寿昌都在场，曾三收到香港来电："老板进医院，这里处境困难。"从与对方的联络中觉察到香港电台发生了反常情况。果然第二天对方报务员的手法变了，改用英语。很明显，香港的地下电台已经被敌人破坏了。于是，我们采取只听不发的办法来应付。这样持续了两天，对方也不发信号了。

时间过得很快，转眼已届旧历年关。那位经租房屋的账房先生来收房租，一见二房东换了我，就大声嚷道："你们二房东换了人，要重新过户付顶费，要重新找铺保订契约！"上文提到，此房原来是以吴克坚名义所租，吴于数日前已去苏联。我同这位账房先生争论了好久，他仍然不让。

考虑到新出现的种种不利因素，我便与陈寿昌研究决定把房子退掉。曾三机智地将收发报机包装在行李中安全转移了。慕尔鸣路电台就此结束。春节过后，我在泥城桥鸿福里租到一间双亭子间。稍加安顿，又接受了新任务。涂作潮、曾三、伍云甫等人于 1931 年 3 月到江西苏区去了，在那里继续从事无线电通讯工作。

1931 年 4 月 24 日到 27 日，周恩来从陈赓和李克农处获悉钱壮飞截获的十万火急情报：顾顺章在汉口被捕叛变！顾原是送张国焘到鄂豫皖苏区去的，他回到武汉后，违背党的地下工作纪律，到汉口游艺场表演魔术（这魔术表演技巧是李强从外文书上看来，平时教顾的，李自己不会玩），被叛徒看到后被捕的。顾在党内担任重要职务（中央政治局候补委员和中央特科负责人之一），因工作关系，对中央机关和领导人在上海所使用的化名和秘密住址都比较了解，并且也知道第三国际远东情报局和苏联远东情报部派驻上海的工作人员的化名及秘密住址。如果他将这些情况供出，对上述领导机关和工作人员，将造成不堪设想的严重后果！

情况万分危急。周恩来临危不惧，坚毅沉着，在陈云、聂荣臻、陈赓、李克农、李强等协助下，指挥中央特科人员全体迅速出动，抢在国民党反动派行动之前，采取了三项紧急应变措施：一、迅速转移中央主要负责人的住址，并将顾顺章所熟悉或能侦察出的中央领导人的秘书全部调换；二、将所有原在上海可能会被顾顺章出卖、追捕的干部，尽快调离上海（李强即被派去苏联）；三、立即废止和改变顾顺章所知道的一切秘密工作方法和联络暗号。

定下以后，陈寿昌跑来向我传达了中央的三项紧急应变措施，并将电台立即转移。顾顺章叛变以后既然党中央主要领导都转移了住址，那为什么总书记向忠发却被捕了呢？原来向忠发虽然搬了家，但是他和老婆因回原来住址附近的裁缝店取做的衣服时，被守在那里的特务发现，而被捕的。这事是以后我听杨之华说的。顾叛变以后，我们的电台不属中央特科领导，而直接归中央书记处直接领导。此后，地下电台的领导，根据福利公司的教训和中央的指示，交给我的任务主要是培训技术力量，即训练报务员和维修发电机的技工。我负责训练五名报务员，在两个地方教学；其中在虹口两个人，在同孚路附近三个人（其中两人是夫妻）。我采取上门辅导家庭补习方式进行教学。我买了一些发报机零件，用三极管装了一个振荡器，每人一副耳机，使同居一室的人也听不到拍发电报的声音。开始每个教学点我每天都去一次，过了一段时间，两天去一次，主要是督促学员自学。

训练报务员比较简单，但培训维修发电机的技工却比较麻烦，这必须要有场地和机器设备，最重要的是要有个名义作掩护。我在虹口找到一家修理发电机的小厂。它只有一间店面房子，可是破旧的发电机却有十多台。这家老板看来也是工人出身，自己参加修理，只雇用了一个工人和一个学徒。我对老板说，有些小城镇需要会装修发电机的人，希望老板帮助，教会他们能拆装和简单维修发电机，学习费用照给。老板认为有钱可赚，又送来不要工钱的劳动力，就欣然同意。我先后在这个小厂办了两期培训班，两个月一期，每期两三个人。这些受过技术培训的人，都由组织上派往苏区去了。事实证明，在白色恐怖下，用这种方法培训技术人才，比较安全、有效和省钱。这可说是我们当时的一项创造。

由于各革命根据地的迅速发展，各地都急需无线电通讯设备。于是，组织上又把装制机器的任务交给我。要完成这一艰巨任务，在我所住的双亭子间显然是无法进行的，因而只好另找房子。陈寿昌带我到大连湾路东西华德路（今长阳路）口乾信坊，顶进了一幢比较合适的房子。我们夫妻搬进去以后，组织上又调一位曾经在电台工作过的女同志何成英（四川人）到我处，住在亭子间做三房客。

处在地下环境，安全问题一点疏忽不得。大连湾路乾信坊只一条直通弄堂，那个地方是比较安全的。新房楼下是客堂，客堂的陈设同邻居相仿：一张长台、木阁儿、香案、烛器，中间方桌，两边放着椅子。那一带人家的大门经常是开着的，因而我们家的大门也开着，有事都在楼上做。潘林珍和何成英住在楼下，作掩护工作。我买了一只工作台，还有各种工具、五金零件、电表器材，就在楼上办起个体工场来。这年夏天，上海天气特别热。我一人躲在楼上赤膊，夜以继日地工作，常常大汗淋漓，眼睛累得出现了红丝，痔疮也发了。虽然工作很辛苦，但有这样一个相对安全的工作环境，干起来心里踏实，竟一点也不觉得疲劳。

在制造收发报机时，因考虑到是在秘密环境下使用，因此要求所制的机器必须轻巧，便于携带，声音又要小而清晰。所以我每制成一台，都要经过反复检验，认为符合要求了才放心。这年夏天，我一连装配了五六套收发报机。

这些收发报机有的是单线领导人约好来取，有的是约好时间、地点、接头暗号，我亲自送去。1932 年，我曾先后将两套发报机送到麦特赫斯脱路交通站。那时交通站的负责人是陈刚（人们称他“红鼻子”，全国解放后曾在四川省任工业部部长）。一次，碰巧这个交通站有位同志正在采购印刷器材等，当他得知我在印刷方面也是个内行时，非常高兴，当即要我帮助他采购印刷的物品。我很快地把这些物品买到，他设法迅速把这些印刷物品运往苏区去了。

当时，我还负责检修发生故障的电台和研究改装老机器。这一般都是由联系人把机器送来，有时是领导派交通员通知我去电台机关检修的。那几年中，同我接头最多的是中央台的王有才。

1931 年秋天，陈寿昌调任福建省委书记，组织上派乐少华来与我联系。乐是浙江宁波人，也是工人出身，是我在莫斯科“中大”的同学。他工作有些粗心，由于他的疏忽，我的住址被两个脱党分子发现了。为了安全起见，组织上决定我们立即转移。于是，我又迁到了跑狗场附近的华德路友邦里东 1 弄 61 号（今长阳路 640 弄 61 号），仍旧从事装配收发报机的任务。

1930 年到 1931 年间，中共中央曾在上海设立了几处地下电台，但自从曾三调往苏区以后，上海只留下两个地下电台：一个是中央台，由王有才负责，与苏区通报；另一个是国际台，由程祖怡负责。程是我在莫斯科国际无线电学校的同学，于 1931 年秋才回国，被分配到国际无线电台工作。这年冬天，组织上要程祖怡带着机器搬到我的住处，继续与国际台通报。程除了与国际台通报以外，还同我一起研究收发报机的改装。

1932 年上海一·二八抗战爆发，虹口区、杨树浦区的居民纷纷拥向外白渡桥，南逃投亲避难。我也雇了一辆出租汽车，把电台装成行李，同程祖怡一起来到浙江南路，住进一家旅馆。同住在一起的有乐少华、王平、蔡和森的爱人李一纯和女儿阿珠、孙五芳、夏明（邓中夏的夫人）等。不久，程祖怡带电台到沪西继续进行通报工作；其他同志陆续到沪西、沪中分散居住；乐少华则奉调去江西中央苏区工作（1934 年曾任由红七军团改编的红军北上抗日先遣队政委）。而我就在新闸路温州路一居民住宅租了楼上一大间统厢房往下。

由于敌人的严密封锁，各革命根据地物资供应十分紧张，连收发报机用的电池也买不到。组织上又把采购电池的任务交给了我。我考虑买电池数量多不易运输，也易被敌人发现，不如从上海买原料运往各根据地，由他们自己制造。为了自制电池，我先买书本自学制造的原理和方法，又买原料试制，经过几个月的反复实验，居然成功了。

乐少华临走时，组织上又调来两位同志协助我工作，他俩是一对夫妻：男的叫李志超（四川人），住在南京西路徐重道药房楼上，是上海无线电学校毕业的学生，初步懂得一些无线电知识；女的叫朱霞君（江西人），在大世界对面的伯庸医院当护士。另外还有一位女同志后来调到程祖怡负责的电台去担任掩护工作。我常去李志超家帮助他学习实际知识，如制作零件，装配机器，掌握各种零件的性能等。李志超则帮助我采购电讯器材，使我减少外出的次数。李志超家搬了几个地方，最后于1933年迁到华德路（今长阳路）。

时隔不久，程祖怡在街上碰到“剥猪罗”（上海方言，是指将被劫者全身衣着强行剥夺的拦路抢劫行为），对方是莫斯科“中大”同学，路上和程纠缠，把他身上的长袍、短褂和手表等物品全部剥走了。但这件事没有引起程的警惕。过了一个多月，那位“同学”带着三个同伙，突然闯进程祖怡的住处敲竹杠，提出向党组织要500块大洋。程祖怡同他们周旋，一边安排他们在客堂中打麻将等候吃饭，一边打发“女用人”出去“借钱”。程自己则装作到厨房为他们准备饭菜，乘他们不备之际，登楼越墙而逃。这几个家伙听得室内没有动静，就惊慌起来，怕党组织派“打狗队”来收拾他们，就将楼上楼下除木器家俱和收发报机以外，所有的衣箱、床单、厨房用具等洗劫一空，逃之夭夭。事发后，中央特科情报人员经过几昼夜的侦察，没有再发现异常情况，估计他们是流氓团伙，没有别的政治目的，于是雇了一辆出租车，破门而入，将收发报机运出，另找地址设台。

为了避免再出事，组织上没有让程祖怡再外出租房了，改由我出面包办这类事情。我在大沽路437弄20号找到一所房子。这所房子地点适中，又好，只有两幢房子相联接，环境很适合地下工作。我就花了500块大洋把它租下。这时已快到1933年春节，程祖怡一家三口搬到我们家同住。我当二房东，程当三房客，住在楼上负责收发电报。电报密码是由李竹声的妻子沈谷兰（全国解放后在中央卫生部工作）负责联系接送的。在这个住处，我们过了春节。

在国民党的恐怖统治下，中国共产党在白区进行活动本来就极其困难，又由于临时中央“左”倾冒险主义和关门主义的错误，使这种困难更加严重，导致白区的组织和工作遭到了很大的损失，以至于中共临时中央难以在上海立足，不得不于1933年1月迁入中央苏区。上海另行组织中共上海中央执行局，作为临时中央的派出机关，领导国民党统治区党的工作，并负责与共产国际联系。中央上海局书记是李竹声。我当时就在上海中央局的地下电台工作。

为了防止电台暴露，我们都使用室内天线，随用随挂，用完收起来。但在发报时，电键一按，邻居的电灯泡，不论白天黑夜，就会发出一闪一闪的红光，若被邻居发现嚷出去，必将引起麻烦。所以我们每设一台，就先一边按电键调整波长，一边设法偷看邻居家电灯泡是不是闪出红光，一直调整到不发出红光为止。因为这个缘故，选择电台的用房，当时是一件很麻烦的事。大沽路这幢房子，通过调试，达到了这一要求。做地下工作，常会遇到一些意想不到的危险。有一次，我抱着一部发报机，坐在一辆黄包车上，途经北京路到泥城桥附近时，突然路边窜出几个巡捕和便衣。开始我想要黄包车绕道避开这些“抄靶子”（抄身搜查的家伙），但转念这反而会引起他们的怀疑，于是继续前进。那几个“抄靶子”的见我身穿长袍坐在车上，手里抱着一包印有“中国百货公司”字样商标的牛皮纸大包，从容来到他们跟前，显得很有派头，便不敢放肆，把手一挥，示意放行。一场风险过去了，可是我却出了一身冷汗。

沈谷兰在往返电台的路上也经常遇到“抄靶子”。一次，她手里提了一筐鸡蛋，把电报密码放在鸡蛋底下，装成走亲戚送礼的样子。当她走到华德路时，突然碰到几个男女“抄靶子”，过往行人个个停下被搜查，当然她也不能例外。女巡捕搜她的鸡蛋筐时，把鸡蛋一个一个拿出放在地上，因地不平鸡蛋便散开乱滚。她急中生智，便发火大声说：“这鸡蛋是我送亲友的礼物，打破了你们要赔！”经她这么一说，“抄靶子”认为这个普通家庭妇女不会有什么问题，便停止检查，让她走了。

自我试制成功电池以后，组织上同意我的方案，在上海采购原料，由根据地自制电池。沈谷兰送来500块经费，我转交给李志超叫他先去采购锰粉、铅粉、炭精条、锌皮等原料，准备办妥以后运往根据地。第二天李志超还来向我讲采购情况。可是，第三天，他一去未归，音讯全无。我到他家时，李的母亲和妻子痛哭流涕，说："志超昨天外出至今未回，估计出事了！"原先中共临时中央撤往中央苏区后，除给上海中央局留下两个地下电台负责联系外，另在上海还留有一个由苏区的中央革命军事委员会周恩来、聂荣臻等直接领导的系统。该系统在上海的负责人刘仲华与我经常有联系。那天，正巧我要去和刘仲华碰头，就顺便将李的情况向刘作了汇报，并提出要李的母亲和妻子立即搬家的建议。刘同意我的建议，并答应搬家的事由他负责安排。奇怪的是，不久李的妻子也失踪了。以后，竟一直不知去向。

1934 年春节期间，为配合中央苏区的第五次反"围剿"斗争，上海地下党决定举办爆破训练班，训练爆破手，目标是准备炸毁国民政府新修的浙赣铁路。因为在国民党军"围剿"江西中央苏区时，这条铁路在运输敌军兵员、补充军火给养方面起了重要的作用。一天沈谷兰来通知我，说组织上决定调我到爆破训练班去工作。讲好我进训练班后，就在里面隐蔽工作，不出头露面；而班里一些需要抛头露面的事务性工作，则由组织部的高文华去负责应付。

第一期爆破训练班设在海格路，是高文华出面租来的房子。一共只有三个学员：高文华、我，还有一个工人。讲课的是一个外国人，他讲英语，也会讲俄语。英语翻译名叫浦化人。我负责记录，记录下来的内容就作为训练班的讲课提纲。那位讲课的外国教员和我一起住在训练班里，不到外面去。夜间没事，我们就用俄语交谈，我提问一些讲课时听不大懂的问题，他就作补充辅导，使我获得了更多的知识。经过一个月的培训，学员们对有关雷管爆炸等技术都掌握了，训练班就宣布结业。我仍回电台工作。

可是，我刚回来不久，一天沈谷兰紧张地来通知我说："为这幢房子打保单的铺号已出了问题。为了安全，组织决定你们立刻搬家！"

根据上级的指示，我暂时搬到老闸桥堍北边的一家破房里，当了三房客。因为急于通报，又冒雨到处奔走物色住房，经过一个星期的努力，终于在高郎桥广场看好了一排新房子。我改姓周，租下了这幢新房。当把房子整修好搬进不久，程祖怡一家三口带着电台也住了进来。红色电波又飘在空中了。

过了两个多月，快到夏天的时候，沈谷兰又来通知我，要我到上海局组织部去同李竹声碰头，说是有新的任务。我到组织部去见了李，他说这里有两箱文件你看看，对于其中需要答复的文件，要我帮助上海局书记处草拟答复的文稿。他为什么会找我去干这个工作呢？因为当年一起在莫斯科学习时，他知道我在中山大学曾参加过共产国际刊物的编辑工作，在工农出身的党员中，还算是具有一定文字能力的人。于是我在那里又工作了一段时间。这时，瞿秋白的夫人杨之华也在组织部，她住在二楼。开会时，我还碰到过交通员陈刚。

地下党又办了第二期爆破训练班，仍由高文华负责。学员有所增加，共有十多个人，都是从各地调来从事地下工作的同志。实际上，当时组织从各根据地要调来学习的并不就这些，他们仅占要调人数的约70%。原因是有的在路上被捕了，有的找不到地方，有的则发生了误会回去了。为了严格保密，凡参加受训的人员，都必须先到指定的地方等待，然后统一由组织派车接送去训练班。有时学员们上车的地方离训练班也许只有咫尺之距，但也要他们在夜里坐上有蓬布盖严的汽车里，开着车在大街上转来转去，往往要跑很长时间才到目的地，使学员们以为好像有很远的路，谁也不知道训练班的确切地址。这是根据地下工作的需要，严防泄露训练班的地址，而有意安排的。

这期训练班也搞了一个多月，开始时工作比较顺利，可是临近结束时却发生了一件怪事：原先我所记录整理的那份讲课提纲突然不翼而飞；学员之间还经常内部发生争吵。李竹声知道后，就要我去做学员们的思想工作，并说要抓紧时间赶快把这期训练班结束掉。我到训练班去把学员集中起来讲话，代表组织，先肯定了他们刻苦学习的精神；然后，希望他们克服困难，严守纪律，完成党交给的学习任务，回去很好地为党的事业奋斗。

训练班结束后，学员都分配了工作。有的由高文华交给地下交通员带走了。有一个学员因表现不好，留在白区工作怕出问题，就被送到闽西苏区去了。以后我在延安碰到博古，问起那个学员的去向；他说，审查后有问题，给“处理”掉了。

另有两个学员，由地下交通员带领，准备经南京、九江送到南昌去。可是路经南京时，有一个学员叛变了，他偷偷跑到南京公安局向国民党自首告密，敌人的便衣特务就开始盯梢跟着他们不放。地下交通员虽然发现身后有“尾巴”，却一直无法摆脱掉。一路上盯梢的特务盘问他，交通员说，上面只交待要他把两个人带到南昌去，以后怎样行动上面没有说，不知道。特务跟着他们一起到了南昌，住在一家瓷器商店里，交通员住在里间，特务和叛徒住在外间监视他的行动。一天晚上，地下交通员趁他们不留神偷跑了出来，他不敢坐火车或乘轮船，沿着农村的山间小路一直走回到上海，向组织报告说，一个学员叛变了，还有一个不知结果怎样。

也就是在这期间，党组织安排我和叶挺同志见了一面。叶挺是北伐名将。大革命失败后他曾去莫斯科，在中山大学作过报告，我听过他的报告。这次他秘密从香港回来。因为我们要办爆破训练班，叶在香港搞过，懂得这方面技术，组织就让他给我传授技术。我和叶是在法租界的一个别墅里见的面。他讲了如何配“药粉”，将炸弹挂在门上等，讲了两三个小时。这事我以前一直没有说过。

这时，地下党组织还准备举办第三期爆破训练班。刘仲华来找我，说是要成立一个“破坏部”，由我当部长。沈谷兰也来通知我，要我搬离电台，与地下电台脱离关系，说是李竹声要我到上海局组织部去办公，负责起草文件。

6月27日，当我正准备搬家时，沈谷兰突然来通知我说：“昨天阿竹（李竹声）在马立斯新村书记处开会时，和其他参加会议的同志一起被捕了。电台的具体地址阿竹不知道，但他可能晓得大概方向。电台要马上转移！”沈又说：“以后我不能来了，组织已另派一位广东来的女同志接替我的工作。”

可是，当我从刘仲华手里接收过开办训练班的那个“家”（有一位妇女和一个小孩作掩护）时，不知怎么的，这个秘密据点又被敌人知道了。

刘仲华叫我设法立即再搬家转移。在一个下雨天，我和从湘鄂西根据地来参加训练班后留在上海工作的老郭两人去搬家，从马路上叫一辆大板车和一辆三轮车，很快就把“家”搬走了。第二天刘仲华告诉我，听打入敌人内部的同志说，原先那个“家”有特务天天在附近监视着的，你们搬走后，负责监视的特务为此事还受到其上司的严厉斥责。为什么我们能在敌人眼皮底下，神不知鬼不觉地搬了“家”呢？说起来我们也是侥幸，并非我俩有什么神出鬼没的“隐身法”。原来那天我们去搬家时，恰好那个负责监视的特务吃中饭去了，这真是天助我们也！

到了10月，不幸的消息传来，刘仲华来说：“两个电台相继被敌人破坏了，破坏部决定不搞了，你要抓紧重建电台！”原来，上次出事后，我搬家不久，程祖怡也搬了。一次他在路上被敌人逮捕，在严刑之下，程供出高郎桥电台旧址。敌人去搜查，但见室内只有少数家具，不像住人的样子，回来继续对他严刑逼供。程终于供出家属的住址和电台设备。第二天，程引着敌人来到电台的新址。不幸的是正撞上送报的女交通员同程的妻子在商量事情。敌人见此，发出得意的狞笑，就连人和电台一并带走了。以后我又听说，接替李竹声任中央上海局临时负责人的盛忠亮也被捕叛变，供出程祖怡管国际电台、王有才管中央电台的情况。这样，在上海活动四年之久的党的地下电台全被敌人破坏了。

听到这些不幸的消息，我心中十分沉重和气愤。尽管在这之前我曾亲眼看到敌人常用黑篷汽车装着定向仪，巡回侦察我们党的地下电台的方位，但由于我们采取了各种应付的办法，敌人一直没有得逞。这次，由于叛徒出卖，电台和人都一下子落入敌手。据刘仲华讲，敌人破获我们这些电台设备后，惊奇地说：“想不到共党没有工厂设备，凭手工能制造出这样小巧、高效的收发报机！”我压不住心头的怒火，对刘仲华说：“敌人高兴得太早了！请你放心，我有充分的信心将我们的电台重建起来。”接着我和刘仲华研究了恢复电台的具体办法：第一，要有报务员，而报务员不是一两个月就能培养出来的，要请上级从外地调来；第二，要有忠实可靠的人来掩护电台；第三，要把过去分散搬走的部分通讯器材找回来。我认为有这样三条，电台就能重建。

时隔不到两个月，组织上从山西阎锡山和西北军的部队调来两位报务员。他俩都是共产党员。一个是陕西人（大家叫他老陕），一个是河南人。他俩到上海时，我去接头。两人都很年轻，革命热情很高。那时领导上也准备把浦化人（英语翻译）调给我当二房东。刘仲华又把张瑞华（聂荣臻的夫人）和她的女儿聂力（即聂丽，当时只有4岁）调到我处。第三天早晨，我去和浦化人碰头时，他正在路上急急忙忙地来回找我。一见面就说："约我们碰头的那位女交通员昨天被捕了，事涉我们所租房子的铺保。为了安全起见，组织上要我们立即搬家！"我就赶快回家，安排老陕和张瑞华母女撤走。这是1935年2月中共上海地下机关遭到的又一次大破坏。

吃一堑，长一智。以后租房铺保要设法自己解决。这是我早已想过的问题，但一直未办，现在则非解决不可了。

为了解决铺保问题，必须自己开个店铺。开什么店铺好呢？我平时已留心这个问题，这次又经过几天的观察和了解，决定办一家木器铺。我亲自到几条马路上物色油漆工，也从乡下找来一个可靠的亲戚当学徒，叫老郭当我的合伙老板，一同管理店务，就在江西北路新开了一家木器铺子。开张不到两个月，生意兴隆，有利可赚。

有了这家木器铺子，以后租房子就可由它出面作保了。这时，我就带着那位河南籍的报务员在康定路一个里弄（现为康定路563弄21号）里租到一幢独立的房子，叫原在爆破训练班搞掩护的一位福建老太太和她的一个小女儿住进去。张瑞华把女儿聂力交给我妻子以后，住进了电台前楼，跟报务员学习收发报技术。我在后楼装配收发报机。一个多星期后，一套收发报机终于装配成功了，试机结果性能良好，但遗憾的是电台一直未能与中央根据地的电台联系上。1936年我在瓦窑堡见到周恩来，我问有没有接到上海地下电台的呼号，周恩来说："那时我们正紧张地忙于长征，已顾不上这些了！"这是后话。

当时，组织上还介绍一位姓陈的同志到我这里工作。陈在《申报》当职员，在浦东有熟人。我就要他同老陕合作，在浦东洋泾镇上找了个店面，开了一家杂货铺子。我们在铺子的阁楼上安装了一台收音机，收听上海的发报。这时组织上又介绍来一位山西籍的女同志，我把她安排在离洋泾镇不远的农村里，作了老陕的“家属”，以养病的名义作掩护，为下一步在那里装发射台作准备。

夏季，组织上调梁广（新中国成立后在广东负责政协工作）到上海。他对上海人地两生，我就要他先熟悉上海的街道。于是他开始天天逛马路、找房子作搬家的准备。接着我把老郭的关系交给他联系，以后又把老陕的关系交给他，由他直接领导。

有一天，报上刊登“公安机关破获共党无线电台一座”的消息。刘仲华跑来询问。我告诉他：“我们平安无事，请你放心！”当时各地军阀和投机商在上海秘密设立的电台很多，以假乱真，这对我党重建电台极为有利。

1935 年 7 月，上海党组织又一次遭到大破坏。我们所处的环境更恶化了。这时我很少出门，梁广仍在熟悉马路。一天，他在马路上偶然碰到曾山（新中国成立后曾任中央内务部部长），回来告诉我说：“江西省苏维埃主席曾山同志来上海找党组织，久未找到，现在生活很困难，在街上靠卖牙刷过日子。”我即将这情况转告了党组织，以后党组织决定送曾山去苏联。事情很巧，曾山上船时，遇到陈云。陈云是长征到四川时，奉党中央指示去苏联向共产国际汇报工作的。于是两人一起去了苏联。

由于上海局继续执行“左”倾冒险主义的方针，所以它只存在了两年零七个月。其中从 1934 年 3 月到 1935 年 2 月，连续遭到了六次大的破坏。1934 年 9 月，由于叛徒供出了我们的电台，我们被迫中断了与共产国际的无线电联系，但仍与刘仲华等同志经常联系，并设法恢复上海地下党的组织，坚持斗争。经过一段时间的努力，情况未有多大改变，组织仍不断遭到敌人的破坏，因此我们只好决定分头撤离上海。

撤退前，我处理了两件事：

一是将上海我领导的两部电台移交给从中央苏区派来的梁广。当时仍在工作的两部电台，一部在康定路，一部在浦东，另外我们还有一家为掩护电台专门用来作铺保的木器店。我们把制作的木器或旧的家具弄来后，油漆了再卖出去，生意相当好。以后都交给了梁广（梁广后来也去苏联）。

关于电台问题，不久前我看到一本台湾出的杂志，上面有一篇题为《国民党心脏里的共谍》的文章，里面提到了毛齐华、潘林珍，还有钱壮飞等人，文章前面还提到了我党最早在上海茂名路建立的那个电台。他们的材料可能是根据大陆的一些文章得来的。

另一件事就是疏散家属。我妻子潘林珍当时带着三个孩子，两个是自己生的，一个是聂荣臻的女儿聂力。我把妻子和三个孩子送到上海郊区嘉定老家，并告诉妻子要好好扶养孩子，以后组织会派人来联系的。抗日战争时期，周恩来曾从重庆派人来看望她们。我妻子因不明真相，还生怕来人将孩子带走。应该说那时在嘉定乡下生活虽然苦一点，但还是比较安全的。1949 年在北京的一次政务院春节宴会上，周总理看到潘林珍，就走过来，握着她的手，表扬和感谢她为培养革命后代作出了贡献。

这期间，我们还遇到了一位自称是共青团中央的人，他是通过《申报》馆的社会关系与我们联系的，想通过我们找上级党组织。当时我们虽然不相信，认为党的领导机关已不存在了，还会有团中央？但还是认真听了他讲的情况，还看到了他拿出的团中央的文件。直到解放后见到他，我才知道要找党中央的人就是陈国栋他们（陈在新中国成立后曾任国家粮食部部长、中共上海市委书记），一次，他遇见我还讲到此事。

六、延安宝塔山下

我在上海处理完移交电台和疏散家属这些事后，大约在 1935 年中秋节前后，便和张瑞华跟北方局来的一位交通员离开上海去天津。

到达天津的第二天，与中央特科搞军运的王世英接上了头，他是比我们早一天到天津的。这时听说党中央已进入陕北，于是我们换了一个旅馆，开始研究如何去陕北的路线。不久，又遇到了从陕北苏区来天津向北方局汇报工作的萧篱（解放后曾在化工部任办公厅主任）。据他讲，一路上很紧张，国民党的东北军、西北军、中央军在一起围攻陕北，他也无法回陕北，只好等待机会。

在天津的旅馆，一天晚上，我正在房间里看北方局的文件，忽然有人敲门，我以为像平时一样是茶房送水来了，不料几个警察闯进来，我来不及放好文件，只得把文件顺便藏在桌子上的几张报纸下面。警察进来后，把手枪对准了我，当时我想这下肯定要出事了。他们对我说："你干啥的？北方话会说吗？"我镇定回答："做买卖的，北方话不会说。"警察看看我的样子，在我身上搜了搜，就走了。他们没有去翻桌子上的报纸。后来我去问茶房是怎么回事，他说有人抢走了一家钱庄的 500 块大洋。那次相当紧张，连当晚住在另一家旅馆的萧篱也被搜查了。萧篱待不住，急着要走。因女同志在这兵荒马乱的年月路上不方便，张瑞华便暂时留在天津。我和萧篱与北方局另派的一位交通员一起到了北平。

那位交通员通过东北军地下党的关系，从东北军 106 师驻北平办事处搞到了军用护照。这样，我的公开身份便成了无线电技师，萧离成了我的勤务兵，交通员是我的副官。火车上，我们拿着军用护照，也不用买车票。我身穿长袍马褂，显示出是一个很有地位的高级军政人员，勤务兵一身士兵军服，副官稍讲究些，里面是军装，外面一件深灰色呢大衣，一行人很有气派。

到西安后，我们又在旅馆想办法如何到陕北苏区去。

1935 年 11 月下旬，中央红军在陕北直罗镇全歼国民党东北军 109 师和 106 师的 1 个团，109 师师长牛元峰被击毙。为此，西安的形势很紧张，加上新成立的国民党"西北剿匪总司令部"就设在西安，每天晚上都有来查户口、查证件的。记得有治安大队、警察、宪兵等四五个部门，非常讨厌。我们想了个对付的办法，每当来查时，我就故意在里屋拍桌子大骂勤务兵，“妈的，怎么茶还没有泡好”等话。他们看到我们派头很大，又有副官、勤务兵，以为是大官，许多次甚至连护照也不看就走了。后来，那位“副官”交通员找到了西北军杨虎城部下的一个叫阎揆要的特务团长（黄埔毕业生，中共地下党的同志，后在解放军总参谋部任职），并把我们介绍给他。通过这个关系，我与萧篱来到特务团。

这个特务团驻扎在距西安西北约 70 多公里的乾县。在团的通讯排里，有一部电台，阎团长让我暂时在这里担任无线电教官。我在这里每天为他们讲无线电原理。为了避免不必要的麻烦，我与阎团长始终保持一般关系，两人接触也不多，我只是偶然去办公室看看报纸。当时国民党内部有一个政工部门，到处有耳目，侦察下属的政治动向。但是，我却与特务团下面的一些人关系很好。一次，一个士兵悄悄告诉我，通讯排排长（姓钟）是个军统，要我注意他，其他几个副排长倒无所为。国民党军队中打骂士兵是常见的，我在特务团就看到那个通讯排长用皮带抽士兵，士兵敢怒而不敢言。

另外，在特务团时，我身上长了很多虱子，晚上用手电筒一照，到处都是，这些小虫对当地人来说，似乎已习以为常无所谓，可我已到了无法忍受的地步，真想洗个澡，用开水烫烫衣服。西北黄土高原地势高，水很紧张，要打几丈深才有水，没有办法只好忍耐下去。

早在上海时就听刘仲华说，杨虎城部队里的一位旅长叫张汉民，是我们地下党的同志，由于当时无法及时联系，被路过陕南的鄂豫皖红军误杀。事情是这样的，当时鄂豫皖红军西行到四川，路过陕南（汉中）时遇到了张汉民的部队，当时张汉民下令不许开火，只是带领部队跟在红军后面。而这支红军并不知道张是自己人，红军师长一恼火，回过头便把张汉民给抓起来了。张向这位师长说明自己是中共党员，只是假作追击红军的样子。可这位师长认为张是在欺骗他，硬说张是冒充共产党员，最后还是把张汉民给杀掉了。此事我们一直保密，没有告诉张的家属。这次我在特务团又听到了几个连、排长在议论这件事。

我们在特务团待了两三个星期。一天，那位“副官”交通员要到前方106师师部去，路过乾县来找我们，问如何与苏区取得联系，并告诉我，上海留下的电台又被敌人破坏了（实际上上海局从1935年7月后便不再存在）。这时，萧篱实在待不下去了，一定要跟他同去前方进苏区。他们坐了106师的车子走了，以后，我又在特务团待了不到一个月。

国民党109师和106师的一个团被中央红军吃掉后，106师师长沈克很紧张，想通过关系与陕北红军建立联系，搞中立，你不吃掉我，我也不吃掉你。由于有这个因素，我们党就设法秘密派了一位联络员做沈克的贴身勤务兵，通过他可以经常把党的有关抗日统一战线的文件带给沈克看。当那位“副官”交通员到了前方，了解到这些情况以后，便去找沈克谈。提出西安有一个无线电技师，要去苏区经过此地。征得沈克的同意后，他便以沈克的名义打电报给106师驻西安办事处主任，并写信到特务团要我立即去西安。这样，我很快离开了特务团，来到了106师驻西安的办事处。

办事处主任见到我，非常高兴。他告诉我，师长要你到前方去，但我这里也想建立一个电台，与前方联系，希望我暂时留在他那里。我只好答应留下来，先帮他建立电台。他让副官把过去留下的一些旧的无线电材料拿出来，里面有坏的发报机和收音机，我设法把它们组装起来，把天线架好。这个办事处主任地位很高，进出有小汽车，有姨太太。因为他住的房子旁边就是我装配机器的工作间，所以他的活动我基本上都知道，有时在一起吃饭时，我们还闲谈聊天。我又去配了一些零件，把一台机器组装好了，而且专门找了一间房子作机房。当时的收发报机是用直流发电机供电的，但唯一的一台发电机却在试验时烧坏了。主任坚持要我留下来把电台建好，通报了以后再走。由于发电机需要到天津去修，于是，主任与姨太太带了发电机去天津。

主任走后，办事处只剩下办公室主任、副官、会计等几个人，我与他们已经混得很熟了。一天，我对他们讲：“主任去修发电机还不知道什么时候能回来，师长在前方等我，我想还是早一点去”。同时让那位交通员在前方以106师师长的名义打电报，催我快点去。其实打电报的事，师长并不一定知道。办事处的人没有办法只能让我走了。当时，这些部队是不发薪饷的，但可以借钱。办事处的副官与我关系不错，就告诉我，你要是没有钱可以先借，借多少都可以，我当时不敢多要，大概借了三四十块钱，写了个借条，然后坐 106 师的交通车从西安到乾县，经彬县、庆阳、合水最后到达了 106 师师部。

106 师师长的那个勤务兵是地下党员，事先得到了我去的消息。等我一到，两人一见面，原来我们认识。他以前在上海地下党做过侦察工作，是“打狗队”的成员。这样，我俩经常通气，如师长的态度怎么样等等情况，都能及时了解。这位勤务兵是直接同陕甘省军区司令员萧劲光派来的人联系的，他们之间有电报，也有口头的联系。来了以后，我发现这位师长很苦闷、无聊，没事就吃白粉（吗啡），我带来一部收音机，让他解闷。当时我是与他的一个副官住在一个窑洞里。住了一个星期，我通过勤务兵告诉师长，我要走了，师长也知道勤务兵是与陕北红军有联系的，就让他陪我一起去。

那天早上，我们两人离开师部去苏区。走了五六里路时，我们便抄小路翻山过去。我们已经准备好，万一碰上国民党的哨兵，就说是师长派出来的侦察兵。山很高，也没有什么人。天渐渐黑了，又下着大雪。后来发现山坡上有一家老百姓，只有老太太和一个儿子。进门后我们说要住一夜，并提出能否烧点饭吃，老乡同意了。菜就是煮树叶，也没有盐，据老乡说他们已有几年吃不上盐了，幸亏我从西安带了一个罐头食品。因在来的路上我们看到了许多红军标语，就问老乡：“是红军好还是白军好？”大概以为我们是白军开小差去找红军的，老乡就说：“红军也好，白军也好。”我又问是为什么，他说：“红军一般不进我们的房子来，白军要找些麻烦，他们要拿东西，吃的，鸡蛋啊，什么都拿。”住了一夜，第二天天还没亮，我们付了钱，并根据老乡指的路，继续翻山赶路。

走了一段路便下山了，没走多远，就看到了红军哨兵，明显的特点是他们领子上都有红领章、五角星帽徽，身上挂着驳壳枪。当时我激动得就叫开了，他们大概以为我们是白军开小差过来的，挺客气，我提出要去乡政府。

在乡政府里，乡长弄来了一些豆芽菜招待我们，饭是小米做的。我们从上海到天津一路上都吃大米，到天津时在饭馆尽吃面食。一到西安，东北军、西北军天天也都是吃面食，一天两餐，上午吃馒头，下午吃面片，似乎很单调，可到了根据地，连白面也吃不到了，只有小米。乡长招待我们住了一夜，第二天，勤务兵回106师师部，乡长找了一个毛驴送我到陕甘省委机关。

省委机关当时在桃桐（现为富县）省委书记欧阳钦、陕甘省军区司令员萧劲光（在苏联时就认识）等人都在那里。到了陕甘省委，大家见面非常亲热，萧司令看我身上的衣服不行，马上做了一套新的军服。省委同志当时正在送国民党东北军被俘的团一级人员，那天烧了几桌酒菜。席间，东北军被俘人员表示回去一定告诉少帅（张学良），要停止内战，一致抗日。宴席上有牛羊猪肉和豆腐、土豆等六七个菜，我也参加了。又住了三天，萧劲光派了一个通讯员和两匹马，送我到中央所在地——瓦窑堡。这段路一般情况步行要走五六天，我们白天晚上地赶，只用了两天多一点就赶到了。路上肚子实在饿了，便买些猪肉、土豆借老乡家锅灶自己烧了吃。这里的东西很便宜，一个猪前腿只要4元，一块钱能买到100多个鸡蛋。

1936年2月初，我们到达了瓦窑堡。

1936年周恩来在瓦窑堡的旧居（左起第一和第二孔窑洞）

瓦窑堡是位于陕西北部安定县（今子长县）的一个小镇，市场很热闹。这里原是陕北根据地的领导中心，党中央和红一方面军长征后，于 1935 年 11 月 7 日到达这里，并于 12 月 17 日在此召开了著名的瓦窑堡会议。

我来到中央机关，一进门就碰到了担任中央革命军事委员会副主席的周恩来，他拉住我在他办公室畅谈。他说："早就听说你来了，有电报，也有口信，知道你不能进来，我们也很着急。"这时外面传来飞机轰炸声，过后得知送我们来的一匹马被炸死了，为此那个通讯员伤心地哭了。周副主席就安慰他说："战争时期，有炸死的，也有从敌人那里缴获来的，不要难过，回去把情况讲讲清楚。"

我和周副主席的谈话从早上一直持续到晚上 11 点多。他只管听我说，还一边在办公。我从上海地下党被破坏，叛徒供出我们的电台，我们再建立，直到后来我们在上海站不住脚，一直讲到来根据地路上的情况，也谈到了在莫斯科时的一些事情。中间我看到周恩来有些疲倦，想就不说了，让他休息，但周恩来挥挥手说："你接着谈。"这中间，邓颖超几次进出房间，为我们倒水，因看我们在谈话，始终没有打断我们。

深夜，周副主席安排我到吴亮平（浙江奉化人，在莫斯科认识，曾在"中大"任翻译）的窑洞里住，隔壁是李维汉夫妇，另一边是文印室。在这里我认识了李维汉和他的夫人阿金（金维映）。安顿好后，第

1936 年周恩来在瓦窑堡的旧居内部陈设

二天我便烧了一大锅水，痛痛快快洗了个热水澡，把身上的衣服全部换下来，将虱子烫了个精光，真痛快呀！

住下来以后，我写了两篇东西。一篇是《白区革命斗争的新形势》，刊登在党中央创办的《斗争报》上。我把白区的工人、农民、学生、知识分子，以及工商界社会新动态都写进去了，主要讲人民是要求抗日的。这篇东西印出来后，大家都抢着看，因为苏区的同志从江西到陕北，已经很久不接触白区的情况了，这些材料给他们以极大振奋。另一篇是《世界经济》，主要是写这些年来世界经济的情况，内容大多是我在上海杂志上抄录下来的。同志们看到文章后，都来看我。有认识的，也有不认识的，大家让我多讲讲外面的情况。博古和我天天在一起，其他如王稼祥、林伯渠、徐特立等都来过，大家关系非常密切。

当时，为巩固和扩大陕甘宁根据地，并以实际行动表示红军抗日的决心，党中央决定红一方面军以“中国人民红军抗日先锋军”的名义实行东征，彭德怀为司令员，毛泽东为政委。我到那里时，抗日先锋军已开始向山西、绥远进军，他们冲破了阎锡山的黄河防线，胜利地渡过了黄河。由于毛泽东、张闻天等中央领导同志都到前线去了，便由周恩来主持中央工作，什么征粮、征兵、土地问题都是他主持讨论，有很多次就在我们这个窑洞。根据中央瓦窑堡会议决议，当时的精神依然是主张停止内战，一致抗日，但还在提反蒋抗日的口号。这时，周恩来通知我，要我任白区工作部秘书，与邓颖超一起做白区工作，部长是张浩。因张浩从苏联回来后，整天在外面讲共产国际指示和共产主义运动的理论。所以，白区工作部的具体工作只有我和邓颖超两人。

经过两个月的东征，红军的力量有所扩大，为后来开辟晋、绥抗日根据地打下了基础。在东征中新组建的红二十八军军长刘志丹不幸牺牲。东征后，毛主席和当时任党中央总书记的张闻天等从前方回来。不久，就召开了中央工作会议，分析了新的形势，提出了今后的工作任务，会议地点就在张闻天住的院子里，我也是在这里第一次见到毛主席。那天，周恩来把我介绍给毛主席，告诉他，我是从上海来的，毛主席和我亲切地握手问好。散会后，毛主席笑着请我有空到他那里谈谈。所以，第二天我就去了。

在他住的窑洞里，除了炕以外，家具只有两只军用行军箱和一张桌子，给人感觉非常简朴。炕上、桌子上到处都是书。毛主席要我坐下，详细地询问了白区的情况。

我说："这些年来，上海地下工作由于'左'倾路线的指导，白区工作采取了盲动冒险的错误方针。例如，在一些工厂，经常搞一些轻率的罢工。而当一个工厂罢工后，又命令组织总同盟罢工等。并且硬性地、不顾主客观条件如何，把工人日常的经济斗争随便提高到政治斗争，甚至公开提出'保卫苏联'、'拥护红军'、'拥护苏维埃'等政治口号。在敌人大搞白色恐怖的情况下，还搞飞行集会，公开号召发展党的组织。结果暴露了自己，使白区党组织遭到严重破坏。"

说到这时，毛主席气愤地说："这不遭破坏才怪呢！"

我继续说："1934 年和 1935 年，在上海党的领导机关接连遭到破坏的情况下，我们被迫撤退。经过艰难险阻，我才到这里。"

他听后说："在城市，敌人占绝对统治的情况下，轻举妄动是不行的呀！"他又用商量的口气问我，从整个城市来说，敌占优势，但在一个工厂或一个车间，经过细致的群众工作后，能否建立我们隐蔽的力量优势呢？

我说："根据过去我在上海工厂里工作的经验，只要发展四五个得力的党员，完全可以做到使全厂工人在我党领导和影响之下。"

他说："要隐蔽精干，积蓄力量，不能轻举妄动，要作长期埋伏，等待时机呀！工人的斗争是客观存在的，重要的是我们如何去组织、领导他们斗争。斗争要讲究策略，要有理、有利、有节，要注意积蓄力量，斗争要适可而止。"后来，在中央召开的白区工作会议上，又听了刘少奇所作的专题报告，使我进一步深刻领会了党在整个抗日战争中白区工作的政策与策略。

张闻天从前方回来，我和吴亮平让出房子，我搬到隔壁和周恩来同在一个院子里。刘长胜 1936 年从苏联回来后和我住在一起。他是带着用于和共产国际进行无线电通讯的密码，装扮成商人，经过艰难路途到达瓦窑堡的。不久，他帮助党中央与共产国际重新接上了电台联系。后来，中央让他和工会的一位领导同志邓振询一起，为中央党校的工人训练班讲课。这时，李维汉要我给他们写一本有关工会工作的讲义，所以我常和刘、邓在一起谈论苏联和中国工人的情况。

红军东征回师后，蒋介石仍坚持“剿共”政策。他调集了16个师和3个旅的兵力，准备对陕甘根据地发动新的“进剿”。根据这种形势，中央决定红军向陕、甘、宁三省边界敌人力量较薄弱地区西征，以扩大根据地。在此前后，周恩来与张学良秘密会谈，并与东北军建立了秘密的统战关系。双方达成了协议，红军撤出瓦窑堡，党中央机关也迁到保安（后改为志丹）县。

红军西征开始后，1936年6月17日，定边解放，6月21日又解放了盐池。这时中央组织了一个干部巡视团去新区落实政策。过去是执行“左”的路线，不管大小地主，甚至富农的财产也统统没收。这次巡视团去贯彻党中央新的决定，即“保护工商业”的政策。我们的政策是要没收封建地主的土地，但对他们经营的工商业是要保护的。中央指定由我当巡视团长，率领总工会的邓振询，妇联的张玉英、白爱玉，青年团的杨俊勋以及文联的秦力生等一起去开展群众工作，落实新的政策并建立群众组织。

我们提前离开瓦窑堡，当时一起去的还有贾拓夫，他的任务是去筹建中共“三边”（即陕西、宁夏、内蒙边区）特委。还有毛泽民，他是国民经济部长，带着骡马运输大队到盐池开采食盐。当时盐池的第一任县委书记是惠庆祺。

定边，位于陕、宁、蒙交界地带。到那里后，贾拓夫和我首先召集军政领导干部会议，传达和学习中央政策。军队里来的有军长宋时轮，政委宋任穷，以后又来了政治部主任刘晓。大家研究、讨论如何贯彻中央新的指示精神。因红军长征后，生活很艰苦，一到定边，看到商店有那么多的东西，像毛巾、肥皂、胶鞋等都是很需要的，有些人就开始乱拿。我们就教育部队，不能侵犯群众利益，拿了的东西要退回，要执行党的保护工

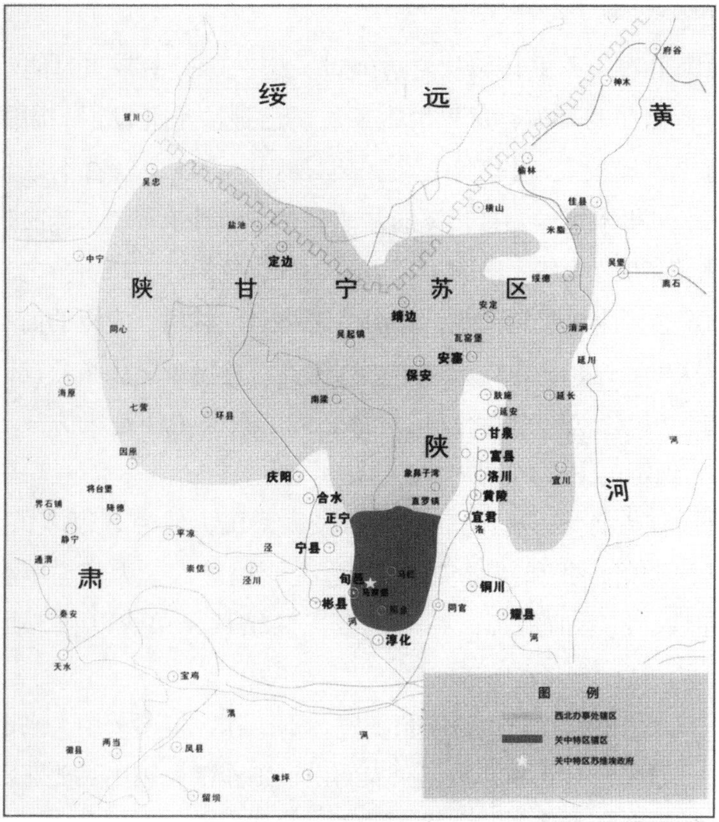

陕甘宁苏区示意图

商业的政策。当地工商业界的资本家为欢迎我们，以商会名义宴请我们吃饭。吃饭时在座的有宋时轮、宋任穷、毛泽民、贾拓夫和我等人。我们首先向他们宣传了党对工商业保护的政策，宣传停止内战一致抗日的主张。鼓励他们大胆发展工商业，大家谈得很高兴。

我们在那里动员群众，建立政权机关和工、青、妇等群众组织，并建立起地方武装。群众发动起来后，从地主家的炕和墙里挖出很多银元宝和鸦片烟土等。这里还有少数民族工作（主要是回民和蒙民），高岗当时就是蒙古工作委员会主任，并带有骑兵队。他见我去，就告诉我，他的一边屁股烂了，很痛，我说你为什么在瓦窑堡时不对中央提出来？他说：“当时在搞肃反，把刘志丹和我都关起来了，中央来了刚被释放，我不敢讲。”后来我把这事告诉了周恩来，他马上打电报给当地的部队，让他们给高岗治病。

从地图上看，万里长城从定边经过，但在定边一带当时能看到的仅是一条弯弯曲曲的高坡，这里的古长城早已被沙土埋没了，周围也都是沙漠。这里风沙很大，我们在行进中往往稍一掉队，就看不见前面的队伍了。供水也很困难，要打很深的井才有水，而且水很咸。当时陕甘宁边区总共只有120万人口，因为生产落后，只能负担总人口百分之二的脱产人员。而定边因为是交通要道，当时从天津运往甘肃、宁夏的商品、工业品都要从这里经过，所以比较繁华。因保安粮食困难，中央党校以后也搬到了定边。当时，中央党校校长是董必武，教务主任是成仿吾。党校有200多人，到定边主要是解决吃饭问题。

这里居住着许多少数民族，如回民、蒙民，他们有很多民族风俗。所以在盐池期间，我和高岗、贾拓夫、毛泽民等人，为了工作需要，有时也在香烛、供案前跪拜，并与少数民族结拜兄弟，以利于共同团结抗日。

贾拓夫原想留我在三边特委负责宣传部工作，但不久中央来电报，通知我回去。原来只有我和邓颖超两人的白区工作部，因中央要邓颖超去担任机要工作，白区工作部就剩我一人了。回到保安，组织上让我先去了解附近一些靠近白区地方的统战工作。我们的政策是，对当地一些民团和地主武装，如果他们是反动的，我们就坚决打击，没收他们的武器；如果他们搞互不侵犯，那我们也可以商量。我们还要争取和团结他们反对国民党顽固派，周恩来为此作了细致的布置。他指示我回来后，要汇报沿途有多少村庄，以及地形、物产和牲畜等情况。我第一步是先到陕甘省委传达中央新的指示精神。

保安县地方很小，人口不多，经济落后，却经常有集市。中央要我办一个白区工作训练班，准备开展蒋管区工作。训练班的成员大部分是从白区来的，也有长征干部，共计20多人。因工作忙不过来，我就让一个叫涂国林的学员作我的助手，他是个很好的秘书人才。来讲课的有朱德、张闻天、张国焘等领导人。内容主要讲革命游击战争、红军政治工作等。毛主席在红军大学讲课时，我们训练班的学员也全去听讲了。

保安（今志丹县）红军大学

一次，毛主席在讲课时对大家说：我讲课允许大家打瞌睡。如果真有人听课睡着了，有人打毛衣，交头接耳开小会，说明我讲的内容脱离实际，大家不爱听，要先检讨自己，而不是先批评大家。我也希望我们的干部在作报告时，先了解群众的需要，要切合实际，讲话内容不要像旧社会老太婆的裹脚布那样又臭又长。

有一次，张闻天在讲课时说："保安县城不大，人口稀少，农产品也简单，而且数量不多，但这里许多问题是值得研究的。比如，为什么在国民党地区，老百姓见到军队来了立即要隐藏起来，把鸡和鸡蛋，甚至连土豆都藏起来了；可是在这里，老百姓见到我们红军就不同，老奶奶烧饭没水了，会叫我们的红军战士为她担水，亲如一家。再如，银行发行的粗制钞票，这里的百姓为什么对它信用这样高？你们在学习政治经济学时是如何理解的？"还有一次是讲有关"待人接物"的专题。

毛主席有时也到院子里来，给大家讲个故事或跟大家一起开个玩笑。有一次毛主席对我说："我原以为只有我们韶山有姓毛的，没有想到你们那里也有姓毛的，500 年前我们可是一家人呀！"

有时毛主席下午出来散步遇到农民，就会一起席地而坐，很详细地询问农民家里有几口人，种多少土地，打多少粮食，牲口饲料用多少，要缴多少公粮等等。丁玲有时也来训练班听课。

鲁迅逝世的消息传来后，大家都很悲痛。在保安开追悼会时，会场的布置都是我们白区训练班的同志搞的，他们比较熟悉办这些事情。当时，在保安的党、政、军、民各界代表都来参加了追悼大会。

在保安经济处于历史最困难的时期，银行行长曹菊如告诉我，银行里只有两块大洋，没办法只有靠发钞票。钞票是用手工麻纸，加盖印章制成。后来发现市场上出现假冒，便改用五福布（洋布）加盖印章当钞票。当时这种钞票在老百姓中间很有威信，很吃香。

红军一、二、四方面军于 1936 年 10 月会师后，在将台堡与国民党军队打了一仗，我们缴获了很多粮食，解决了部队很大困难。但缴获的粮食大部分是地主放了很久的，已有霉味，所以我们在保安一日两餐小米饭，很难咽下去。

1936 年 12 月 12 日，白天，西安还来飞机轰炸保安，晚上，毛主席突然接到一个电报，说蒋介石被抓起来了，便连夜告诉张闻天。同志们知道后都非常兴奋，觉也睡不着了，在一起聊天，议论怎样处理蒋介石。大家对蒋恨之入骨，认为杀掉还便宜了他。中央接着开了两天会，研究方针和对策。最后确定了和平解决西安事变的基本方针。前题是要迫使蒋介石同意“停止内战、一致抗日”的主张。12 月 17 日，周恩来去延安乘飞机赶到西安，最终促成了“逼蒋抗日”方针的实现。

西安事变后，东北军撤出延安。1937 年 1 月 13 日，中央机关由保安迁往延安。此时情况发生了很大变化，全国形成了共同抗日的局面，去西安的交通可以公开来往了，根据地也扩大了。我们白区工作训练班一起到达延安后，干部便全部分配工作。这时，大量的进步青年经过西安成群结队地来到延安，他们大多数人是通过在西安的中共办事处和东北军工作委员会介绍来的，我当时曾负责接待工作。这时，白区工作部已改为中央组织部，部长是博古，因他忙于国共谈判的事，所以我有事都直接去找张闻天。

抵达西安“八办”欲往延安的爱国青年

当时的情景真是应接不暇，来人登记后，绝大部分都要找他们谈话，一个个了解情况，分配工作。这时红军大学也改为抗日军政大学（简称“抗大”），迁进延安，新来的青年大多进抗大学习。一次，我向毛主席汇报情况，并建议请主席给蒋管区来的青年们讲讲话，然后弄几个菜请大家吃餐饭。毛主席听后说：“很好，你把队伍集合起来，我来接见。”

毛主席在讲话中高度赞扬了大家来延安这么艰苦的地方参加抗战的精神。这些跋山涉水远道而来的蒋管区热血青年，听了毛主席的亲切讲话，兴奋地不断鼓掌。当主席讲完话后，大家兴奋地拿出小本子请他签名留念，开始签了几个，后来人越来越多，见这场面，我劝大家留下本子，以后再签，这样主席才解围。会后大家集体用餐，我当时准备了20来桌饭菜，主席见人很多，问我饭菜够不够，我说饭菜和桌子是够了，但凳子不够，有些人只好站着。这次活动给青年们留下了深刻的印象。

吃饭中间，我意外地发现原来在杨虎城特务团的那个姓钟的排长。他向我打了一个招呼，没有多说话。事后，我向组织上反映了这个情况。不久，组织考虑他的背景不清楚，以他是友军不便留下为由，劝他离开了延安。

不久，因新成立的抗大四大队大队长聂鹤亭还未到职，林彪校长要我暂时代理，半个月后，聂到任，我解脱了。

1937年5月至6月，中央先后在延安召开了党的全国代表会议（当时称苏区代表会议）和白区代表会议。在全国代表会议上，张闻天致开幕词，毛泽东作了《中国共产党在抗日战争时期的任务》的报告。在白区代表会议上，刘少奇作了《关于白区的党和群众工作》的报告，张闻天作了《白区党目前的中心任务》的报告。他们的讲话内容主要是总结白区的工作经验教训。这两次会议都是由中央组织部具体负责安排，我参加了接待工作。

在此期间，还召开了陕甘宁边区党代表会议，选举产生了陕甘宁边区党委。原来的书记郭洪焘得票数较少，这是有历史原因的。他在肃反扩大化时，错抓了许多人，其中包括刘志丹、高岗等。刘志丹威信很高，可惜在东征时牺牲了。高岗得票数比较多，担任了新的区党委书记。此人文化水平低，开会时往往要别人帮助他写好提纲，而且字要写得很大很大，所以边区党委开会时，中央不是派李富春就是让李维汉来帮他作会议总结。但这个人打仗很勇敢。我们一路去祭黄陵时，他告诉我，他们曾在这一带打游击，经常与敌人周旋。

抗日军政大学日益扩大，后来，在陕北和其他抗日根据地成立分校。在延安还成立了陕北公学，校长成仿吾。我兼在这两校和党校任课，内容主要是讲“抗日战争与民众运动”。

延安有一个清凉山，山下有个很大的万佛洞，中央印刷厂就设在这里，是个很好的防空洞。当印刷厂办起来后，中央开始出刊《解放》杂志，博古任主编，编委有廖承志、吴亮平、徐冰和我。大家都参加写稿件。关于工人运动方面的文章，由我负责。

在延安时，我曾参加过批判张国焘的会议（我虽不是政治局委员，但当时我和张闻天住在一起，中央开会，张总是要我通知有关人员来开会）。记得在一次会议上，大概有20来人，先由张国焘作总结四方面军工作的报告，朱德作了副报告。会上贺龙的发言很突出，给我留下了很深的印象。他说：张国焘！你是共产党，却走到军阀那边，我同你相反，我原来是军阀，后来却成了共产党。张国焘坐在那里听，接下来大家批判。有同志揭发张国焘行军时，因为后边有敌人在追赶，而他自己过桥后，就把桥拆了，也不管后边的部队，极端自私。经过批判，中央还让他担任边区

延安清凉山全景

政府代理主席（主席是林伯渠，因他在西安任中共办事处主任，未到职）。张在边区政府任职期间，也做了一些工作。

批张的斗争，后来又扩大到党校，中央各机关干部也参加了。当时被批的不只是张国焘一个人，还有一批人。主要是批判他们与中央闹分裂的错误。陈昌浩也是其中一个，他是我在莫斯科的同学，是红军西路军的总负责人之一。西路军失败后，他吃尽苦头一个人到了西安，住在旅馆里，他不敢用中文名字，而是用了一个俄文名字，写信给在延安的张闻天。张接信后一时竟想不起是谁了，后来才想起来是陈昌浩，急忙写信要他速来延安。

黄陵是“轩辕黄帝陵”的简称，位于陕西黄陵县城北的桥山上，其包括黄帝陵和轩辕庙。相传黄帝是中华民族进入文明时代的最初祖先。国共合作以后，每年清明节，边区的国共双方领导人都要共祭黄陵。1938 年清明节，张国焘代表边区政府也去祭黄陵，他告诉林伯渠说要顺便去西安看看，可是到西安后，张却没有到中共办事处，而是悄悄“失踪”了。后来周恩来在武汉找到了张，并约他谈话，劝他要么仍回到延安，党和人民

1939年清明节，张琴秋、艾思奇、毛齐华、叶澜（自左至右）在陕西黄帝陵

还是欢迎他的，要么去第三国际（苏联）。他则表示两地都不想去。并且提出要他老婆和孩子来武汉。后来组织上同意张的老婆和孩子一起去武汉（张的老婆临行时说她一定去说服张回延安）。

日本投降后，一次，我去上海一家红十字会医院，与一位在病史室工作的地下党员沈梦先接头。他告诉我，张国焘正在他们的医院看病，我听后觉得此事很重要，约他晚上到家详谈。原来，张到这家医院看病本来并没人认识他，偶然的一次，医院的茶房听张的司机在发牢骚，说姓张的是共产党里的大亨，和毛泽东闹意见，才投到国民党里来的。他说替国民党内其他人开车子，有“外快”，可给张开车，什么也捞不到。后来得知，张那次看病是以江西赈灾委员会主任名义，来医院住在妇产科特护病房检查身体，不到一周就走了。

随着蒋管区工作的展开，1937年夏天，刘晓、刘长胜先后被派往上海恢复和建立党的地下组织。张闻天找我谈话，要我接替刘长胜中华全国总工会西北执行局委员长的职务。因平时我和刘长胜常有来往，工会的同志们也都认识，所以大家亲切地把我称为“齐委员长”（当时我已用齐华这个名字）。

当时，总工会机关虽已建立，但人手很少，除刘群仙（博古夫人）、王惠民（天津地下党转来）外，只有几个陕北干部，同时下面基础也很差。因而，一面由中央组织部调配干部，一面着手抓基层的组织建设。

边区的工人成分，主要是农业工人，即原来的雇工（土地革命时分得了土地，变成自耕农），还有手工业、运输、水手（黄河）、铁匠、木工、造纸、煤炭、石油、盐业等行业工人，人员比较分散。我们考虑先建立各个行业工会，并分别在县、区、乡建立基层组织。凡是会员在15人以上的，即可建立乡工会，三个乡工会以上，即可成立区工会，三个区工会，即可成立县工会。三个县以上工会，便可成立边区总工会的分区办事处。这些地方工会平时主要由当地党委领导，上面总工会则派出干部以巡视员的身份，常去了解情况，督促检查。

国共合作以后，边区工业有了相当的发展，修械所迁到延安郊外，改称兵工厂，设备增加，技术人员有所加强。从上海来的工程师沈鸿，不仅带来七名技术工人，而且捐献出十多台机床，武装了我们的兵工厂。印刷方面，中央派原上海商务印书馆工人、长征干部祝志澄当厂长，并到上海采购印刷器材，招聘印刷技术工人，在清凉山下办起了中央印刷厂。此外，建设厅还调吴生秀任厂长，办起了纺织厂等。

当时我一方面要到抗大、陕北公学去讲课，同时还要抓总工会的工作。老工厂的扩大，新工厂的增加，都有许多问题需要解决。

一、在兵工厂内，从上海来的几个技术工人，开始很受当地工人们的欢迎，可后来发生了矛盾。修械所主要是修理步枪，当地工人往往是修好一支然后再修另一支。可上海工人认为，这种办法不好，要考虑到前方的急需，应该把10支枪放在一起修，零件可通用，这支枪坏了，另一支枪的零件可以用上，这样能加快修理速度。由此双方产生了矛盾。

二、当工人们使用的锉刀用平后，要重新淬火后拉槽。当地用的是手拉风箱，一下下的火势很不均匀，这边热了，那边又凉了。上海的师傅提出在炉子上做一个长的火槽，使火均匀。当地工人不愿意，说谁提出来的谁自己去搞好了，而领导也是比较保守的，双方又发生了矛盾。

三、印刷厂排字也有矛盾。当地工人是用老办法，即所谓“24盘”法，是将所有的字都按部位存放，上海师傅则认为，可以将常用的词组放在一起，用起来又快又方便，如将“共产党”“国民党”等常用的词放在一起。工人们在技术上发生了矛盾。后来甚至发展到各排各的。

不仅如此，他们在语言、生活习惯上都存在着很大的差异。怎样使他们团结在一起？并且还要解决好兵工厂、印刷厂、被服厂之间的关系等一系列问题。我首先去找厂长商量，还分别找工人谈话。我提出由工人们联合组织一场文艺晚会，由各地的同志拿出自己的特色，如快板、双簧、相声、秦腔、京剧清唱等，八仙过海，各显神通，看看到底谁演得好。这个建议得到了同志们的一致赞同。我们还专门请毛主席来观看。当我向主席汇报时，他说："鸡蛋看不起鸽蛋，因为鸡蛋自认为比鸽蛋大，而鸽蛋看不起鸡蛋，因为自己营养价值比鸡蛋高。只看到自己的优点，看不到自己弱点，闹不团结，不行啊。"毛主席听取汇报后表示同意我的意见，并观看了我们的文艺晚会。通过这些活动，增强了工人们之间的团结。

当时中央印刷厂工会的问题较多，我们重点通过学习来解决。一次开会学习，我说："我们印刷工人是有文化的工人，容易接受马克思主义的传播和共产党的教育。印刷工人对革命的独特贡献之处就在于，既是马克思主义的传播者，又是党的事业的宣传者，所以应该比别人更具有模范带头作用。"

同时，我们布置了一个延安工业产品展览会，动员有关单位领导支持，借抗大教室作为展室，展出各种工业、手工业产品，看看目前延安工业生产的水平。就在那天晚上，毛主席看了工人们的演出后，提着马灯来到展览室参观。毛主席很感兴趣，看得很仔细。经过这些活动，工人们在思想上、组织上、技术上面貌焕然一新。

中央印刷厂旧址今貌

由于延安的人口还在不断增加，各方面都需要开挖窑洞，而建窑洞需要许多泥水工、木工和铁匠。当时由手工业工会负责招来大批工人，然后分派给各单位。他们中大多是些农民，原来没有什么技术，而且纪律松懈，迟到、早退、中间随便休息抽烟、聊天的现象是常有的。各单位领导为此很着急，找到我们总工会要求解决。我们找基层工会领导研究，认为只有采取教育的办法，以提高工人们的政治、文化觉悟，增强劳动纪律。为此我们专门组织了工人俱乐部，办起了工人夜校，工人识字班。在成立工人俱乐部的大会上，我们还请毛主席为大家讲话。

会场设在延安城中一个破庙里。当时的工人没有什么时间观念，通知是下午两点来开会，但先到的人看里面没有几个人便去逛街了。这样会场里的人总是到不齐，我们很着急，我跑去告诉毛主席后，他说："不要紧，即使有三四个人，我也去讲。"毛主席准时来到会场，工人们听说毛主席来了，一传十,十传百纷纷赶了回来。一会儿会场便挤得水泄不通了。

毛主席说："日本帝国主义侵略中国，占领了中国大片土地，杀害了许许多多中国同胞，"说到这里毛主席问大家："我刚才讲的话你们罕哈罕不哈？（陕北方言，意思是听懂听不懂）"工人们齐声回答："罕哈！"

毛主席继续说："许多青年成群结队来到延安，要求进我们的学校学习，学好了去打日本鬼子，争取抗战的胜利，你们罕哈罕不哈？"工人们又异口同声地回答："罕哈！"

毛主席又说："今天我们延安的工人在这里开大会，成立工人俱乐部，办工人夜校，办读书班，认真学习，提高政治、文化知识，你们说好不好？"大家同声说："好！"全场响起了热烈的掌声。

1938年春，重庆《新华日报》记者汪伦向我提出了有关抗日战争与中国职工运动中的几个问题，为此，我作了以下的回答：

问："对于全国工人运动，是不是仅在一个共同的抗日斗争纲领之下统一行动，还是同时又需要有一个统一的组织？"

我说："工人不仅有参加抗战动员的自由，还有争取组织工会的自由，这是实现工会民主、改善最起码的工人生活的基本条件。工会必须有一个共同斗争的纲领，而且必须要有一个坚强的统一组织，才能发挥其伟大的作用。在这个统一的组织里，第一，必须是不分党派，不分地域，不分帮口，不分信仰，不分男女，只要是出卖劳动力为生的工人和职员，只要不是汉奸，都可加入这个组织。第二，这个组织是公开的、合法的，同时有一个由各职业、各产业、各地方的工会用民主直接选举产生出来的领导机关。”

问：“在某些地区，有国民党领导的工会，同时又有共产党领导的工会组织，它们该如何取得统一？”

我说：“以上说过，工会组织是不分党派的，职工运动的统一，不是限制工人的信仰自由。对于各党派领导下的工会问题，依我的意见，今天我们工人应该积极对待，拥护国共两党亲密合作，在这个基础上，将过去所谓‘老工会’‘新工会’‘赤色工会’‘黄色工会’等界线、成见、隔阂等完全放弃，使所有工人、职员都团结起来，在‘抗日高于一切，一切服从抗日’的原则之下，实现工人阶级的组织统一和行动统一，来动员全国工人积极参加抗战，使工人阶级在抗日民族统一战线中，发挥其伟大的作用，以争取彻底的胜利。”

这篇对记者的问答，当时对国民党统治区工人运动的统一、团结起了一定的促进作用。原文较长，刊登在 1938 年 4 月 19 日至 5 月 2 日的重庆《新华日报》上。

七七事变后，国共合作再次实现，原陕甘宁边区革命根据地的苏维埃政府改称陕甘宁边区政府，红军改为国民革命军，中华全国总工会西北执行局也理所当然地改称陕甘宁边区总工会。

为了实现民主选举新的工会领导机构，在延安召开了陕甘宁边区工人代表大会。党中央很重视这次边区工人代表大会，陈云在会前就指示：“要把代表们住宿和伙食搞好。”刘少奇在开幕式上作了《政治形势和职工运动的任务》的报告。开会期间，中共中央和中央革命军事委员会设宴招待全体代表，并派军委总参谋长滕代远代表党中央在宴会上致词。边区政府和其他各机关、团体都送来了锦旗，挂满了整个会场。这说明各方面对工会组织的尊敬和重视。我作了《陕甘宁边区抗战以来职工运动的总结和今后工作方针》的报告（见全国总工会出版的《中国工会历史文献》。对这次大会，《新华日报》《解放》杂志等都发了新闻报道和社论。大会还通过了《陕甘宁边区总工会抗战期间的行动纲领》。

当时边区总工会制定的主要任务是：广泛动员全边区工人，积极参加抗战，保卫边区，保卫西北，保卫全中国。赞助全国职工运动的统一与普及，以加强抗日民族统一战线，使之巩固与扩大，增强抗战力量，坚持抗战到底，争取全国抗战的最后胜利。同时，作好职工的思想政治工作，调动边区职工积极性和创造性。提高工人劳动热情，改进生产技术，提高生产效率，积极参加边区战时经济建设，发展国防工业等。边区总工会制定的行动纲领，在当时对全国工人运动也具有很大的号召力，对于全国工人运动统一行动，起了积极的促进作用。

这次代表大会的代表共计226名，其中还有香港海员工会、码头工会、粤汉铁路、同蒲铁路、郑州豫丰纱厂的工人代表等。大会共选出执行委员37人，又从中选出8人为常委。常委分工是：主任毛齐华，副主任管瑞才，秘书长刘子载，组织部长刘呈云，文教部长卢正义，劳保部长李子原，巡视团长白文生，抗战动员部长高长久。

1938年3月5日，在朱学范倡议下，中国劳动协会等团体在武汉发起准备成立中国工人抗敌救国总会，我们边区总工会临时执行委员会立即电贺该会筹委会的成立，表示“期望全国工运统一，集中力量，一致御侮”。朱学范即回电表示接受我们的意见，要我们派人去参加会谈筹备工作。我们派刘群仙、廖似光等前去。以后又派张浩、刘群仙、廖似光、刘呈云、曹国兴组成五人代表团去参加会议。由于国民党的阻挠和破坏，中国工人抗敌救国总会筹备会于同年5月1日被迫宣布解散。这次统一全国工人运动的尝试没有成功。

抗战期间，在平汉铁路，有一个铁路工人破坏大队，领导人是刘松山、刘文松。抗战初期，刘文松带领50多人西渡黄河来到边区，是我们总工会负责接待的。刘文松很傲慢，刘少奇接见他们时，他提出要求边区给他们经费和武器。少奇耐心地向他们作思想工作，并肯定了他们的成绩，鼓励他们向国民政府去要武器。临走时给他们每人发了一套衣服，他们中的许多人很感动，有些甚至提出要留在延安。经组织上同意，少数留下的人进了职工大队学习，其余的人住了一个星期后便经西安转道回去了。刘松山后来成了国民党全国总工会的高级官员，并被授予少将军衔。

边区总工会在延安城东，靠近延水河，机关开始只有十多人，为了节省编制，我们决定不用挑水工，而是每月付给邻院居民两块钱，让他们为我们担水，这可以减少一笔开支。可是月终向财政部门报销时，审计处却不给报，他们说延安这么多机关，没有哪家有“担水费”。我就向张闻天反映，张支持我们这种节约开支的办法，专门打电话通知审计处，这样才给我们报销了。这也说明了当时我们机关的官僚主义是有的。

按边区政府规定，财政报销实行首长负责制，即各单位开支由机关首长签字，会计报销，秘书长审核。我白天工作忙，一般在晚上审核报销的发票。一次，我发现发票中有买棉花毯，修白铁壶，甚至还有买食用油的发票，这引起我的注意。经核查，延安大的百货店，开的发票上图章骑缝，没有问题。然后我叫秘书长刘子载去一家小店核对，店老板说：“是你们的管理员叫我们代开的发票。”通过进一步核实，我发现竟然有票无货，原来是那个管理员开了假发票，然后将钱贪污。情况属实后，我们将那个管理员公布开除了。

抗战爆发后，全国各地人民纷纷起来，组织各种抗敌后援会、战地服务队等团体。可是国民党当局只准由政府和军队片面抗战，不准由人民起来实行全民抗战。党中央于 1937 年 8 月召开了洛川会议，会上提出与国民党针锋相对的“全面的民族抗战”的方针。不久，中央通知由我负责筹组陕甘宁边区各界民众抗敌后援会的工作。工会的日常工作由副主任管瑞才负责。

建立陕甘宁边区各界民众抗敌后援会，是实行全民抗战的一个重要措施。筹委会很快便成立，大家推举我为主任，国民党肤施（延安）县长马豫章任副主任，宣传部长艾思奇、副部长柯仲平，秘书长沙可夫，组织部长兼农民部长崔田夫，工人部长管瑞才，青年部长高朗山，妇女部长史秀英，武装动员部长谭希林，锄奸部长周兴，商民部长周子和等。马豫章名义上是国民党县长，实际上早就与我们建立了很好的关系。所以我们起草各种文件、文稿等，主要靠他和艾思奇。

我们首先成立了地、市、县抗敌后援会，并加强宣传和组织，发展抗日自卫军（后期改称民兵），以巩固边区根据地。建立陕甘宁边区各界民众抗敌后援会，不仅动员了边区民众，还推动和影响了全国人民群众积极投身抗日救亡运动。

毛主席很重视抗日民族统一战线的工作，两次召集党、政、军、民等有关领导干部谈话。大意是说：过去国共两党对立，互不往来，现在国共合作，对外开放，应该有来有往。他说必须“洒扫庭院，迎接客人”。意思是要清理自己的队伍，要加强教育，提高政治思想觉悟，加强保密和保卫工作。可后来我发现，有个单位竟把此意思编写成：“一、服装要整洁；二、见人要有礼貌；三、说话注意保密；四、文件要锁好”等等。用白纸黑字贴在门上。我想这不是毛主席讲话的本意。加以纠正后，不准他们再贴在门上了。

当时在延安，以陕甘宁边区各界民众抗敌后援会的名义召开了好几次群众大会，有时国民党当局也派人来参加。

一、在延安南门外广场召开纪念孙中山逝世13周年群众大会。当时，国民党天水行署主任蒋鼎文派三人代表团带着挽联专程来延安参加大会并讲话。当时，由我主持大会，发现国民党代表团中有一人是过去莫斯科中山大学同班同学叫毛仲平，当时我俩虽然握了握手，但却什么也没有说，但看得出他心中有很多话要说。第二天，代表团到边区政府和抗敌后援会机关来拜访，两天后即回西安了。

二、每逢五一国际劳动节，在延安都要召开盛大的庆祝大会。1938年五一节，我们在东郊桥儿沟教堂里布置了陕甘宁边区工业新产品展览会。聘请了军委工业局长李强，边区政府工业厅长刘景范任评判委员。五一那天毛主席坐着南洋华侨赠送的一辆汽车来，详细地参观了工业展览会，然后还在南门外的群众大会上讲了话。稍后，毛主席还检阅了延安地区抗日自卫军。

三、1938年6月下旬，接待了世界学生联合会代表团，这是一个国际间的群众组织。来了一女四男共五人。我们召开群众大会，对他们表示欢迎。第二天我代表抗敌后援会把我们的宗旨、任务、工作情况等，向他们详细地作了介绍。他们很感兴趣，都作了笔记。那天的会议刘少奇也来参加了，他的目的是想听听他们的反映。七一党的生日那天，还以党中央

1938年6月，毛齐华（前左三）、艾思奇（前左二）、向仲华（后左一）、刘宁一（后左二）等与来访的世界学联代表成员在延安

的名义为他们举行了西餐宴会，宾主都讲了话。

四、1938年8月1日，在延安南门外广场召开追悼平江惨案烈士群众大会，毛主席亲临大会。平时开会，毛主席讲话总是有说有笑，可是这次情况不同，我第一次看到主席非常激动，大发脾气，愤怒声讨。他拍桌大骂国民党反动派制造平江惨案，屠杀新四军平江通讯处涂正坤、罗梓铭等六位同志，提出一定要制裁投降派、反动派，揭他发们的“限制异党”办法和阴谋破坏团结抗战的企图。

五、接待了国民政府救济总署派来的代表。救济总署的任务是救济战争中的失业人员、残废人员。救济总署的代表来到我们根据地后，边区政府与我们共同接待他们，向他们介绍边区的情况，以及失业、救济情况。我们还提出让他们参观边区的难民工厂，希望他们看后，为我们捐款。

这里还有几件事要提到。

1937年初，在延安东门外的延河岸边，发现了一具女尸，经查是陕北公学16岁的女生刘茜。有人看见，前不久这位女生经常同一位带枪的男同志在这一带散步。公安部门根据这一线索很快就查出了凶手黄克功。黄克功曾是中央红军的团政委，此人聪明、精干，年仅25岁，参加过长征并屡建战功，他与女生刘茜结识后，两人便双双坠入爱河。谁知机灵活泼的刘茜冷热不定，把黄克功弄得摸不着头脑。黄年轻气盛，工农干部，又不懂恋爱方式，只想快点结婚。有一次，两人在一起，刘茜指着天上的月亮说："你看那圆圆的月亮像什么？"黄直截了当地说："像什么，像一只大饼，有什么好看的。"类似这样的交谈使两人经常不欢而散，感情出现了裂痕。这一次，两人又相约在延河边，并发生了争执。黄因为刘不能痛快地答应和他结婚，一怒之下拔出手枪，杀死了刘茜。案发后，许多人都为黄说情。毛泽东在听取了抗大校长罗瑞卿的汇报后，考虑半天才痛心地说：黄克功经过千辛万苦的长征，杀了他，我们实在很可惜。可是延安刚刚向全国敞开大门，全国青年眼睛都盯着这里，敌人还在不断造谣破坏我们，不杀黄克功对革命大局有害！有了毛主席的决定，人们思想开始统一。公审大会就在陕北公学南边的广场举行，审判长是雷经天。到会的有抗大、陕北公学、党校以及延安各机关、工厂、部队的代表几百人。公审大会上，黄克功对自己的罪行供认不讳，但高声要求："我要死在抗日前线上！"最后经过审判，判处死刑，立即执行。黄克功最后还高呼："共产党万岁！""毛主席万岁！"

另一件事是欢迎国民党将领卫立煌。卫立煌曾差一点被日本军队抓去，是我们救了他，协助他渡过黄河到达延安。当时我们正在开工人代表大会，记得开欢迎晚会那天晚上，汽灯通明，会场上一条很长的条幅写着"欢迎卫立煌将军"。后来，国民党军队坐着汽车，大摇大摆经过延安向西安开去。这主要是由八路军总部出面搞的活动。

关于祭黄陵的情况。张国焘逃跑后的第二年我也参加了祭黄陵活动。当时由林伯渠联系，林代表边区政府，高岗代表边区党委，莫文骅代表部队政治部，艾思奇代表教育界，我代表民众抗敌后援会，妇女代表是张琴秋。那是 1939 年的事情，当时，国民党当局对待第二次国共合作的态度已比抗战初期大大倒退，并正蓄意在各地制造反共摩擦。虽然双方事先约定共同举行祭陵仪式，但当我们从延安赶到黄陵时，国民党方面的人已先到了，并且不顾对友党的尊重和礼仪，提前开始宣读祭文等活动，我们只赶上了向黄帝陵鞠躬致敬的仪式并与国民党的人共同行了三鞠躬后，他们就先走了。我们重新再来。我们代表中国共产党和陕甘宁边区各界举行了祭祀仪式，并宣读了毛主席亲自撰写的祭文（此文的碑刻，现立在黄陵内）。然后，我们又看了轩辕黄帝的墓，记得其旁有一棵很大的柏树，几个人才能抱得过来。

关于陕甘宁边区的地位与作用。陕甘宁边区地广人稀，经济落后，交通不便，信息不灵，周围反动势力比较薄弱，当时总共有 26 个县，约有 12 万平方公里土地。人口总数约 120 万。东北军撤走后，人口发展到 150 万左右。1937 年国民政府行政院通过的人数是 200 万。第二次国内革命战争后，这块革命根据地始终没有丧失过，它是抗日战争和解放战争时期中国革命的领导中心和总后方。毛主席很多著作是在这里完成的。大革命时期的“老工会”旗帜也只有这里保存着，是中国工人运动光荣传统的继承地和发扬地。总之，陕甘宁边区是二万五千里长征的落脚点，又是抗日战争胜利，全国解放战争的起步点。在中国革命历史上具有重要的地位。

1937 年底，林彪带着一批抗大的学员，到延安东郊扩建机场，平整土地，准备迎接从苏联来的飞机。没过几天，一架飞机轰鸣着在延安上空盘旋，人们纷纷向东门外跑去。飞机降落后，王明、陈云、康生、曾山、高自立、孟庆树（王明夫人）等从机上走下来。毛主席、张闻天等中央领导同志上前与他们握手问好。我也在其中。当时，康生走到我面前，却不怀好意地说：“阿毛，你没有被国民党逮捕啊？”我说：“没有啊？”当时我就很奇怪，他为什么第一句话就问这个。

陕北公学就在附近，大家从学校搬出几张桌子和一些板凳，党中央就在露天设便宴招待了这些从苏联回来的人。毛主席还致欢迎词，王明、陈云等致答谢词。然后大家边吃边交谈。曾山告诉我，当时他在上海找不到党组织真焦急，幸亏在马路上碰到梁广，经我介绍才去了苏联。饭后散场时天已经黑了。

当时我在总工会正在规划开展一个“新劳动运动”，并制定了一个新的开展劳动运动的方案。第二天，我拿着方案与秘书长王惠民（朝鲜人）一起去王明、康生驻地拜访。我估计苏联在开展“斯诺哈诺夫运动”方面有许多新的经验。听说他们在这个运动后，生产几倍几十倍的增加。我想，王明他们从苏联回来，一定会赞成我们这个计划的。可当我们走进他们住的窑洞时，康生又是那句话“你究竟有没有被捕过？”我说：“我的确没有被捕过！”看到这种情况，我再也没有多说什么，只是把方案交给他便出来了。

过了一个星期，保卫局长周兴通知要我去。去后他告诉我，你们那个王惠民是个嫌疑分子，让我通知他来谈谈。我回去告诉王。王惠民去后就没有再回来。他的日常用品、毛巾、脸盆、衣服都是我第二天送去的。就这样，以后我便没有再见到王惠民（解放后我遇到周兴，他告诉我，在延安遭敌人进攻，中央机关撤退时，康生把王惠民“解决”了。

当时，我是边区党委常委，中央有重要会议，总是通知我参加的，可是自康生等回来后，我的情况就改变了。一次有个同志问我：“中央昨天开会，怎么没有见到你？”我说：“不知道啊。”我想这个问题应该去问问清楚，就写了个纸条叫通讯员交给李富春（他当时任中央组织部副部长，管这方面的事）。纸条送过去后，没有给我回音。

大约过了一个星期，康生打电话叫我，要我到他那里去。我骑马赶到他那里。见面后，他要我谈谈过去在上海的情况，但他自己不听，却让他的助手高自立听我讲，然后记录下来。高开始记得比较详细，主要是听我说关于上海无线电学校被破坏的经过。到后来，我发现高不再记录了，便问他是否还要讲下去。他说：“不用了，基本情况已了解了。”临走时，康生与我打了个招呼。过了一段时间，我碰到康生，问有关我的事有没有什么问题？他说：“已谈过了，再没有什么问题了。”

过了几个月，边区党委讨论边区工会工作，要我通知我们工会的副主任和秘书长、文教部长、组织部长一起去。我想，边区党委这么重视工会工作，这是好事。可这次讨论边区工会工作却与过去完全不同。过去只是区党委几个人参加，今天不光是区党委的几个主持日常工作的领导来了，还有李维汉、张浩等中央领导人。会议由高岗主持，开始先由我汇报近期工会的工作，然后大家开始发表意见。有人先指出，工会机关没有认真搞好工会工作，工人没有提高思想认识。接着什么“形式主义”、“工头主义”、“行会主义”、“经济主义”等好多“帽子”都戴上了。总之是说我们的工会什么都不行。这样，我们工会的几个人思想很不舒服。

我提出：“我们工人觉悟不高，是事实，工会工作没有做好，党委有没有责任？区党委对下面党员的思想教育如何？你们应该去了解了解，党员领导群众嘛。”

会后，我对陈云讲：“几个月前区党委还表扬我们的工会工作有成绩；可现在，却说我们工会工作‘主义’一大堆，帽子一大摞。”

陈云说：“工作上有缺点是难免的，但我们都是老同志了，今天就打开天窗说亮话。你们的问题不在这里，主要还是你过去历史上有些问题没有搞清楚，将来总有一天会搞清楚的，因此你还是安心工作吧。”

经他这么一说，我才恍然大悟。我马上去找李富春谈，我把工会的情况、区党委的看法都说了。他说：“中央对你到这里来是信任的，自从康生、王明回来后，提出上海机关被破坏时的情况，就引起了对某些同志的怀疑，不光是你一个人，还有其他人如王世英等，以后终究会弄清楚的。”并说：“你知道为什么会有这些人分配到你们这里来？就是因为一些人历史没有搞清楚，考察一段时间后，再分配工作。”

我又去找张闻天，他告诉我：“你过去的事我也不清楚，康生他们回来后提出这些问题，将来总会搞清楚的，你要安心工作。”

不久又发生了一件事。中央要调区党委宣传部部长王若飞去中央搞统战工作，区党委有人建议让我接替王若飞的工作。但在开会讨论时，有位领导提出，这个人不能接替王的工作，此人有历史问题还未搞清楚。那次区党委会议我因有事情正好没有参加，后来听别的同志讲起。因为我受到怀疑，最后组织上没有让我接替王的工作。

过了一段时间，我又去找陈云，提出不能得到信任，不让参加会议难于做工作，陈云劝我说：“历史问题将来总会弄明白的，现在你是不是换个工作，到前方去，前方朱总司令很需要人，要我们中央派干部去。”我同意了。我很快把手头的几项工作交代后，就动身前往我的新工作岗位——晋东南太行山区，这时是1939年秋天。

这里顺便说说我的家庭。1935年离开上海后，我便与家乡完全断绝了联系。国共第二次合作后，蒋管区的青年成群结队来到延安。我在中央组织部搞接待工作，认识了不少同志。后来虽调到边区总工会工作，仍在抗大、陕北公学和中央党校任教。当时，常有一些青年来找我们谈抗战形势，其间我结识了一位原在西安做地下交通员工作的女青年萧爽（汉中人，比我小十来岁）。我们之间在交往中产生了爱情。经组织同意，我们结婚了。后来我们生了一个孩子。1939 年离开延安去太行山时，孩子留在中央保育院。1942 年我们在太行山根据地又生了一个孩子，由当地老百姓代为抚养。1945 年抗战胜利，我回到上海，在老家找到了原来的爱人潘林珍和留在上海的三个孩子（其中一个是聂力）。我与萧爽协商后，经组织出面做工作，我们离了婚。以后，听说在同志们的帮助下，萧爽与当时中共华北局宣传部副部长马适安结婚，他们又生了四个孩子（两对双胞胎）。但不幸的是，1958 年，马适安在一次出访埃及时，途经苏联因飞机失事而遇难。萧爽以后没有再结婚，现在与子女生活在北京。

离开延安时，我正好与刘少奇坐同一部车子。我们从延安到达西安，住进八路军驻西安办事处。在西安，敌机经常来轰炸，我们要随时准备进防空洞。一路上，都能看到被炸死的人，男的女的都有，样子很惨。在西安住了几天，少奇坐火车到潼关后往东去洛阳。我们到河南渑池下车，在兵站住了一夜。第二天兵站同志帮我们雇到一辆牛车，傍晚便开始北上。

沿途夜里行路，看到许多国民党的伤兵和尸体在路边无人管。天明开始渡黄河，同路的还有北方局组织部长刘锡五、统战部长张友清、交通员王刚，还有文联的几位同志。过黄河后，全靠两条腿走路，行李均由民夫来挑。经王屋山、阳城、高平到达武乡（八路军总部和北方局所在地），沿途都有八路军兵站接待吃饭和住宿。当时见到北方局书记杨尚昆（我的老战友），我问他关于我的安排情况，他说不了解。

在他那里住了几天，刘锡五告诉我："你到太行区党委是任中共晋东南职工运动委员会书记，平时不参加区党委会议，只是讨论有关群众工作时，你才参加。"并且关照我，关于我的情况不要对任何人讲。他派通讯员用马送我到辽县（后改为左权县）西黄须村，这里便是太行区党委机关所在地，对外番号称"马港"。

七、转战太行山区

太行革命根据地，是在抗日战争初期，八路军挺进华北以后，按照中共中央的战略决策，同地方党组织，并团结当地社会进步势力共同建立的，以太行山脉为依托的抗日根据地，是晋冀鲁豫边区的一个行政区。

太行革命根据地位于正太路（现为石太路）以南，平汉路（现为京广路）以西，白晋路（抗战时期日本人从祁县白圭修到晋城的铁路）以东，黄河以北。它地跨山西、河北、河南三省交界处，沟壑纵横，进可攻，退可守，对坚持敌后抗战十分有利。

太行行政区，也称晋冀豫区或晋东南。全区有70余县，东西约有300公里，南北长约340公里，幅员约10余万平方公里，人口1200余万。它是"华北游击战的心脏与战略中枢"。1938年4月成立晋冀豫军区，8月正式成立中共晋冀豫区委员会（简称晋冀豫区党委），直属中共中央北方局领导。

太行、太岳根据地示意图

1939年七八月间，日军对晋东南发动了“第二次九路围攻”，结果以白晋路为界，晋冀豫区被分成太行、太岳两个区。而太行又以邯长路为界，被分割为太北、太南两个区域。为适应新的形势，1939年7月，成立了太南、太北两个军政委员会，分别加强对太行山南、北地区工作的领导。

我是1939年9月到达晋东南的。

晋东南山很多，有王屋山、太行山等，但山中间也有平原。这里煤矿、铁矿、硫磺矿等矿藏比较丰富，山货也很多，如大核桃、枣、柿子、花椒，大部出口到南洋一带。这里产业工人有80多万，在平汉铁路以西有峰峰、六河沟煤矿，道清铁路有焦作煤矿，晋南也有煤、硫磺矿等，正太铁路有阳泉、井陉等煤矿，但大矿和机器窑均被敌人所占领。

日军进来后，国民党军队不打就垮了，撤退的部队和往前开的部队各管各的。同蒲铁路上，这列火车粮食是往前方运的，那列车的粮食却是向后方撤的。伤兵没有人管了，一些国民党军队甚至把枪支也扔了，我们拾到遗留下来的枪支，就有三万多。日本军队打过来时，旧的政权便迅速垮了，但工人们在敌人还未来之前，却自动组织起来，如六河沟和彭城一带工人就自发组织起武装，打游击，找共产党、八路军。在这种情况下，有条件的地方，我党即派人去领导，展开游击战。当时曾出现过一个工人领袖纪德贵，工人称他“纪司令”。另有位工人曹喜民，组织工人抬着机器打游击，辗转上山，军工部所属第四所的机器设备就是曹喜民等工人抬上山的。

在西边，由于日军占领太原，同蒲铁路职工在党和工会领导下，组织同蒲铁路工人大队，在八路军领导下开展游击战。另一部分在党领导下开展地方工人运动。1939年2月7日，在山西沁县屹搭寺召开工人代表大会，成立了晋东南总工会，选出杨珏、赵国强、李新民、杜生旺、贾志厚、徐彬、王贵玺等为委员。总工会领导各县工人全面建立工会组织，并成立了新的政权。所以，我们去后，敌人虽还在不断骚扰，但在共产党的领导下，工人组织却在逐步地壮大起来。

上海八一三抗战后，八路军有三个师，即120师、129师、115师向山西挺进。这时，阎锡山已向南逃窜，这一带暂时成了空白地区，八路军总部便设在晋东南太行区（八路军总部与北方局实际上是一个机关）。

129师领导机关和太行区党委在一起，设在辽县。

晋东南地区一下子发展很快，人口也增加得很多。靠西过黄河有一条与中央的交通线，往东是与冀南、山东、苏北新四军的联系线，这里成了一个交通枢纽。新四军和上海地下党的同志要到中央去都要从这里过。

我到达晋东南时，区党委书记是李雪峰，总工会主任杨珏，在西边（太岳区），工会另外几个干部李新民、徐彬等在晋南，总工会机关随区党委去晋东南，机关只有常委赵国强和刘永生（女）。不久赵去延安参加党的七大，只有刘永生在机关留守。当时我住在区党委机关，在辽县西黄须村，而晋东南总工会机关在东黄须村，中间有条清漳河隔开。我找到刘永生后，她详细地向我汇报了工作情况。当时，区党委还有一位民运部长彭涛（解放后任化工部部长），他统管工、农、青、妇、文等群众组织。我们经常在一起，遇事一起商量，相处得很好。

我来后不久，就遇到阎锡山发动“十二月政变”。阎经过长期准备，于12月初调动六个军的兵力，在晋南向新军决死二纵队发起突然进攻，企图一举消灭在晋西地区的抗日队伍，掀起了抗战以来第一次反共高潮。事变后，总工会领导人之一徐彬回来向区党委和各界救国会汇报情况，激起了各界对阎锡山的愤恨，大家一致愤怒声讨阎锡山的罪行，并表示要团结起来，抗战到底。

徐彬这次留总工会工作，又从晋南调李新民来，工会工作得到了加强。我们在一起商量如何使总工会进一步形成为一个统一的领导机关，发挥战时工人运动的领导作用。最后决定，先通知各个地区和县以上领导干部来总工会，一边汇报工作，一边研究办培训班的问题。

1940年1月15日，在辽县下绞漳村召开了全区农村工会工作会议。到会的县以上干部53人，大家热情很高。当时，我说：“我们是处在敌后抗日根据地，虽然物产丰富，但农村仍处在落后的自然经济状态。同时由于对敌斗争的长期性和残酷性，广大农村手工业工人正受到摧残和失业的痛苦，因此，解决他们的痛苦是当务之急。”

大家争先恐后地讲开了。首先分析了山西农村在长期封建统治下，各业工人过着牛马不如的生活，他们没有自由，常被人看不起，被认为是“下流人”，连穿长袍的资格也没有，有些人迷信很深，认为是“命中注定”。干部们对农村工人感情很深，越谈越有劲。概括起来有以下几个问题：

一、关于雇工。当时有长工、季工、月工，还有“半工”（一个工人为两家做工）。他们除整天在地里干农活外，还要为地主家做杂工，如担水、劈柴、驮煤、送媳妇回娘家等，时间无限制，晚上还要住在牲口棚里喂牲口。而所得工资则非常低微，不够养家。不少雇工采取“地主哄我肚皮，我操地主地皮”的办法，同地主斗争。我们部队到达时，许多雇工参加了八路军。当我们政权建立后，就宣传一个工人除养活自己外，还可以养活一个至一个半以上的人（实际当时养活一个人是办不到的）。同时教育工人要与雇主订合同，争取改善生活，改变劳动态度，增加生产，支援抗战等。

工会干部反映，在武乡，地主有“四大家，八小家，三十二个疙义家”。“四大家”是指每家有土地三四百顷，“八小家”是指每家有百余顷，“疙义家”是指每家有几顷地。佃户娶老婆，地主享有“初夜权”。这些封建特权经土改后虽作了处理，但由于地主暗中对他们说八路军以后是要走的，所以地主无形的特权仍然存在，如有些农民在白天分到粮食，晚上又偷偷地送还给地主了。

晋冀豫区广大妇女，大多数包小脚，包得愈小愈时髦。最时髦的是所谓“辣椒脚”。所以妇联提出解放妇女的口号很难实行。可是当日本鬼子大“扫荡”时，在反“扫荡”斗争中，为了跑路，广大妇女却自动放脚了，这是个很大的进步。

二、羊工。这里有羊头、二把手和牧童。羊头是剥削者，二把手和牧童是被剥削者。二把手和牧童常年四季从早到晚，带着干粮上山牧羊，不管风吹日晒。山上有狼，不仅吃羊，人也经常被狼咬伤。狼怕狗，所以每次放羊都带狗。羊工的待遇是根据产羊毛的多少和羊毛的价格来确定的。抗战时的市场滞销，因而价格下降。后来政府和后勤部门提倡纺织，及开展对外贸易，毛价有所提高，羊工的生活才有了改善。羊工在抗战时期，积极参加放哨，监视敌人动向，通风报信，协助作战，保护老百姓生命安全，特别在反“扫荡”斗争中起着重要的作用。

三、手工艺、石、铁、泥水等行业人工。这些工人因战争中敌人的烧杀，大量减少。晋南地区农民原来的特点是“宁肯糠菜半年粮，有钱就要造瓦房”，尤其是地主家的房屋，设计讲究，粉刷和油漆都很精细。村村还有很大的庙宇，都是些能工巧匠造的。但在日军“三光”政策下，大多被烧成灰烬。这样，工人有的参军，有的改行做运输，但多数还是到军工厂来当工人。

四、煤矿工人。大煤矿是机器窑，为敌人所占，中国的资源被掠夺，工人们在敌人的刺刀下被迫劳动，工人们以“磨洋工”反抗。在抗日根据地和游击区，绝大多数是手工小煤窑，工人们有的常年在矿井下劳动，也有不少矿工在农忙的时候下田干活。我曾跟煤矿工会干部一起下井，观看他们的劳动场所。到那里，人要先蹲在箩筐里，然后用绳子放到约二三十米深的井底，再向坑道里走。在挖煤的地方，工人们拿着洋镐，一边把煤装进筐里往后运，一边将坑木顶住新开挖的顶棚。这里瓦斯浓度不大，并有自然通风，工人们都用明火油灯。下面坑道很复杂，如果没有矿工引路，下去肯定就回不来了。我在井下虽然只待了几个小时，上来后，已经变成“煤黑子”了。下面的煤全部是靠工人背到竖井底，然后装进箩筐，再用绳子把箩筐摇到地面上。矿工们的待遇是以产量来计算的。

游击区的煤矿，由于遭到敌人的反复“扫荡”，后来基本停产了。工人们无工可做，生活无来源。1943 年，情况有所好转，工会便挨家挨户动员集资入股，连敌占区的资本家也悄悄地来投资入股。工会劝失业的工人上班，成立了煤矿运输队，生活有了着落，敌占区百姓也有煤烧了，这样也保证了根据地的军需民用。

这次会议大家讨论得最热烈的问题，是对农村工人阶级的分析和提高工会工作的作用，如何为发展农村经济建设、争取抗日战争的胜利增强信心和决心。

最后，还明确了工会当前的任务：1. 坚持敌后抗战，反对国民党阎锡山“十二月反共政变”；2. 动员工人加紧生产，为军需民用贡献力量；3. 加紧教育，提高工人文化水平和技术水平；4. 从实际情况出发，适当改善和提高工人生活；5. 尽快训练工会干部，努力开展工会工作。会后，我们就开始积极调配干部，办轮训班。总工会也开始建立正常的领导机构，促进工作的开展。

会上也提到了店员问题。由于敌人反复“扫荡”，经商者失散严重，商业一度很萧条。直到1943年，敌人虽还在不断“扫荡”，但基本上进入相持阶段，这时政府号召发展商业，并采取了一些相应的措施，使商业逐渐得到恢复。冀西任村一时成为向各根据地输送商品的转运中心。

这次会议，对提高基层工会工作的作用，为发展农村经济建设，增强抗日战争胜利的信心和决心作出了贡献。会后，除少数干部外，大多数都按“精兵简政”的精神，尽量到原岗位上班，日常工作由党委直接领导并与总工会建立经常的联系。不久杨珏从路西（太岳）回来了，更加强了领导。1940年5月1日，总工会公布《农村工人生活纲领草案》，动员工人们讨论。具体内容是：保证农村工人们的休息时间，女工、青工同工同酬，禁止侮辱工人，雇工不得被随意开除。同时还公布了工会会员的权利和义务。

不幸的是，在会议期间，李新民因病医治无效逝世，我们为他开了追悼会。不久，区党委又派了苏群来接替他的工作。

由于八路军总部在敌后发展军事工业，军工科扩大并分为军工部和后勤部，同时冀南银行、新华日报、晋冀豫边区政府也建立了各种工厂。有人听说我是从延安党中央派来搞工会工作的，军工部就提出要我去帮助建立工会。建立之前，首先要培养干部，我得到总部的电示，先到军工部，在黎城上赤峪见到了军工部长刘鹏，他热情地接待了我。我们商量决定，每个工厂先调两位工人，再从政治部抽调三位同志，既参加训练班学习，又可兼顾行政管理工作。地点设在军工部附近的下赤峪村。

第二天，我到区党委向李雪峰书记汇报情况。军工部派王少禹具体负责这项工作。学习班开课后，刘鹏每天上午都参加，常和大家一起讨论。其间，我也为学员们讲了几次课。开始主要是讲“什么是工人”。

我说：“社会上有各种行业的工人，但有一个共同之处，那就是出卖劳动力。‘工’字下面加上‘人’就能腾‘天’。‘工’字上面一划是代表‘天’，下面一划是代表‘地’，中间一竖代表‘人’，工人顶天立地力量大。旧社会工人吃不开，说‘工’字出头就变‘土’，‘土’是埋葬的意思。所以工人‘没有出头的日子’。这是地主、资产阶级愚弄工人，要工人永远作奴隶。工人阶级要自觉起来，从‘自在阶级’到‘自觉阶级’，再进一步转为‘自为阶级’。所以我们就需要共产党，一个马克思列宁主义的政党。中国共产党是无产阶级先锋队组织，她领导军队、工会，领导革命，建设政权。工会如果没有共产党的领导，就会变成‘工团主义’，走‘经济主义’道路。只看到工人而看不到社会，看不到全体人民的利益，就会失去政治方向，走到死胡同里，那样工会组织就成为多余的了。工会是群众的组织，群众中有先进的，也有落后的，但对于会员来说，只要是出卖劳动力的工人，都可以参加工会的活动，受到工会的教育，在工会内提高认识，增强阶级的自觉性。列宁说过‘工会是共产主义学校’。”

我讲了中国近代史，讲到了在共产党领导下工人阶级参加伟大革命斗争的历史，如轰轰烈烈的五四运动和1925年至1927年的大革命，以及中国工农红军的二万五千里长征。讲了五一国际劳动节、二七纪念日、上海工人三次武装起义、四一二反革命政变，再谈到双十二事变、上海一·二八、卢沟桥七七、上海八一三抗战事件等。以后又讲到苏联十月革命，列宁领导的世界上第一个社会主义国家，以及苏联工人的幸福生活等等。这些内容后来由北方局印成小册子出版，对当时在敌后抗战的工人起到了很大的鼓舞作用。

我结合实际，也讲了当前在中国共产党的领导下，由八路军办的兵工厂的性质、地位和作用，以及在这些工厂劳动的工人的义务等。说明办这些工厂的目的都是为了抗战，而革命战争和工人的利益是一致的，没有剥削关系。并讲了工会的任务是为了团结工人，教育工人，改善职工的生活，促进工人的学习，提高他们的政治、文化素养，提高工人的技术水平，以利更好地增加产量，提高质量，支援前线，争取早日取得抗战的胜利。

最后，我讲了四个问题：1. 工厂性质与职工任务，2. 以新的态度对待新的劳动，3. 用集体力量建设新的工厂，4. 在新工厂中要过新的生活。讲稿有一部分经北方局宣传部长李大章（解放后任四川省委书记）、统战部长张友清（1942年反“扫荡”中牺牲）阅后，由北方局印成小册子，题目为《论革命工厂中的职工问题》，并发到各工厂。

训练班上还研究了《战时劳动保护暂时条例草案》。我们在讨论时认为，根据实际情况工作时间应定为8小时到10小时，但129师政治部蔡主任坚决主张只写8小时。他提出，8小时工作制是全世界劳动大会定的，尽管现在我们实际工作是9小时或更多，但公布条例不能写10小时。经过争论，八路军总政治部同意了蔡的意见，定为8小时工作制。1940年6月，八路军总政治部公布了这个草案。以后，晋冀豫边区政府成立，公布《战时劳动保护条例》时，仍按我们总工会的意见，写成“8小时至10小时”。

军工部总工会主任李鑫德在他的日记中有这样一段话：“1940年1月12日，太行区党委的工委书记毛齐华同志来到军工部，开办训练班，筹备军工部工会。现在看来，齐华同志提出的军工部工会的方针、任务是非常现实、十分明确的。”

军工部长刘鼎是我在莫斯科时的同学，他从延安调到总部后，到军工部任职，在技术上有很多创造，对工厂、职工民主生活管理等也有改进。但他个人的思想、心情并不很愉快，主要是因为在延安时，康生整过他。当见到我后，两人有时还能说说心里话。

前述工会工作会议，根据各地基层工会干部汇报的情况，后来整理出了一份约五千多字的报告。用中共晋东南工委的名义送给区党委并报中共中央。

中央十分重视晋东南工委的工作报告，1942年4月，两次作了重要指示，但由于1942年5月的晋东南特大反“扫荡”斗争，工委未接到中央的指示。以后，大约在1943年整风运动时，我们才在报纸上看到中央的这一文件。工会干部们非常重视中央的这一指示，认为中央对晋东南职工运动的这一方针性与政策性的指示，充分肯定了晋东南职工运动的成绩，肯定了我们工会工作的进步，同时也对我们工作中存在的问题作了批示，应特别引起我们的注意。所以我们决定在提高思想认识的基础上，进一步推动工会工作向更深方向发展。

但中央的精神中也有不切实际的地方。如想让所有工厂企业均归各地方行政机关领导，但实际上像军工厂、个别印钞厂等企业有很强的保密性，不可能由地方管理。这就明显与中央的方针有不相同的地方。

军工部工会训练班结束后，我便回到了区党委机关。不久接到来电，要我去处理一件事。

原来，晋南第四军分区的两个工会干部被扣留了，起因是由于工厂实行军事管制，工人均需实行早晚点名、跑步等制度。工人们不满意，提了很多意见，甚至要求开展斗争，并请四分区工会干部支持他们，工会准备派两个工会干部与军方交涉。军队政治部一个指导员派人“侦察”得知这个情况后，即把那两个工会干部绩敏和袁凤鸣给抓了起来。

晋南地方党组织很快将此事报告了区党委和129师政治部。正巧129师政治部主任蔡树藩是我在莫斯科“中大”的同学，也是工人出身。他听到后，立即打电话给四分区，要他们先放人，并打电话告诉我，希望我去帮助解决。等我到那里时，四分区已将人放出，工人们纷纷来找我告状。我先是向工人们做解释，接着就去找军分区政委。

那天晚上，我和两个工会干部以及那位政委一起谈了很久。政委开始仍站在军队的立场上，表示只是因为要服从上级的命令才同意放的人。我对他说，工会工作不同于军队工作，军队是一切服从命令，工人要说服教育。但他一再强调说，这里的工人要同军队领导作斗争，这怎么行呢?

我说：“我们的斗争有两种，一种是同日本帝国主义同国民党顽固派的斗争，一种是同自己人的斗争。我们工作中某些同志思想有问题，不是也要做工作，要进行批评与自我批评，讲得严重点，不是也要作斗争吗。但这同敌我斗争的性质是完全不同的。工会干部是诚心诚意帮助工人起来搞好生产，工厂的工人不是军队的战士，早晚点名、跑步，不适应于工厂。另外我们的军队和旧军队也不一样，我们的八路军内部也不能随便把战士关禁闭。”

我讲了很多话，政委听到后来也似乎觉得有些道理，开始勉强接受，对我们也客气起来。以后，这位政委每次到师部办事，见到我总要打个招呼，后来，我们竟成了好战友。

军工部总工会每次召开大会，都邀请我去。记得有一次，我同部长、政委等一起，听取工会工作的总结和今后方针任务的报告。会上工会干部和部长、政委一起就当时实行的在供给制外，可通过计件制实行多劳多得、按劳取酬等问题进行讨论。当时工人的待遇是与我们机关干部一样实行供给制。另外，也鼓励工厂搞计件制，以供给吃饭为基本工资，另外多劳多得，也即供给制加计件制。这样，就要同工人研究生产的标准，根据一天生产多少来定合同。那次会议开得很民主，很认真，会后欢呼而散。

当时工厂的某些制度也有不合理的地方。工厂经费是要造预算的，不能超支。厂长只能批准一定数额的钱，如要修房子，便需要做计划要由工厂向部里报，再送到后勤总部批。这样，往往等钱批下来，很多事情已被耽误了，审批制度过于死板。另外，工厂是根据部队的标准发放劳保用品的，如衣服、帽子、鞋、袜子、肥皂、毛巾、牙刷等，都是定期由后勤部门采购供给。但工人们的鞋、袜、毛巾等用品一下子用不完，都希望发一些零用钱给他们，可以自己买些需要的东西。加上由于战争因素，后勤、采购、运输等中间环节经常丢失物品，东西不能按时发。后来，军工部部长也同意工人们的建议，但上级最终没有批准。

当时工人的成分很复杂，我有时也抽空到工厂去了解情况，工人们边工作，边和我谈过去的劳动经历。他们告诉我说，过去地方上有地主武装，称“民团”，还有各种会道门的武装。他们的枪支大部分是从工人的手中搞出去的。那时根本没有机器，全靠手工加工，只要有人来订枪支，五支十支的，他们连日、连夜地干，累了抽两口鸦片，一天就能交货。这些步枪一般是卖给当地的地主武装。步枪里的“来福线”过去都是靠工人们手工拉成的，后来我们逐步使兵工厂机械化，“来福线”也改用专用机床拉了。

军工厂将生产的手榴弹装箱

我们当时工厂的大部分机器都是从敌占区

搞来的，也有一部分是在敌人进攻时，工人们从矿上抢运出来的，这些机器武装了我们的兵工厂。后来兵工厂发展很快，一个工厂往往有好几台或几十台机床。兵工厂已从制造步枪到造掷弹筒、迫击炮。当时的材料一是从民间收集，另外就是向敌人“要”。当我们部队偷袭敌人运输线时，占据了一段铁路后，就把铁轨拆下来，用枕木将它烧红，然后将其弄成一段一段运往根据地。工厂从无到有，从小到大，从造子弹、地雷、炸弹、手榴弹发展到制造各种武器。

当时在《新华日报》的新华印刷厂、129 师印刷厂、政府办的制药厂、冀南银行，还有手工纺织厂等都先后建立了各自的工会组织，并建立了民兵自卫队以保卫工厂。

1940 年 5 月 1 日，我们在黎城上赤峪村（军工部所在地）召开了第一次工会代表大会，成立了军工总工会，也称“赤峪总工会”。

这年夏天，机关迁到涉县茅岭地村，各群众团体集合在一个村，建立联合机关，简称“各救”，包括工、农、青、妇、文协，后又增加牺牲救国同盟会和“武委会”（民兵指挥机关）。在区党委的领导下，各自独立活动，仅在伙食问题上各派代表统一管理。当战争一来，各自分散，深入基层，领导群众反“扫荡”。结束后，又各自回机关，总结经验，提出新的任务。

生活是艰苦的，吃不上菜不用说，能吃上小米就不错了。据二分区回来的同志讲，仅昔阳两个区就饿死 70 多人。以后随区党委南迁，“各救”也迁到南五村，这里有一块方圆几里路的小平原，春天桃红柳绿，真可以赛江南了，“各救”就住在桃村。

1941 年 9 月，利用战争空隙，我们又召开了晋东南第二次工会代表大会。大会地址选在了冀西涉县的钟村，这里风景优美，气候宜人，沿途都是茂盛的谷子，高杆玉米，青山核桃，金黄色的柿子。

总工会为开好这次大会，事先做了充分的准备。跨过清漳河的一个路口，就有一块会场的指示牌，绕道上山大约要走三四里才到会场—— 一座大庙。这座庙宇建在半山腰，庙的进口是一条夹在高高的围墙间的巷道。我们组织了许多群众早早等候在那里迎接代表的到来。会场设在院子里，并用草席搭盖了顶棚。院墙四周都是当地党政军民各界送来的

1940年底，129师司令部进驻涉县赤岸村。这是赤岸村全景

锦旗和贺词。原来的佛龛已被五颜六色的五福布遮盖起来，使人感觉这不是一座庙宇，而是一幢雄伟的礼堂。会上，彭德怀、邓小平、刘伯承以及边区党委、政府的领导分别讲了话。

这次大会总的精神归纳起来有以下几点：

一、坚持敌后抗日战争，保卫边区，抗战到底，取得最后胜利；

二、积极动员，加紧生产，保障军需民用，开展新劳动竞赛运动；

三、加强教育，提高职工的政治、文化、技术水平，为抗战胜利作出更大的贡献；

四、增加生产，改善职工生活。

有关这次会议的文件后来出版了专刊。

就在会议进行的过程中，区党委来电话要我去看一个电报。我来到区党委，组织部长徐子荣递给我一份中央组织部的电报，内容是关于我的证明。

在一年之前，我曾写过一封3000字的信给毛主席、张闻天、陈云。

信中详细地叙述了我从参加革命后直到来延安的整个经过情况，但信寄出后便“石沉大海”。

这封电报的内容大致有三点：

一、对毛齐华过去在上海从事地下工作的那段历史，中央进行了审查，那时上海地下党虽遭受严重的破坏，但没有发现和牵扯到毛齐华有什么问题的事实根据；

二、上海特科虽然里面有个别坏人，但大多数是好同志；

三、毛齐华到陕北在中央机关工作以来，积极工作，勤勤恳恳，忠心耿耿，是有成绩的，因此撤销对毛齐华过去的怀疑。

看完电报，徐子荣在一边说道：“我们过去也不了解为什么不让你参加一些会议，现在都搞清楚了。”我说，“中央对我的审查是应该的，现在搞清楚了，我应该更加大胆、认真地开展工作。”

又过了三四个月，一次，我打电话给邓小平，要求同他谈谈思想，邓当时是中共中央北方局太行分局书记。一个星期天，在政治部，邓小平、刘伯承都在座，我同他们谈了自己的想法。

我说：“中央来了电报，对我过去做地下工作和在陕甘宁边区的工作给予了肯定，中央是信任我的。由于康生来后对我怀疑，因此许多工作不让干，许多会议不让参加，现在中央的电报撤销了对我的怀疑，我想我原来是陕甘宁边区党委的常委，现在是否应该恢复过去的开会待遇。”

邓小平听后对我说：“这个问题我们需要再研究一下。”

又过了十几天，组织上通知我，让我担任区党委常委兼秘书长和敌战区工作部部长。这样，一下子区党委机关的事情全都由我管起来了。

我们太行区党委，实际是一个机关好几个牌子，如129师司令部、太行军区司令部都在一起。我这个秘书长要管召开会议，来往文件，机关后勤等。后来，中央召开七大，彭德怀、刘伯承去延安开会，邓小平调到北方局。我们区党委和太行军区司令部便合在一起了。工会工作还在兼职，但我的工作重点是区党委和军区司令部。除了召开会议、讨论问题外，还要负责去几个地委（兼军分区）传达上级指示，讨论贯彻执行。

为了教育职工，提高思想认识，我们工会当时出版了三本小册子。一本是杨珏写的，主要讲晋东南工人运动发展与今后的任务。另外两本是我写的，一本是《苏联工人生活》，那是因为我去过苏联，当时还能看到一份苏联出版的通讯，书中主要写一些苏联工人的情况，因为当时处在战争环境中，工人们的生活很困难，我在书中宣传苏联工人的今天就是我们的明天，对工人进行有关前途的思想教育，鼓励工人们的斗争信心。还有一本就是《论革命工厂中的职工问题》。书中主要是写当前工人的地位、作用等问题。这本书出来后，还曾有过一段风波。

我在书中写道：根据地的工厂是共产党、八路军创办的，是我们工人阶级自己的工厂，是没有剥削的，所以我们要爱护工厂，发展生产等，这也是我在训练班里讲的内容。但没想到，这个问题却引起了很大的争论。

当时党校一部分知识分子在研究毛主席《新民主主义论》的文章时，提出新民主主义的政治是三三制，经济也是三三制，这就是说，工厂是存在剥削的，因此，不能说我们的工厂就没有剥削了。当时在一个会上，一位领导同志在作《目前形势与任务》的报告中也提到说，我们的工厂存在着剥削，没有剥削是错误的。工商管理局召开会议，召集各厂厂长会议也提出工厂是有剥削的。这样传达到工人那里，工人就提出来了，工厂有剥削，谁剥削谁？老板是谁？有的工厂厂长说，“老板就是我，那就是我剥削你们了。”厂长自己的思想也不通。而工人们则说，你剥削我们，我们不要剥削。结果敌人来“扫荡”时，工人们都回家照顾老婆孩子去了。厂长说，工厂没人管了，一时竟引起了混乱。兵工厂还好，但也引起了争论，有人说，既然政府办的工厂有三三制，我们八路军办的兵工厂也是政府办的，也不能例外，因此，也同样存在着剥削。兵工厂一闹起来，影响就大了，厂长很为难。

1942 年，正好刘少奇经过这里，住在北方局。我马上连夜赶到他的住地，向他汇报了情况。

我说：“现在工人中间发生了问题，一是工厂军管，军代表扣留工会干部，工厂军事化；二是关于我们的工厂是否存在剥削的问题，引起争论，现在人们的思想混乱，已影响到生产。”

少奇说：“你暂时不要走，明天后勤部杨部长请吃饭，我们再找几位同志，找党校校长杨献珍也来谈谈。”

第二天，我去时，少奇已在与杨校长谈话。少奇批评了杨，指出他们的观点是错误的。杨当时还提出新民主主义有社会主义的因素，也有资本主义的因素……此时少奇有点不耐烦了，说：“什么因素不因素，资本主义产生就有了工人阶级，工人起来要求增加待遇，闹革命，这也就是社会主义因素。鸡里有蛋的因素，蛋里有鸡的因素，你看是先有蛋还是先有鸡，能扯清楚么？你们吃了饭无事干，弄得思想混乱，影响到工作，影响到生产，以后不准你们再扯下去了。这是毫无意义的争论。”

后来，彭老总也来了，大家在一起吃饭时，少奇对彭总说，把发出去的文件收回来就是了。

第二天，少奇又召集总后勤部长、军工部长、政治部主任、军工部总工会主任等人谈话，他说：“要把你们在工厂设政治部的那一套撤销，指导员可以参加工会当工会秘书，军事管理的一套，不能带到工厂去，工厂要民主管理，有问题要同工人商量解决。”由于少奇同志的到来，这个问题的争论总算到此结束。

在抗日战争的年代里，敌人“扫荡”，我们实行反“扫荡”的斗争是经常的事情。在我来到晋东南之前，曾有敌人“九路围攻”大烧大杀，随后每年都有一次大“扫荡”与反“扫荡”的斗争。

1940 年 8 月 20 日夜，我们主动出击，展开了规模较大的百团大战，连续三个月，给敌人以重大打击。129 师从正太铁路西端开始，破坏铁路、桥梁，攻打敌人的碉堡，一下子拔了许多敌人据点。晋察冀边区聂荣臻的部队也打过来，解放了榆次等地区。那次的主要目标——正太铁路全被毁掉。并捣毁了许多“维持会”，消灭了不少汉奸。由被俘日军组织的“在华日人反战同盟”发挥了反战攻势，取得了很好的效果。

我们从工厂抽调了几百名工人配合部队收集缴获来的物资，卫生部门也从敌人那里补充了不少药品。八路军坚决执行“三大纪律，八项注意”，与老百姓密切合作，受到了群众的拥护。战斗中人民群众为子弟兵送饭送水，用南瓜、鸡蛋、热馒头慰问人民军队。

百团大战后，敌人疯狂报复。一次，他们趁天还不亮，包围了昔阳县西峪村，将全村老少都赶到一起，让年轻力壮的挖一个大坑，逼着老少都跳进去，然后将他们全部活埋。青壮年全部被枪杀。有资料说，那次被杀的有 365 人，只有少数几个姑娘被带走。部分民兵事先得到了消息，跑了出来。

八路军总部（北方局）、129 师师部（太行区党委）、边区政府等都是敌人“扫荡”的目标。敌人企图打垮这些领导机关，同时也要消灭我们的兵工厂、印刷厂等。

1942 年 5 月，敌人集中了三万多兵力，分几路出击，向我太行山区根据地腹心地区进攻，妄图包围我领导机关。他们先用飞机侦察，然后进行轰炸，进而开始大举进攻。八路军则采取派出几股部队到敌人的包围圈外去袭击敌人据点，并切断敌人的后路，对敌人实行反包围的战术。同时我们的机关也相继转移到敌人的包围圈外。工人们则把机器等物资分散掩埋起来。敌人来后到处搜索，只有梁沟兵工厂被破坏。通过这次斗争，我们也得到了一些经验教训，那就是开始把过去一些大工厂分为几个小工厂，没有发电机．就利用水车带动机器进行生产。

黎城黄崖洞修械所

在 1942 年的反“扫荡”中，我们的机关分散了。5 月，我到梁沟四所兵工厂去备战，路过八路军总部，去请示彭总。

彭总说：“敌人分几路向我们进攻，情况很紧急，你去工厂很好，要发动大家来保护工厂，保护机器，保护工人、特别要保护好我们的工人，只要有了人，我们还能造机器，技术力量更要保护好，那么到战争后恢复生产就有力量了。”

当夜，我就赶到了四所，向刘鹏部长、刘贵福厂长、教导员陈廉如和工会其他领导转达了彭总的重要指示，大家都很高兴，很快就把工厂的机器埋藏起来，然后，撤离工厂基地。工人们分三路，一路是由陈廉如带领向东南方向转移，另一路由刘贵福带领向东北方向转移；刘鹏带领警卫营最后也撤离了工厂。他们在敌人来后还经常骚扰敌人，使敌人不得安心，促使敌人早日撤走。陈廉如他们到后渠村便遇到了敌人，就分散隐蔽在周围的山沟里，同百姓们在一起。

一个月后，敌人撤走了，我们把工人们集中在脑子沟，总结这次反“扫荡”的经验教训，另派工人到工厂察看被敌人破坏的情况。情况了解后，我们又考虑如何恢复生产，并把工厂分散在老百姓的牛、羊棚里进行生产。

我和兵工部工会主任一道来到臭水沟慰问工人，了解情况。子弹厂在臭水沟，敌人未到，因此很快就恢复了生产。回来后，我们向彭总汇报了情况，告诉他我们的工人一个也没有牺牲，工厂也逐步恢复了生产，他听后非常高兴。

当然，在这次反“扫荡”中，我们还是牺牲了不少同志，如参谋长

新华日报（华北版）社创办地今址

左权、新华日报（华北版）总编何云都是在这次战斗中牺牲的。四所兵工厂的教导员陈廉如在夜里带领工人转移时，不小心跌下山沟牺牲了。

敌人来“扫荡”时，印刷厂的一部分工人迅速将机器拆开掩埋后，就隐蔽到山里，并时刻监视着来犯的敌人。他们配合当地民兵采取游击战骚扰敌人。敌人在这次“扫荡”中，破坏了我们的部分印刷设备，他们回到平津后便在报纸上大吹说：“皇军首战告捷，八路军总部和印刷厂被彻底摧毁。”并用特大字号刊登新闻报道。战斗刚刚结束，我们的印刷工人便立即投入新的战斗，夜以继日地紧张工作，使《新华日报》又迅速出版了，并通过武工队把报纸送到敌人的据点里。日军华北派遣军司令冈村宁次看到后气急败坏，大骂部下是“饭桶”。

从战争形势看，日本帝国主义对华的侵略，开始是在平原，用飞机、大炮、装甲车进攻，占领点、线，发挥其机械化的优势。但他们进攻山区则失去了这一优势。而我们有民兵、游击队和野战军配合作战，尤其是从1942年以后，群众创造了地雷战，在山区、道路上都埋下地雷，布下天罗地网，敌人走到哪里，哪里就是他的“归宿”。

1943年起，情况开始有所好转，这时我们也掌握了敌人“扫荡”的规律，特别是在敌我交界的游击区，我们开展地雷战，我们的武工队也经常到敌占区去活动。

1941年至1943年，灾荒严重。除了日本军队到根据地“扫荡”破坏外，天不下雨，赤地千里，春麦颗粒无收。党政军机关都采取精简机构，压缩脱产人员，动员军民大生产等办法，共度荒年。我带领区党委机关人员也一起出动，上山开荒。

当时，我们机关人员吃的是由核桃渣和米糠拌在一起作成的饼，有限的小米是用来招待远方来客的。到了秋天，山洪暴发，新种的庄稼大部分被山洪冲走。此外，蝗虫吃庄稼也非常厉害，于是我们又开始发动群众进行“打蝗”运动。

这一带根据地的老百姓生活相当艰苦。在豫北，就连有给养的国民党军队也无法生活，到后来整个部队都调走了。从豫北回来的同志对我说，在日本人统治下的焦作一带，有人在饭店买的包子里竟发现了小孩子的手

八路军在太行山开荒

指头和人的耳朵。有人去报案，结果在一个小饭店里，查出好几筐小孩子的鞋袜。这说明当地的饥荒已达到了人吃人的残酷程度。

由于国民党部队撤走，我们的部队便向南接防。有一次，我们的一个战士病死后，部队来不及掩埋，放在村口，第二天早上发现那尸体竟然不见了。后来我们在一里外的地方发现几个村民正在割那具尸体上的肉吃。还有一个村庄，几乎没有人了，连树皮都被啃光了。我们在一户人家看到，炕上放着一具尸体，炕边坐着一个人，一边割着尸体上的肉，一边拿到火上去烤了吃。这里的老百姓把天灾和国民党军队的欺压说成是："水旱蝗汤（汤恩伯）"。

在我们住的附近地区，老百姓一般吃槐树叶，脸都吃肿了。当地产的核桃仁是要出口的，还有一部分要榨油，我们机关同志是把榨剩的油渣做成饼来吃，很苦。就这样还只能当场吃不能带走。这是 1942 年的事情。

晋南的粮食非常困难，我们只有把西部的粮食收购来，运到东部靠近平汉路一带，救济当地的老百姓。敌人的粮食也非常困难，所以经常进行"扫荡"。敌人的"扫荡"分大"扫荡"和小"扫荡"。如春麦秋收时抢粮，是小"扫荡"，是专为粮食而来，特别是一些边缘地区更是敌伪军抢夺粮食的主要目标。我们经常组织老百姓连夜抢收。边缘地区的一些村长往往是“两面派”，一方面对付日伪军，一方面同我们建立关系。

一次，我们的部队来到敌我交界的游击区一家老乡家里，他家正好在包饺子，面粉在敌占区可是军用品，老乡是不能吃的。这家老乡以为是敌人来了，慌忙将饺子倒进了茅坑，当发现是自己人后，他感叹地说他们很久没有吃过饺子了，可惜这些饺子已无法再吃了。

春天时，老百姓家家户户把杨柳叶子收集起来，用开水烫后放进水缸里。到了秋天，又把毛豆叶子腌起来当菜吃，说是腌，其实这里根本没盐。

老百姓吃的粮食主要是谷子和柿子。秋天把柿子采下来，同糠混在一起。做成一个个团子，放在太阳下晒干，然后磨成粉，吃时做成饼，有点甜味。当时的饭就是一块饼、一碗树叶汤。我们吃了这种饼，大便困难，于是一方面想办法自己种点粮食，一面拿小米去与老百姓换点胡萝卜、土豆，一般一斤米能换几斤土豆。我们就用土豆、胡萝卜当饭吃，有时一天三顿都是这种饭。当时我还在附近开了一块荒地，种上一点胡萝卜，想改善一下伙食，可党校的同志知道是我种的菜，没等我出差回来，就都给吃光了。当时几乎没有面粉，招待客人也只有小米。一次，有几位新四军的干部经过这里去延安开会，我们招待他们吃小米饭，开始他们很不习惯，但看到我们连小米也吃不上时，才知道这里的艰苦。

我们机关虽然艰苦，但对于老百姓来说，还是很羡慕我们的生活。所以，每逢春节，我们总是杀猪宰羊，把附近的老乡请来，大家会餐一顿。老百姓有时也请我们去吃饭。山里有些地方可以种一点稻子，往往遇到结婚、过年时老乡便磨些豆腐改善伙食。一次，我被一家老乡请去，他热情招待我和他的女婿各一大碗米饭，还有豆腐和土豆烧的菜。

给我印象最深的是晋东南百姓家的房子很讲究，主要是中农、富农的家里，尤其是地主家的房子造得很好。这里庙也很多，每个大一点的村庄都有庙，庙里有菩萨，当地的老乡有病都去庙里烧香，求菩萨保佑。这一带雨水少，但一下起来山里就发洪水，庄稼也被冲走。凡是洪水过后抢种的庄稼，总是长得特别好，这大概是因为山洪带下来许多肥料的缘故。

彭德怀的生活很朴素。一次，我向彭总汇报工作，他正在补一件旧衬衣，他说想把新的留下来省着穿，但没想到新衣服后来却在敌人一次“扫荡”时给烧掉了。还有一次，部队开会，彭总作报告，报告后当地机关请他吃饭。他看到一大桌饭菜，背过手去问：“你们的伙食费是多少？”然后转身走了。这在其他首长中过去是没有的事情。但同时，他对同志却很慷慨、热情。有一次，我和赤峪工会主任去兵工厂，回来经过总部，彭总说：“今天正巧警卫员在河里抓了只甲鱼，还买了两元钱猪肉，你们来一起吃吧。”彭总自己掏钱请我们吃了一餐饭。

当我写太行山这段回忆时，接到了杨珏同志的来信，他说：“我永远也忘不掉咱们在太行山那段工作的情况，大家工作努力，团结战斗，虽生活艰苦，但心情愉快，毫无怨言。”

总之，在艰苦的日子里，根据地的党政军民，全体动员起来，一边把脱产人员精简到最少，尽量节约开支。另一方面，积极动员生产救灾，发展生产渡过难关，大家只有一个念头，那就是迎接抗战的最后胜利。

在革命战争年代的根据地里，劳动竞赛是有光荣传统的。1940 年，我在训练班上课时就讲过，我们要以“新的态度对待新的劳动”，要开展劳动竞赛。在 1941 年第二次工人运动代表大会上，宣布实行新民主主义劳动竞赛。1943 年 2 月，总工会通知发动劳动竞赛活动，支援前线战争。8 月，总工会召开了有 50 位劳动模范参加的代表大会，请太行分局书记邓小平给大家作关于目前形势和当前工人阶级任务的报告。劳动模范“炮大王”甄荣典、矿工梁来原等都在会上发了言。

甄荣典，河北唐县人，8 岁时帮母亲打柴、烧豆腐锅，16 岁给人当雇工，19 岁被介绍到湖南修铁路，受骗上当，吃尽苦头，最后讨饭回家。抗战爆发后，八路军来到了他的家乡，他帮助组织农会，并当上了青年队长，积极参加斗争恶霸地主。不久他参加了八路军，很快就加入了共产党。1940 年 7 月，他到军工部工厂当了一名学徒。他在工厂里刻苦学习，埋头苦干，加班加点。别人一天生产炮弹壳 50 多个，他能生产 100 个，别人生产 100 个，他已超过 150 个。在竞赛中，熟练工人的指标由 300 个增加到 400 个，他便增加到 480 个，还创造了 1 分 50 秒出一个炮弹壳的纪录。战争开始后，他参加了工厂自卫队，曾掩护过千余工友安全转移，多次摸过敌人的岗哨。在战斗中荣获“英勇模范的自卫队员”称号。每次备战，他都是负责大机器的掩埋任务。他经手的机器从来没有损失过。1943 年，新劳动者运动总结会上，他被选为全区工人旗手，被人们称之为“炮大王”。在这次太行区群英大会上，总工会掀起学习甄荣典运动，号召全区各行业工人向他学习。

1944 年，晋冀豫边区政府在黎城南汇泉召开的战斗英雄、工农兵劳模代表大会上，甄荣典、柴东民、梁来原、刘玉珍等被授予特等劳模称号，甄荣典还被选为太行区工人参议员。通过开展向甄荣典学习的运动，全区广泛掀起了一个生产竞赛的高潮，生产效率普遍提高，同时，全区也涌现出一大批先进工作者和生产能手，从而为大反攻作好了准备。

1942 年 1 月，毛主席在中央党校作了关于整风运动的报告，即整顿学风、党风、文风。从而在全党掀起了一个大规模的整风运动。当时恰逢敌人来晋东南大“扫荡”，所以我们的整风运动是从 1943 年开始的。

吸取了延安整风的教训，我们的“抢救运动”时间很短，很快即进入到毛主席指示的“整风审干”阶段。从分区机关到各地县委的干部轮流来

1944 年 11 月，太行区第一届英模大会在黎城县南委泉村召开。图为大会会场

党校学习，轮流进行整风审干，当时是采取自觉运动，要“革命自觉，历史自觉，阶级自觉”。苦出身的人出来参加革命，要经过教育，提高认识，才能达到革命的自觉。地主富农出身的人，要经过学习、提高认识，背叛原来的阶级，走向自觉的革命。

这次整风运动是采取批评与自我批评，通过同志间的相互帮助，进行自觉运动，达到团结的目的。

当时，除了区党委党校组织各级干部进行整风学习以外，还将新闻出版系统的干部和总工会机关的干部组织在一起，办了一个整风学习班，该学习班由党委宣传部长张磐石和我直接领导进行学习。经过思想动员后，开展了自我教育运动，启发每个同志结合思想实际、工作实际，进行深刻地检查，自觉地交代问题。在我的记忆中印象比较深刻的有几个例子。

有一个工人干部，是原军工部总工会主任，他曾经在学习班上自觉地讲他自己的过去。他从小在石家庄一个铁工厂做工，日本军队占领石家庄后，他听说郑州能找到工作，就去了那里，可一到郑州，发现也是兵荒马乱的。日本军队从北面来了，他又听说延安共产党那里有工作可做，而且又自由，便想办法从郑州来到西安，然后打听到八路军办事处。办事处的同志很热情地接待了他，当了解了他的身世后，让他第二天搭送货的卡车去延安，还让他负责路上的押运。当时他想：“共产党真好，我是个失业工人，一见面就这么信任我。”到延安后，负责接待的同志征求他的意见，是进学校，还是进工厂当工人。他表示还是做工的好，这样他便来到了兵工厂。开始时在厂里因处处受到照顾，他喜欢搞文艺，经常给大家唱戏，工人们也很喜欢他，从而得到了领导的信任。但过了几个月，他开始厌倦工厂严格的纪律，如一不准赌博，二不准调戏女人，太不“自由”，想开小差。这时正好工厂要抽调一部分工人到前方去，他便想到可以借机开小差了。但在路上反复想后觉得没有去处，最后还是到了晋东南军工部兵工厂。但他的思想并没有解决。由于他工作上和以前一样照干，在工人中还有一定的影响，组织上便让他担任工会俱乐部主任。他开始想，俱乐部主任是干部，当干部不能油腔滑调，要严肃起来起模范作用。从此他的思想开始有了转变。他开始注意学习，并不断进步，从过去不自觉到后来的自觉革命了，不久，他还光荣地加入了共产党。他说："通过这次整风运动，我才真正认识到自觉革命的意义。"

一位贫苦出身的农民，日军进攻时他自愿要求抗日，却参加了阎锡山的队伍。当队伍开到阳泉时，长官却说"此地不是作战之地"，让他们到了榆次。可没几天上级又通知说"此地不是作战之地"，他们又撤退，后来到了新地方。当他发现这支队伍实际是"不抵抗主义"时，便开小差跑了出来。他后来参加了八路军，并加入了共产党。在革命的队伍里，他懂得了很多道理，根据组织的安排，他又到工厂当了一名工人。经过这次学习，使他更加认识到只有坚决抗日，坚决跟着共产党走，才是穷苦大众的出头之路。从而提高了革命的自觉性。

在负责敌占区（城工部）工作的日子里，我们很重视敌占区的各种动态。并进行细致地研究，如晋南焦作人吃人的情况等。1945 年 5 月，我曾在《新华日报》上写过一篇报道，题为《敌占城市拾零》，反映了当时在敌占区的情况。我在文章中写道：

"在敌伪大叫'取缔囤积'，'实施物价紧急措施令'之下，商号只能纷纷关门，北平大约停业者一千六百家，占全市商号百分之七十八。在目前，'货胜于币'的思想深印于敌占城市商界的脑海。在敌占城市之学校中，竟成市场，如北平师大，师生见面则'你有多少布匹！''我有一批被子'，课堂成了交易所，不知内幕者，还以为是经济学教授联系实际的新方法！"

"敌伪为了'配给'，闹出许多谜一样的事情，太原市到底是 13 万人，还是 18 万人？据说几年来始终'调查不清'，天津 180 万人口，敌伪为了'改革配给'，伪市政府却只承认 120 万"。"据一位经济学博士余天休在狄华利餐厅座谈会上说：'我看现在的一切经济现象，都是虚假的，如专从经济上来找答案，往往得不出结论，就像配给烟吧，说烟买不到，而摆摊的烟贩，却充满街头。据说此烟摊曾一度取缔，且追究过，由摆摊问到衙门，由衙门牵涉到配给组合，由配给组合又牵涉到统税局，结果将一些犯人送到地方法院，判决不服，上诉到高级法院，就糊里糊涂地算了。现在是四月了，一月的配给还未领到。”

“敌伪唱着的所谓‘增产’，实际是减产。工人怠工的现象很普遍，××炼钢厂流行着：‘吃洋饭，磨洋工，屙堆屎，三点钟’，××铁道厂，战前每天出八个车轮，现在一天一个还得加夜工。太原组改工程中则流传着‘铁匠偷钢，木匠偷木，漆匠最老实，裤腰里夹小包。’敌山西株式会社的掌柜，以为只有中国人才这样，然而仓主任（日本人）把电石、锋钢、铁板秘密地卖给朝鲜人，朝鲜人又转卖给了中国人。”

“敌伪狂吠‘肃正思想’，但人民永远没有忘记自己是中国人，一个伪中国铁路学院要举行毕业典礼，学员开小差的占三分之一。过去，学生最难得到的是文凭，现在，那里的学生怕领到文凭丢了中国人的人格。”

“老年人在推算：‘今年是乙酉，鸡年，盼天快明，鬼子就得跑。工人们在互相交耳：‘咱们得早些准备，机器不要被鬼子运走，不然，咱们先去山上（指同八路军）拉个关系’。××说：人家八路军在抗日，咱们干的是啥活？另一个说：不要紧，到那时我们配合八路军打败鬼子。”

由于城市地下工作的开展，敌占区城市不少青年，冒着生命危险到根据地来。他们有的是来参观的，也有的是来参加抗日的。一次，我在二分区地委遇到一位从天津来的青年大学生，他当时穿着西装，提着一个小皮箱，坐正太线火车来到这里。他在路上被附近的农民当汉奸给抓起来后，送到村长那里，村长了解情况后，把他送到了当地的政府，当地政府又用毛驴把他送到了二地委。地委领导找他谈话，他说：“我来是想看看根据地建设的情况。”谈话中，还流露出对地委同志的不信任，好像这里的一切都不是他所想象的那样。甚至连给他吃的水果，他也怀疑是否有毒药，用PP粉洗后才敢吃。后来，他提出要看看我们的工厂，地委同志告诉他，由于是在抗战期间，我们的条件还很差，不像城市那样的规模。他又提出要看看我们的政府机关，我们就把他送到了边区最高政府机关——晋冀豫政府。他在去边区政府的途中，后边赶过来两个骑马的人，问他从哪里来，到哪里去。等他回答完后，那两人便飞快地赶路去了。过后，他问送他的通讯员那两人是谁，通讯员说：“是师长和他的警卫员。”这下青年人有点慌了，忙问：“我刚才没有说错什么吧？”通讯员笑着说：“没有，没有。”

这位青年到边区后，住进了边区政府招待所。他在招待所里看到当地的报纸上只刊登有关乡长如何发动农民进行春耕生产的消息，很觉奇怪。他认为，城里的报纸登载的都是大人物的活动，这里的报纸却只介绍小人物。他每天都要去附近的清漳河洗澡。一次，洗完澡后，他把自己的手表忘在河边了，在他回去找的时候，有位农民间他丢了什么。当把捡到的手表交给他时，他激动得不知道该说什么好，农民却说：“没关系。”从此后，他对根据地有了一个新的认识：路不拾遗。不久，他又提出要去延安、去抗大看看。我们告诉他，延安同这里差不多，生活条件可能更苦，并劝他回天津去多做些宣传工作，为抗战多作贡献。敌人“扫荡”时，他跟着我们的部队转移，意外地发现了一本根据地印的《政治经济学》。他看后觉得此书理论联系实际，内容新颖，对他的思想触动很大。他回去后，没过几个月，便又带了五个青年来到这里，其中还有女的。他为他们作向导，边参观边说服他们为抗战作贡献。

总之，这里经常有沦陷区城市的青年学生来参观、学习。他们总是来时吃惊，走时带着满腔的热情而归。如有一次，天津有两位女学生乘火车到石家庄下车后，向农村走了几里路，便看到抗战气氛处处与敌占区大不相同。到根据地后，我们总工会接待她们住了一个月，她们又看到八路军战士主动为村里老太太担水等等，深受感动。这些青年回去后，很多人都自觉地加入到抗战的行列，同时也成为我们的义务宣传员。

1943 年，有一次，区党委召开地委书记会议，我写了一份有关敌占区工作的报告，说明在抗战初期，动员广大群众，开辟敌后抗日根据地，巩固抗日民主政权，这是非常正确的。而现在正处于战争的相持阶段，必须迅速派出得力的工人干部，深入敌占区，积蓄力量，为战略反攻作准备等等。李雪峰在会上念了我的这份报告，并要求各地予以重视，派出干部开展城市工作。晋东南总工会首先响应。他们抽调工会干部潜入敌占区城市，钻到敌人心脏，为战略反攻作出贡献。同时太行区党委也成立了太原、石家庄、新乡三个城市工作委员会，分别由张磐石、李伟和我负责。派出的干部有：

续邦彦 1942 年春去榆次；

杨珏 1943 年调五地委任城工部部长兼新乡城工委书记；

马世忠 1942 年 4 月到敌占区六河沟煤矿；

张建华到太行一地委，负责石家庄等地敌区工作；

徐行到石家庄；

石峰、王亚正到峰峰煤矿；

武锡九到六河沟煤矿；

武岐山、韩俊峰、王殿臣到安阳城；

仲施恩、张风彬、席永州等到新乡。

1943 年 5 月，敌人又向我根据地发动“扫荡”，我与一分区敌工部的张建华一起转入井陉游击区，了解敌战区的情况。在山里，我们遇到了袁世凯的五姨太，她也和当地的老百姓一起躲进了山里，她的生活是由我们政府供给的。

1944 年，敌人“扫荡”时，我又到了五地委和杨珏在一起。我们深入到鹤壁一带游击区，分批找在敌占区工作的同志谈话，了解那里的情况。在这里，我们遇到几位被日本人抓到东北抚顺煤矿后逃回来的工人。他们讲了很多在东北受日本人奴役的情况，我们把他们讲的这些情况都记录下来，编成宣传材料，教育广大群众。我们还和大家商量，如何以实际行动为战略反攻作准备。

八、迎接上海解放

1945年，党的七大召开后不久的一天，一架飞机载着张鼎丞等人从延安抵达太行山，随来的还有四位女同志，记得其中有罗克（张鼎丞夫人）、罗琼（薛暮桥夫人）和叶群（林彪夫人）等。

张鼎丞来后，给我们传达了党的七大会议精神，总的一点就是要“放手发动群众，壮大人民力量，在我党的领导下，打败日本侵略者，解放全国人民，建立一个新民主主义的中国。”没过几天，8月15日，传来日本宣布无条件投降的消息，我们大家欢欣鼓舞，同时开始做进城的准备工作。

不久，区党委决定让我去负责接管平顺县，并准备以此为试点总结接管经验。我去后，当地县委和政府已开始接管物资。因传说阎锡山的军队要回来，我们便马上组织人力把接管下来的大批粮食、食盐等运出城外，同时，也组织一些同志写经验汇报。第三天，忽然接到中央的电报，要调我到上海去工作。这时，正好有一批领导同志从延安经过太行到冀南去，组织上便决定我同他们一起走。我回区党委机关，办了移交手续，并安排好总工会的工作，带了一个警卫员、一个饲养员，骑了一匹马赶往从延安来的同志们的住地。

这批中央来的领导干部也是乘飞机到太行山区的，其中有林彪、薄一波、陈毅、滕代远、萧劲光等十来人，都由我们区党委负责接待，他们中的大多数人我过去都认识。当时，冀南方面派了一个营的部队来接应，我们太行军区也派出了一个营护送大家过平汉铁路（此时日军还占据着铁路线）。大家住了一天便动身了。

我们经过涉县、任村、林县，在淇县准备过铁路。大约下午四五点钟吃了饭，然后稍稍休息了一会儿，便开始接近铁路。这时天渐渐黑下来了，当我们刚过铁路，忽然听到北面有“啪啪”的枪声打来。开始我们没有理会，后来为减小目标，大家只好下马行进。

我们很快来到了淇河边，正要过河，前面村庄又有手榴弹打来，部队只好暂停。据冀南方面来接应的同志讲，他们来时并没有发现这一带有敌人。后来经侦察，才了解到是村子里的民兵听到外边枪响，以为敌人来了，便开枪壮胆。事情倒没什么，但由于刚才的枪声，却使我们队伍内部出了点混乱。

当时林彪和叶群雇了一个民夫挑着担子，前边是行李，后边是他们的孩子（林豆豆）。当听到枪声，挑夫扔掉担子自己逃命去了，把孩子也丢了。我们正准备找孩子，可听来接应的同志说，这周围都是花生地，现在天黑很难找，等天亮了他们负责找到送过来，并让我们先与大部队一起过河。叶群当时哭着叫“豆豆，豆豆”，还坚持要先找孩子，不肯走。因情况不明，形势紧迫，林彪在一旁劝叶群说天亮后部队同志一定能找到的，这样我们才开始过河。山里的几匹马见到河水死不肯过，我们正准备硬牵过去，冀南部队的同志劝我们，前面他们的骑兵有很多马，于是我们将这些马放弃了。过河后大家都骑上了新换的马，又走了 20 多里路才宿营。天亮后，部队的同志果然将孩子送来了。

我们来到了滑县著名的土特产集散地——道口。这里有一个码头，每天都有大量土特产品在此转运各地。不远处的滑县县城虽大部已被我们收复，但还有一部份伪军占据着县城的一个角落，我们部队正包围着他们，迫他们投降（最后被我军歼灭）。接着，我们来到了濮阳，见到了宋任穷，他是那里军区的负责人。此地比较富裕，我们住了几天，等待中央的指示。在这里，我们听到了毛主席到重庆的消息，大家都很关心。不久，我们便分头出发了，林彪等人去东北，我们去华东。我与张鼎丞先到淮阴，以后陈毅也来了。又住了几天，华东局派一位交通员高骏送我到四师张爱萍那里，然后经镇江到了上海。

当时上海还很乱，高骏带我来到一家作联络的裁缝店，见到了上海地下党的朱品方，他是这家裁缝店的主人。那两天夜里我就睡在裁缝的工作台板上。以后又见到了张祺（中共上海市工人运动委员会书记）和刘长胜（中共江苏省委副书记，后任中共上海分局副书记）。在一家饭店里，刘长胜要我大概讲了七大的精神，上海的同志们很受鼓舞。

根据组织决定，我被安排在中共上海市工人运动委员会（简称“工委”）工作。抗战胜利初期，工委归中共江苏省委领导，1947 年 1 月中共上海分局成立后，于 5 月成立了中共上海市委（书记张承宗），具体领导上海学委、职委、工委等群众运动的党的工作。我去时工委的其他成员有：张祺、陈公琪、王中一、马纯古（不久调香港办训练班）。张祺是总的领导并分工负责棉纺行业，陈公琪负责上电和机器行业，王中一负责丝织、法电和市政行业，马纯古负责全市纺织业，我负责新闻、出版、印刷业。开始时主要是领导《生活知识》周刊，以后增加了印刷行业，如各个报馆、中华书局、商务印书馆的印刷厂及印钞厂等，总之，当时凡上海印刷行业的地下党的工作都由我负责。

在上海，要站住脚，首先要有一个职业来掩护。先是在东台路找了一间二层楼的住宅，准备让我在一楼开个裁缝作坊。但第三天，忽有一个自称是“兰兰”的小姐，带了一位国民党空军军官的老婆和孩子来，说房子是她们租的。我问张祺是怎么回事。张说：“这所房子原来是我们地下党电台的一个工作站，后来曾几次被日本人破坏。日本人投降后，电台人员都去根据地了，房子便由我们接管下来，而现在明摆着国民党军队是来强占房子。”考虑情况复杂，张让我不要计较了。这样，我便搬到了陈公琪的住处。

陈住在大东门警厅路集贤坊一幢房子里。下面是会客室，陈的父母就住在二层楼上，陈的父亲在为国民党资源委员会看管一个仓库。陈住亭子间，我住在假三层，以后工委每次碰头，都在我的房间里。

安定下来以后，我首先是去家乡把爱人和三个孩子接出来。因为临来以前，周恩来一直很关心聂荣臻的女儿聂力的事，陈毅和曾山也告诉我快把孩子们送到根据地去。

回到家乡，乡亲们便告诉我，你出去这几年信息全无，家中非常苦。特别是日本人来后，你母亲饿着肚子去劳动，病了也没有办法去找医生，死后只能买口旧棺材（旧社会有些人偷偷把已埋葬的死人拉出来，把棺材拿去再卖）草草掩埋，就这样还欠了一大笔债。我说，我是个不孝之子，要是我在家的话，也许不至于这样苦。但我也对大家说明，我离家是为了抗日，为了打日本人，为了解放千百万父老乡亲，大家听后也对我表示理解和支持。

1946年春，毛齐华与夫人潘林珍（左二）送两个孩子（月明、继祥）和聂力（右一）去苏北解放区

当时，聂力是三个孩子中最大的，已在纱厂上班几个月了，另两个孩子也都在念书。我把他们带到上海，并安排他们上了学，准备以后想办法送到华东根据地去。1946年春天，组织上通知有一条船要运一批物资去淮阴根据地，我就让三个孩子一起坐船去了。聂力到淮阴后转道去张家口她父母那里，我的两个孩子留在淮阴上学。以后，国民党进攻苏北，他们无法再读书便参加了革命工作。

我在太行山敌人“扫荡”时，患了神经痛的毛病，到上海后时轻时重，有时简直是坐立不安，去找医生看，也始终查不出原因（解放后才查出是由于腰脊椎骨肥大压迫神经所致）。

为了工作方便，还必须有一个合法的身份。1946年春，刘长胜介绍我去一个小的中兴印刷所。没想到这个印刷厂原来的负责同志与我过去认识，叫陈祥生，还是我发展他入的党。他说组织上已决定要在上海创办《新华日报》，准备另外开办印刷厂，现正在申请出版手续。就这样，我以老板的身份把这个厂接了下来。厂里当时只有五六个工人，两三部小的机器。为了给厂里拉生意，组织上又调来了侯文华。这个人原来在交易所干过，熟悉的人多，能通过交易所拉到不少印表册的生意。侯文华把原来领导的一些关系转给我，我当老板，他当经理。侯当时还领导着上海铁路系统党的工作。

1948 年 1 月，在铁路地下党召开的一次碰头会时，侯文华被敌人逮捕。被捕后，侯供出了铁路地下党的组织，但没有讲出印刷行业的关系和中兴印刷所的事，自首后敌人便放了他。他给组织上写了一个条子，通过他的父亲交给我们。上面说他被捕后什么也没讲，只说了些铁路工会的情况。张祺通过内线了解到他讲的与实际情况差不多，就决定由我约他谈一次话。

在侯的妻妹（在上海民航公司任接线员）工作的地方，我与他碰了头。我问了他关于如何被捕和被捕后的一些情况。我看他交待的与我们掌握的情况基本相似，就说："你现在只有两条路，一条是滑向敌人那边，一条是听党的话走革命道路。"他表示要听党的话，走革命道路。我让他等候组织上的处理。工委经过研究后认为，侯了解上海地下党的情况较多，不宜再留上海，要我再约他谈一次话，通知他立即到根据地去。当侯文华走后，工委又经过慎重考虑，根据侯的错误性质的严重性，决定开除他的党籍，并电告华东局。

我初到上海便接任《生活知识》周刊的领导工作。《生活知识》周刊究竟是一个什么样的刊物？对这个问题，我要先从当时上海的政治与社会情况讲起。

上海人民在日本人统治时过着极其悲惨的生活，浦东、闸北、南市的房子很多被破坏，穷苦的人们没有地方住，工人失业多，生活异常艰难。日本人投降后，他们希望能有一个和平、民主、安定的社会环境。但事与愿违，日本人走后来了美国佬，汪精卫垮台，来了蒋介石。国民党派来的所谓"接收大员"，实际上很多原来都是敌伪时期的党政人员，他们现在摇身一变，却成了"地下工作者"、"党国要人"。他们你争我夺地抢位子、金子、房子、车子、女子，即所谓“五子登科”。他们还擅自查封工厂仓库，偷窃厂内的机器设备。人们为此非常痛恨，称之为“劫收大员”。再加上美国兵到处横行，一个偌大的上海被他们弄得乌烟瘴气，人民安居乐业的希望变成了泡影。全市绝大多数工厂都停了工。据当时《时代日报》估计，上海的失业工人在50万以上。

国民党反动派在抗战胜利后，便开始积极准备发动内战，他们大肆搜刮民财，而复工遥遥无期，他们搞所谓配给“户口米”，使物价飞涨。工人就业难，人们“吃饭难”，广大劳苦大众又陷入水深火热之中。美国的剩余物资在上海倾销，使民族工业又一次遭到了严重破坏。但在民族工业受到打击的同时，上海的纺织工业却一度兴旺起来。导致这种奇异现象发生的原因，就是因为大量进口美棉。面对这种情况，上海的工人愤怒了，他们开始起来进行斗争，一场反饥饿、反内战、反迫害的运动迅速高涨。

我当时曾作过一项统计：从1946年1月至6月，上海共发生罢工215起，劳资纠纷651起，大约有77万工人加入斗争的行列。国民党当局面对工人此起彼伏的罢工斗争，更加紧了其反动控制。他们派遣“工棍”对工人们自己组织起来的工会进行“整理、改造”，妄图以此达到包办工会的目的。工人斗争日趋紧张，不断的请愿、罢工、游行正在威胁着国民党的政权。国民党在政治上开始施展更大的欺骗手段，他们大搞假民主，用以转移斗争的视线。人民对于投靠美帝、镇压与欺骗人民的国民党法西斯政权更加不满。就是在这种情况下，我们党为了加强对人民群众斗争的引导，特别是对上海工人运动的领导，创办了《生活知识》周刊。

《生活知识》周刊的办刊宗旨：

1. 它是在中共上海地下党领导下的，面向工人大众的刊物，是广大工人群众的喉舌。

2. 通过对敌人搞假民主、真破坏工人运动罪恶的揭露，教育广大工人，提高他们的政治觉悟。

3. 以各种形式宣传人民解放军在各个战场上所取得的胜利，宣传解放区工人在共产党领导下地位变化和生活改善的情况，激励国统区工人对革命胜利的向往。

4. 总结上海工人的斗争经验，增强他们对斗争胜利的信心。指导工人斗争的策略，即在斗争中做到有理、有利、有节。

5. 关心工人的切身利益，动员更多的工人参加到革命斗争的行列。

6. 刊登的文章要求短小精悍，生动活泼，以通俗易懂的形式吸引更多工人群众的兴趣。

《生活知识》周刊从 1945 年 11 月 12 日创刊，到 1946 年 8 月 31 日休刊号止，共出刊 39 期，前后时间共十个多月。它是伴随着抗战胜利后上海工人民主运动而产生、存在、发展的，时间虽不长，但对上海工人运动的确起了相当大的作用。《生活知识》这个刊名，顾名思义，是对人们进行有关生活知识的教育，之所以这样命名，主要是为避免引起国民党的注意。原来打算叫《职工生活知识》周刊，在正式出版时，把“职工”两字删掉了。它实际上是在中共上海市工委的直接领导下，指导上海工人运动的刊物。刊物一经出版，不仅工人们要看，就连社会其他阶层的人士也纷纷订阅，发行量很大；不但在上海发行，甚至在国民党统治的其他大城市也都有代销处；不仅进步人士知道这个刊物是我们党在其中起作用，就连敌人也探悉到这个刊物是我们党领导的。

关于《生活知识》周刊的组织和编辑情况。

周刊由我总负责，纪康负责具体编辑工作。我和张祺、陈公琪、王中一、纪康、陆象等同志都经常为周刊写稿。我当时常用的笔名有“祁华”、“华”等。我们党的工运政策就是通过周刊向广大工人进行宣传，有时也用“上海工人协会”（这只是工委对外宣传的一个名义，并无实际组织）的名义在周刊上刊登文章。

我们当时的指导思想是：必须依靠工人群众，深深扎根在工人中间，既要代表工人发言，也要积极通过刊物组织工人、教育工人。我们动员工人群众踊跃投稿，我们有几十个工人基本通讯员，最多时达到过一百多人，这些同志都是上海各个工厂中的工人积极分子。他们密切联系群众，最能了解群众的要求，他们不但是《生活知识》周刊的通讯员，更是工人斗争的组织者。这些同志在解放后大多成了上海市总工会的基本力量。我们还吸收社会力量参加编辑工作，请学术界人士撰稿。纪康还经常和中国劳动协会的左派同志联系，请他们撰写有关工运方面的稿件，使工人群众了解时事，了解国统区整个工人运动的情况。

当时在上海有一个国际劳工组织驻上海办事机构，其中的一位参赞是专管收集上海工人情况的。他对纪康说，在上海，一般的报纸上是找不到有关工人情况的真实报道的，只有在《生活知识》上才能看到工人的真实情况。

我们办刊物遇到的最大困难就是经济上的问题。纸张无来源，就连一周出版一期都得不到保证。没有办公地点，同志们都是在家中进行编辑，由纪康把稿件征集起来，大家在一起商量研究后，再由他负责组织编辑，找印刷厂。我们的编辑人员共有六个人，而真正脱产的只有三个人，当然机构小更便于隐蔽。每期的发行工作主要是依靠我们所联系的工会。当时我们的生活也是非常艰苦的，我是周刊的主要领导人，还是中兴印刷所的“老板”，而生活待遇也只有一日三餐伙食和极少的零花钱，工资是根本谈不上的。虽然生活艰苦，工作充满着危险，但我们的精神是愉快的，大家对胜利充满了信心。

尽管我们的刊物开始几期政治色彩还不太明显，但国民党当局已对《生活知识》周刊的政治倾向有所察觉，他们最终没有批准我们的注册申请。随着《生活知识》周刊战斗性越来越强，作用越来越大，敌人也不断加紧了对这个刊物的侦察。他们知道这是我们党领导的刊物，便采取极其卑鄙的手段，侦察我们机构的地址，侦察我们的编辑人员。就是在这种充满危险的情况下，我们仍坚持每期周刊的出版。由于敌人越加疯狂的血腥镇压，致使上海工人运动暂时遭受顿挫，《生活知识》周刊也面临困境。为了避免国民党特务利用这个刊物作为线索对工人同志进行迫害，也为了隐蔽精干，迎接解放，经工委认真研究，决定在第39期出版后主动停刊。《生活知识》停刊之后，我们接着出版了地下油印刊物《劳动通讯》，用以指导上海的工人运动。

《生活知识》周刊从创刊到停刊，虽然只出版了39期，但它是在高涨的工人运动中产生、在尖锐剧烈的工人斗争过程中提高，确实起到了党指导工人运动的战斗性刊物的作用，它光荣地完成了党赋予的历史使命。

战争影响到人们的生活、生命，也影响到婚姻问题。在我到上海后，通过与广大工人们的接触发现，沦陷了八年的上海职业女工，许多已到结婚的年龄，却还没有配偶。据沪东几个工厂不完全统计，两万多名女工中，除了老年和青少年外，有七千多婚龄女工尚未结婚。就颐中烟厂来说，有40%的婚龄女工还未结婚，她们的年龄都在20岁以上。而沪西情形并不次于沪东。据一般估计，全市产业至少有四万婚龄妇女尚未结婚。她们为啥不结婚？

我在经过一些调查后发现，大部分女工家庭负担重是一个很大的原因。对于乡下来的女工，她们考虑的是，结了婚就要另外“开门头”，娘家的开销谁来负担？一部分本地女工虽然家里主要经济不一定靠她，但她们认为现在一个人生活还可以，一旦结了婚，生了孩子就困难了，单靠丈夫不一定能维持。许多绸厂女工坦白地说，她们害怕丝织业危机，男女共同失业，无法生活，因而不愿意和丝绸厂的男工结婚。还有些是从兵荒马乱的农村逃出来或受不了做童养媳的苦而跑出来的，多年来因为打仗或受封建制度的束缚，耽误了婚姻。也有些女工，不仅在经济上要求自立，在婚姻上也要谋自由，她们要选择一位在思想上、生活上投合的人做丈夫，而这种人一时难找。

在敌伪统治时期，一些妇女唯一的愿望是结婚时，可以把父母姊妹兄弟带到工会来热闹一番，但是胜利以后，局势依然不明朗，尽忠出力的好人反被污蔑。有些人看到同事中意志薄弱的女工被那些不怀好意的流氓玩弄，最终没有好下场等等。这一切都是阻碍她们婚姻的原因所在。

为此，我在《生活知识》周刊第31期上发表了一篇题为《四万女工为啥不结婚》的文章，除分析了当时女工所存在和面临的问题外，还给她们指出：“环境是受到了严重的约束，但我们不能让它长期等待。我们更不应走向反潮流的‘独身主义’。我们只有从适当的条件中考虑，比如在选择对象时，许多女工有高尚的理想固然很好，但如果脱离了现实而想找一位十全十美的爱人那是不会有的。这就如有钱的丈夫思想未必进步，而思想进步的未必有钱。我们看到不少的少爷公子，把女子玩弄后抛弃，使她们走投无路。对于那些根本瞧不起我们女工的男人，我们何必去苦苦追求？依我的意见，社会是发展的，前进的，今天我们是在艰苦的时代，选择一位人品忠厚、思想进步的职工，比嫁给一位思想落伍的‘小开’前途要光明得多。现在的问题，在于如何打破依赖，争取经济上的独立或半独立，只有这样，才能把妇女的地位真正提高起来。我们不应该只看到那些因有了孩子生活艰苦，就不愿进工厂的女工。相反的，我们认为妇女从家庭走出，来到产业是一个进步。劳动是光荣的，但女工的保健制度要提高，工厂的托儿所、幼儿园等设施要建立，这方面是要我们全体工人，尤其是广大的女工同胞们共同努力来争取的。"《文汇报》转载了这篇文章后，曾在上海引起了轰动。

抗战结束，国民党"接收"上海以后，市党部的要人方治提出："凡组织工会都要到社会局进行登记。"社会部司长陆京士则妄图通过他们的特务外围组织"工人福利会"和"护工队"来控制上海的工人运动。国民党还向各厂的工会派出"指导员"、"书记"或"会计"，想用这种方式来控制各地的工会组织。

国民党内部派系很多，很不统一，在上海工会内部也是如此。

1. 陆京士系统。上海工会主要是陆京士这条系统。陆原是上海邮政局的职员，青帮成员，是杜月笙的徒弟，又与CC系统和军统关系密切。抗战胜利后上海市总工会理事长虽是水祥云，但理监事中有三分之一左右是中共地下党员和进步分子，陆对之很不放心，就另行组织了"工人福利会"（简称"工福会"）和"护工队"，妄图以此来加强对上海工会的控制。在他手下的主要人物有：

水祥云，上海市总工会理事长，邮政局职员出身，在邮局系统的工会中较有势力。

梁永章，上海市电话局工会理事长。

范才骙，上海市总工会理事，在纺织系统有很大势力。

周学湘，原在上海烟草工会，后来担任上海市总工会理事长。

赵班斧，上海市社会局副局长，以社会局地位调解劳资纠纷，控制工人运动。

2. 中统系统，头子是季源博。他组织了一个“劳工协进社”，主要势力是在沪东棉纺和码头工会方面。

3. 其他方面：

刘松山（抗战时曾到过延安），国民党全国铁路工会理事长，解放战争时任国民党铁路特别党部主任委员，出席过国际劳工大会，在工会里与众不同，他带着国民党“少将”头衔办工会。

铁路方面，国民党军统京沪、沪杭两路特别党部将抗战时期原有的“京沪、沪杭两路员工工会”以“整理委员会”的名义，改组为“京沪、沪杭两路工会”。

杨虎，青帮人物。担任过上海海员工会理事长，组织过“嵩社”，曾控制着邮局的一部分职工。大革命失败后担任过上海淞沪警备司令，杀过我们很多同志，但后来和我们有统战关系。

朱家骅，原是国民党戴季陶派，曾任中央组织部部长。他在上海一些学校办训练班，吸收工会的人参加，主要是控制西南地区（重庆、昆明、贵阳等地）的一些电力工会，电报工会也受其控制。

马超俊，大革命时广东机器工会头子（国民党工会元老派），国民党农工部部长，属孙科派。他利用自己在胶济铁路方面的势力，想通过“中国劳工福利协会”来控制更多的地方工会，但因与陆京士有矛盾，未达到目的。

方治，用上海国民党市党部主任委员的名义控制三青团，也想插手工会。

杜月笙，上海的大流氓，青帮头子。他组织了一个所谓“恒社”广收徒弟，并通过他的徒弟“调解”工厂中的劳资纠纷，从中捞取好处。

谷正纲，社会部部长，原属汪精卫的改组派，后被蒋介石拉过去。陆京士在他下面当司长，谷虽掌有大权，但没有社会基础。陆京士在下面自搞一套，所以这个部长在工会方面并无实权。

朱学范，邮政局职员出身，曾组织“毅社”。自 1932 年起任上海市总工会主席。1935 年，为了更好地动员工人抗日救国，组织了“劳动协会”。陆京士想接管“劳动协会”，但没有成功。抗战开始时，朱响应中共的号召，共同抗日，曾与我们陕甘宁边区总工会有电报往来。后与边区总工会代表在武汉、重庆共同筹组“中国工人抗敌总会”。

第二次世界大战之前，国联、国际劳工组织每年要开一次会议，中国也有代表出席，起初派去的是马超俊，作为劳资和官方的代表。后来国际劳工组织不同意，说“要派工人来，官方的不行”。于是只好改派工人出身的代表去（实际还是官办工会的）。第一次派去的是上海商务印书馆工会的杨有壬，第二次是上海闸北水电工会的李永祥，从 1936 年至 1945 年是上海市工会的朱学范。朱懂英文，并积极靠拢人民，因此遭到陆京士之流的排斥。后来朱以“劳动协会”和“解放区工会联合会”搞统一运动为名，一起参加了世界工联。此外，李平衡也曾作为政府代表出席过国际劳工大会。这种国际会议的代表，一般都是国民党当局按照他们的需要决定的，但我们有时也能打进去，如当时出席机器行业工会的会议代表中，就有我们党暗中委派的同志。

国民党统治区人民群众的觉悟在斗争中不断提高，上海人民在“反内战、反饥饿、反迫害”口号下同国民党的斗争也是一浪高过一浪地向前发展。现将这一时期较大的事件简述如下：

一、“六·二三”反内战大示威。1946 年初国共停止军事冲突的协定签定后，经过我党的一再敦促，蒋介石宣布从 6 月 7 日起在东北暂时停战 15 天。消息传出，举国关注，各界纷纷呼吁“我们要永远的和平”。6 月 23 日，在中共上海市工委的领导下，由上海人民团体联合会出面发起，以欢送上海人民和平代表去南京请愿的形式，组织了一次由全市工人和上海各界群众十万人参加的和平请愿及示威游行活动。

二、“一一·三〇”摊贩斗争。抗战胜利后，美国将大批剩余物资运往中国，使尚未恢复元气的上海民族工业又遭到了灭顶之灾。截至 1946 年 6 月，上海倒闭的工厂总数达到 1600 多家，致失业问题更为严重，而在此期间物价一涨再涨，无以为生的失业工人纷纷去“跑单帮”，上海一些马路边摆满了一个个的摊头。国民政府认为摊贩影响市容，于 7 月下令在黄浦、老闸两区内禁止摆摊。11 月，又出动大批警察逮捕了上千个摊贩。11 月 30 日摊贩及其家属聚集在黄浦警察分局门前，要求释放被捕摊贩和

1946 年 11 月，为反对上海市政府限制摊贩设摊，3000 多名摊贩及被关押人员家属在黄浦警察分局前请愿

归还被抄物资，并与前来镇压的警察发生了争斗。后来才知道，这一斗争也是通过警委系统中的地下党组织发动的。

三、“二·九”劝工大楼惨案。1947 年 2 月，上海党组织要求在职业界和工人中全面开展反对美蒋运动，百货业党委通过三区百货业工会准备开展“挽救民族工商业危机、爱用国货抵制美货运动”，并决定于 2 月 9 日在劝工大楼（今南京东路 334 号）举行“爱用国货抵制美货运动委员会成立大会”。大会尚未开始，大批国民党特务打手和“护工队”队员冲进会场大打出手，永安公司职工梁仁达被打死，大批群众被打伤。惨案发生后，社会舆论普遍对国民党不满，我们则抓紧宣传工作，将国民党召集秘密会议镇压工运的内幕材料印成传单，广为散发。国民党当局着慌了，反映到陆京士那里，搞得他们很狼狈。

四、“富通事件”。上海威海卫路有家富通印刷所，原是在我党领导下，为开展社会文化事业而动员社会进步人士合股创办的“中国文化投资公司”的一个印刷分部，后因国民党当局禁止革命文化事业的活动，公司逐步缩小，而改为富通印刷所的。其实原主所投资金已收回，印刷所另换老板，但工厂仍照常对外营业，并经常承印一些进步刊物。1947年8月由富通印刷的一份《上海各职工团体为揭破“总动员令”阴谋联合宣言》的传单，被群众广为散发，引起了国民党中统特务的注意。他们从传单上的“国”、“党”两字的特征入手，研究核对了市场上出售的《妇女》杂志上铅字的特征，确认这是出自同一家印刷厂后，便于9月19日逮捕了该厂的大部分职工和前来该厂接洽业务的顾客。并妄图“撒网候鱼”一举破获中共上海地下党的组织，“击溃”上海工人运动，但我地下党组织并未因此而暴露，敌人的这一阴谋被我们彻底粉碎了。

五、“申九惨案”。上海申新纺织第九厂（也称申九）的前身是1878年李鸿章在洋务运动中开设的上海机器织布局，1931年改名“申九”。1947年底，根据当年上海棉纺业的营业额和利润额都比1946年高的情况，三区（沪西）26家棉纺厂工会召开联席会议，要求照去年标准发给年奖。但12月18日，棉纺业同业公会却向全市各厂发出通知：“……按照上年旧例以八折计算”，且奖金分两期发给，这引起了工人群众的强烈不满。当时，在对全局形势缺乏分析的情况下，为了维护工人们的眼前利益，我们工委召开会议决定，以“年奖不打折扣，按当月生活费指数发放”的口号，发动全市棉纺业工人进行反击。

申九罢工工人在厂三号门前聚集

1948年初，离春节不到一个月的时间，我们考虑申九在上海民营纱厂中规模最大，在群众中党的工作有一定的基础，便于1月30日由厂党组织领导开始了申九工人大罢工。由于申九罢工的要求主要是发配给品，这给其他已领到配给品的棉纺厂的响应带来困难，以致申九罢工孤军奋战。而在此同时，前一天发生了“同济大学血案”；31日，又发生5000多名舞女和家属为反对国民党禁舞捣毁社会局的事件。这样，便由此汇集成一场声势浩大的全市性反蒋运动。2月2日，武装军警包围了申九，强迫工人离厂，申九党组织决定坚持斗争。下午5时，1000多名军警和装甲车开来，向工人们施放催泪弹并开枪射击，工人们不畏强暴，奋起自卫。在斗争中，有3名女工英勇牺牲，200多人被捕。随后有300多人被开除，26人被判处徒刑。2月16日，工人们被迫复工。“申九惨案”的发生，激起了各界人民的强烈愤慨和对申九工人的广泛同情，并形成了群众性抗议的巨大声势。

六、王中一的被捕。就在上海乃至全国社会舆论一致谴责国民党血腥镇压申九工人时，1948年3月20日，我们工委委员王中一被捕，敌人意外地从他家抄出大批地下党员名单，一场大逮捕开始了。而王中一的被捕完全是由于他严重违反党的秘密工作纪律，擅自与不明真相的社会关系发生横的联系所致。更为严重的是，他没有执行上级关于销毁党员名单的指示，给党造成了重大的损失。原来，为考虑在解放上海时党的组织可能会被打散，而使大多数单线联系的党员失去联系，组织上要求我们编制了一份党员名单。它分为三套：一是真名，一是假名，一是代号。但不久，刘长胜通知我们中止这项工作，已经编好的名单要全部销毁。显然王中一没有执行组织决定。据张祺1982年在上海市公安局翻阅当年敌人从王中一家抄出的材料看，被抄的名单内容非常详细，不仅包括当时的三套名单，还有浦东、徐家汇地区、法电、丝织业等党组织的十余份工作报告，中央当时的一些机密文件、绘制的各种地图、书刊等等。

七、“王孝和事件”。由于王中一的被捕使一大批党员名单落入敌手，敌人开始了疯狂的大逮捕。工委成员陈公琪在未经工委集体讨论的情况下，擅自决定以组织工人总罢工的形式来反对敌人的大逮捕，并要求释放被捕同志。3月25日，陈指定由四区（沪东）机器业工会在虹镇（虹口区）召开有上电、法电、三区百货业等单位工会党团负责人参加的会议，商讨在全市发动总罢工。由于会上大家对罢工的意见存有严重的分歧，会议开了两天，最后决定由上电（杨树浦发电厂）带头停电罢工，促使实现全市总罢工。这个任务后来被落实给上电工会常务理事王孝和去执行。

王孝和于1941年在励志英文专科学校读书时加入中国共产党。1943年考入上海电力公司当抄表员，组织关系到1946年才转到我们工委系统。1948年王孝和当选为上电工会常务理事。当他在执行此任务时，便按照上级的指示，趁值班之机将一把粗铁屑扔进正在运转着的发电机中，但由于电机忽然发烫，被其他值班人员发觉而未成功。事后敌人很快根据值班记录怀疑到王孝和，4月21日将他逮捕。当王孝和察觉自己已被叛徒出卖后，便承认了共产党员的身份及敌人指认的部分情况。为了从王孝和身上进一步摸到叛徒所不知道的材料，敌人对王孝和连续施以酷刑。面对敌人的严刑拷打，王孝和坚贞不屈，最后被判处死刑。9月30日英勇就义。

关于王中一的被捕和“王孝和事件”，现在虽然许多公开或内部的出版物对此都作过详尽的描述，但由于种种原因，对其中的某些情节，却不约而同地采取了有意回避或只作片面叙述的方式，没有把历史的真相如实、客观地揭示出来。对此，我本着实事求是和认真总结历史教训的科学态度，根据自己的亲身经历和所见所闻，作了一些我认为是十分必要的补充说明。

王中一作为工委的领导成员，违反组织纪律私自保存党员名单，在明知家中有党员名单的情况下，还把敌人带到家里去拿身份证。尽管王中一被捕后始终没有向敌人屈服，但他的严重错误，已使上海党组织遭受了一次重大的损失，上海工委一度处于非常被动的局面。受他牵连被捕的党员有100多人，这些同志在解放后的历次政治运动中一次次被审查，特别是在“文革”中受尽折磨，有的直到十一届三中全会后才恢复党籍。这是一次不可原谅的重大错误。

王孝和的英雄事迹是值得我们永远学习的，但当时党中央一再强调要坚持“隐蔽精干，长期埋伏，积蓄力量，以待时机，反对急性和暴露”。可我们个别同志为了急于摆脱被动局面，头脑发热，在解放战争即将取得决定性胜利的时候，这种有计划破坏发电机的做法却是一次极端盲目的错误行动。事实上，这次行动幸而由于某种原因未能实现，否则将在政治影响上对我党造成极大的损害，敌人会为此更加疯狂地镇压上海工人运动。王孝和在严刑拷打中没有出卖一个同志，没有暴露任何党的机密，他只是交出了自己，承认自己是共产党员，承认自己的举动是为了要求政府释放被捕的工人。然而正是他的“承认”，使敌人借机在社会上大肆宣传共产党企图破坏发电厂，污蔑是共产党扰乱了上海人民的正常生活，制造黑暗城市。当牢房的同志向他传达组织上的决定，让他绝对不能承认自己是共产党员后，在第二次审讯时，王孝和开始翻供。王孝和的一言一行都是严格遵照党组织的指示执行的，为了党的利益他抛弃了个人的一切。所以，如果不是我们党的领导同志的错误决断，不仅王孝和的牺牲可以避免，连“申九”流血事件那样损失惨重的教训也同样可以避免。

国民党反动派对人民革命力量使用的是反革命两面派的手法。他们想利用大众的力量，但又怕人民群众真正发动起来难以驾驭；他们想利用工会，又害怕工人们会在工会的影响下起来革他们的命；他们想利用民主，又害怕民主会动摇他们的政权。所以，他们一面利用“工人福利会”、召开“国大”等机会，叫喊“民主选举工会”、“挽救工业危机”、“扶助劳工组织”，以及“保障工人福利，改善工人生活，提高工人地位”之类虚伪的口号；一面组织“护工队”，雇佣一些特务、流氓、打手，以所谓“保护工厂”、“保护工人饭碗”、“打抱不平”等等为借口，破坏工人的革命斗争，分裂工人阶级队伍。如在“劝工大楼惨案”中，打死梁仁达，打伤工人群众，就是他们“护工队”干的。可事后国民党反动当局却造谣说是共产党和民盟搞的。

又如三星牙膏厂工人起来罢工要求发年奖，社会局长吴开先去调解，并答应了他们的条件。当工人们复工后，吴开先又去问工人：“你们年奖拿到了没有？”工人们说拿到了。他又问工人们：“我讲话算不算数？”工人们说算数。于是，他就说：“现在有个工厂不听我的话，请你们去劝劝他们。”这样，一部分女工被骗上了卡车到杨浦发电厂门口，国民党特务临时扯起了“索夫团”的旗帜，以劝丈夫回家吃年夜饭为借口，一批特务打手则趁乱冲进工厂打人抓人，最后把厂里的工人全赶了出去。

在这种错综复杂的斗争面前，我们党领导人民群众实行了以革命的两手来对付反革命两手的策略。当时，我们工作中的一条原则就是：凡有群众的地方我们就去活动，利用当时、当地一切合法的形式，尽可能多地去进行正义的斗争。

我们利用反动团体做争取工人群众的工作，如派人打入国民党、“工福会”和“护工队”，参加国民党社会部办的社会工作人员训练班等。我们的人在这些反动团体里做工人群众的工作，争取群众，使之站到我们一边来。这是公开活动与秘密活动的结合。

我们通过各种关系，利用各种机会，去团结社会上一切可以团结的力量。对于摊贩、工商界，我们也都去做工作。只要是对社会现实不满者，都是我们教育、争取的对象。我们考虑，通过这些工作，至少可以在我们开展斗争时能取得社会的同情。

我们还利用敌人内部的派系矛盾来打击敌人，发展自己的力量。国民党内部派系很多，上级同下级之间，这个地方同那个地方之间，就连沪东同沪西两个地区之间也存在着很厉害的争权夺利斗争。而这种矛盾完全可以为我们所用。当时中纺十二厂的地下党员余敬成是该厂工会的理事长，他利用敌人内部矛盾，打进了国民党的“工福会”组织，还拿到了武器。

当时，国民党当局的明文规定很多，如“工会法”、“工人生活指数”等等。他们制订这些条例的目的在于欺骗群众，而我们打入他们的工会组织则出于夺取领导权的目的。我们利用政府订的法规，发动群众起来敦促他们兑现许下的诺言。有时，虽然政府无明文规定，但却是社会历史形成的习惯做法，如工厂老板给工人发“年关赏”，死了人要送葬等等，我们都支持群众通过斗争去争取。

梁仁达死后，我们放出空气准备组织群众抬棺游行，敌人很恐慌，准备镇压，我们又改为分散开追悼会，戴黑纱，募捐，避免与敌人正面冲突，达到教育群众、团结群众的目的。我们要求工会“民主化”，反对包办控制，反对“带枪办工会”，这样做大得人心，也较容易见到斗争的效果。我们就在这些活动中扩大左派力量，发展我们的组织，包括党的组织和党的外围组织。当时，我们搞了个“工人协会”，利用“上海工人协会”的名义发表“宣言”或“告工人书”来宣传我们的主张。我们有时也用其他名义向报社记者发表谈话，扩大我们的影响。

经过尖锐复杂的斗争，从工会系统看，我们夺得了相当一部分行业的领导权。当时，上海各大行业的敌我力量对比，大体有四种情况：

一、国民党控制的。如铁路、海员两个系统工会的领导都在他们手里。国民党为了保证对两路的控制，特别建立了“铁路党部”，虽然下面也有我们的组织，但工会领导权不在我们掌握之中。

二、在我们掌握之下（形式上还是国民党的人领导）的有棉纺业、公用事业。这两个行业都在全市工人运动中起着比较大的作用。

三、双方力量相持的。如邮政局、电话局，这两个系统工会的上层是他们的，下层则是我们的，陆京士对邮政系统则拼命抓住不放。

四、双方力量都达不到控制的程度，基本上还属“空白”的。如有些码头就是这样，国民党只在上层委派了几个人，控制不了局面。我们有的派人去了，有的还没有派。那种地方，工人斗争一般开展不起来，即使偶然发生一些斗争也是自发的。

国民党的许多机构内部都有我们地下党的关系，如侯文华被捕自首后，我们很快就通过内线了解到了他在敌人那里的情况，就连他自己也感到惊讶。

党的白区工作十六字方针中有四个字，叫作“隐蔽精干”，我们体会，这就是在敌人力量占绝对优势的情况下，我们要保持警惕，斗争要有理、有利、有节，要注意积蓄力量，不可轻易暴露。但是，这决不等于说隐蔽不动。恰恰相反，我们必须积极开展活动，不仅在基本群众中活动，还要加强统一战线的工作，争取社会上，甚至是敌人营垒中某些人士的同情，至少是中立的态度，以孤立打击极少数反动头子。这样，有了各阶层群众的同情、支持或掩护，我们的保密、保卫工作才会有真正的严密，“精干”力量，才能“隐蔽”下来。解放战争时期，上海地下党组织的骨干力量，除少数同志一度因站不住脚而去根据地及香港外，大都比较好地在各自的岗位（包括许多政府机关里）隐蔽着。一直到上海解放，对于许多人，国民党当局最终也弄不清他们到底是哪一方面的。

随着解放战争的节节胜利，国民党反动当局的日子越来越不好过了，我们趁此机会抓紧工作，为上海的解放作准备，其中一项比较有影响的工作，就是宣传战局真相，揭露国民党反动派的罪恶，警告反动头子，分化狗腿子，我们习惯把这些叫作对国民党反动派进行“攻心战”。

全面内战爆发后，国民党加紧控制舆论界，不让人们知道战事发展的真相，特别是当人民解放军转入战略反攻，国民党军队节节败退的时候，他们尤其要这样做。我们的办法就是及时地采用各种方式把战争的真实情况报道出去。当时，党中央在邯郸有一个广播电台，甚至国统区的一般无线电收音机都能收听得到。我们收录后，马上组织力量刻印散发。那时，上海的大多数群众都不相信国民党的宣传，有的甚至公开说：马路上敲锣打鼓说是“胜利”了，但既然胜利了为什么那些躲在上海的地主还不能回乡去？

我们同时采取多种方式向反动当局的上层人物和中下层人士发出警告和劝谕，其中之一，就是发动群众向这些人写信。对上层，包括市长、警备司令、社会局局长、反动工会头子之类，我们一一列举他们对人民所犯下的罪行，警告他们垂死挣扎必无好下场，要他们“学朱学范先生，站到人民方面来”，“只要悔过自新，下决心站过来还有出路”。

对中下层我们晓以大义，告诉他们：“你们当狗腿子不会有好结果，你们是‘吃拳头’，‘拿零头’，完全是在替你们的上司升官发财做垫脚石，一旦上海解放，他们可以跑香港，你们能去吗？一个人能去，家属也能去吗？不要再跟着找死路了。在国民党里，杜月笙、杨虎这样的人尚且被踢开，你们难道还能吃得开吗……”如此等等。

我们有一手，是使那些反动分子，特别是其中经常为非作歹的人感到恐惧的。那就是：把我们通过各种渠道了解到的一些反动分子的内幕活动，像一些秘密会议的时间、地点、参加者及会议内容等等，在信中捅出去。比如“申九惨案”发生后，我们得知那些惨案的制造者们迫于舆论压力，在一个饭店秘密开会研究对策的情况，便给这些反动分子写信，揭露他们这个见不得人的勾当，表明我们对他们的活动了如指掌。同时，我们还把这件事披露给他们的上司、下级以及他们的亲属。这样一来，他们就“吃慌”了。一是要顾虑上司对自己是否还会信任，二是他们要面对亲友的规劝和吵闹。

又如，在“提倡国货抵制美货”的运动中，国民党特务制造了“梁仁达惨案”，在社会上反响很大，当我们得悉他们秘密开会应策的情况后，很快予以揭露。陆京士因此很狼狈，马上对他的那帮打手说：“共产党这么厉害，把我们的内幕都弄出去了，以后我们要提高警惕。”

这种“攻心战”是一种群众性的活动，不仅我们的党员、工人协会会员，还有非党的群众，包括那些反动分子的家属、用人等等都有可能参加。我们写警告信，一般是用“人民解放军”的名义，有时也用“地下军”或其他什么名称。由于我们是动员了各方面的力量来干这件事，几百人、几千人参加，使有些反动家伙一天就接到几十封甚至几百封这样的信，这个压力就很大。反动派对“匿名信”是要追究的，但是那么多数量的信，使他们根本无法查找。

这种“攻心战”的效果是很大的，有些特务后来就干脆来了个“动口不动手”。有的人听了我们的话，在解放上海的战斗中戴罪立功，有些人后来没有跟蒋介石外逃。如电话局有个我们“攻心”的对象，在上海解放前夕就通过关系来问我们，他不想出走行不行，我们表示希望他不要走，结果这个人留下了。

在上海临近解放之际，中央有个通知，要我们争取对每个企业、每个机关、每个学校，都作些调查，我们照办了。当时我们调查研究的面相当广泛，敌、友、我几方面都摸；政治、经济、文化和社会的情况，各种代表人物的历史、思想动态、社会活动等等，我们都作了详细的调查、整理。在党的组织工作方面，我们对发展的党员和内部确定的发展对象，都进行了填表登记。对一些工厂企业的情况摸得更细，包括：该企业是民营还是国营；机器设备、生产物资、仓库情况如何；有多少工人，资本家是什么人等等，都调查登录在案，甚至哪些厂藏有武器我们也知道。我们后来组织的“护厂队”还弄到一批枪支。所有这些，都为上海解放后军事接管工作的顺利进行作了准备。

解放前夕的护厂斗争是很紧张的，但是由于有了以前的工作基础，我们这一斗争最终取得了很大的胜利。比如，国民党中央印币厂的副经理同我们有很好的关系，他告诉了我们关于国民党下达给该厂的“应变”计划（主要是想把厂里一些好的设备装箱运台湾）。我们将此情报通知了该厂的党支部，支部即以“工人协会”的名义召集工人分头开会，决定既不让反动派弄走又不致被破坏。大家先是拖延时间不装箱，后来当局一定要工人装箱，工人就用怠工的办法应付。结果由于上层、下层的配合行动，这个厂完整无损地回到了人民手中。

又如，我们分析当时上海的几家报馆，敌人要搬是搬不走的，但可能会被炸毁。为了防止敌人破坏，我们就与老板拉关系，促使他注意保护报馆财产。由于老板也有此种要求，我们就进一步组织工人积极护厂。所以，敌人毁坏报馆的企图也未能得逞。上海一解放，报纸很快就

1949年5月，上海铁路工人积极开展护路斗争，在沿线要害位置装上电网，以防破坏

出版了。

侯文华的事出了以后，我们关闭了中兴印刷所，并拍卖了一部分厂房和印刷设备，留了一部分机器放在一个工人家中，直到上海解放前夕，我们才把这些机器拿出来用。在大沽路186弄34号，我们组织出版的地下刊物《劳工通讯》一直到快要解放才停刊。接着又出了《上海人民》报，它主要是宣传当时党中央的一些精神和全国解放的消息。记得是在1949年5月25日，发出上海解放的《号外》。《上海人民》报一共出了6期，待到上海全市解放，军管会接管了《申报》，正式开始出版《解放日报》才后停刊。

解放军刚进城，我们就动员印刷工人们在四马路（福建路）、南京路、西藏路、大世界等处挂起条幅，写上欢迎口号，如共产党万岁、迎接解放军、毛主席万岁、朱总司令万岁等。同时，接管了国民党中央日报编辑部、发行部在三马路的一幢房子。原中央日报的编辑人员中有我们的地下党同志，为我们接管提供了方便。首先成立的上海印刷总工会筹委会的办公地点，就是国民党中央日报的旧址，我们的目的就是要扩大工会在工人心目中的影响。

1949年5月，上海——这个中国最大的工业城市，国民党反动势力经营的据点获得了解放，这是中国人民解放事业中具有特殊意义的事件。在迎接上海解放的这一段时间里，中共上海工委在上级党组织的领导下，坚决贯彻执行党的新民主主义革命总路线和有关白区工作的斗争方针、策略，在组织发动和领导上海广大产业工人投入“反饥饿、反内战、反迫害”、反对国民党反动派统治的爱国民主运动，开辟配合人民解放战争的第二条战线方面，都做了大量的工作。

当时，在中共上海工委的领导下，我们已在产业工人中发展了4000多名党员，其中除了1000多人先后转移或输送到解放区之外，大多数党员都成为我党领导的各个产业工会的领导骨干，从而使对上海的政治、经济斗争全局有重大影响的市政、工交、纺织、机电、印刷出版等行业的工会领导权基本上掌握在我们党的手中，这对动摇国民党在上海这个全国最大的工商业城市的统治根基，加速其全面彻底的溃亡，起了很大的促进作用。同时，工委还通过它所领导的各产业系统的基层党组织和广大党员，对上海全市重要的工商等行业情况进行了广泛的调查研究，通过发动和领导护厂斗争，保护了上海工商企业免受国民党反动派在溃逃前夕的疯狂破坏，保存了大量有重要价值的资源、设备和资料为迎接上海解放和做好城市接管工作，迅速稳定解放初期上海的社会秩序，恢复和发展上海的工商业做出了重要的贡献。从5月12日解放军向防守上海外围的敌人发起进攻，到5月27日上海解放的16天时间里，全市绝大多数工厂运转如常，学校继续上课，商店照常营业，人心安定。特别是在解放市区的三天激烈战斗中，上海市区的水、电、煤气从未中断过，电话畅通，市政交通基本正常，社会秩序稳定。这是上海地下党根据党中央决策，紧密依靠人民群众，机智勇敢斗争的结果，是人民解放军英勇奋战的结果。上海的历史从此翻开了崭新的一页。

在上海解放的日子里，我们做了几件事。

迎接被捕同志出狱。上海一解放，根据组织上“凡是因反抗国民党而被捕仍被关押在狱中的政治犯一律释放”的意见，5月29日，张祺以全国总工会代表的身份，用一辆大客车将提篮桥监狱中被关押的40多位同志接了出来。在向市委汇报情况时，陈毅很不满意，他说：“这些同志都是被国民党反动派抓进监牢的，现在我们把他们解放出来，不能这样无声无息、默默无闻，而要敲锣打鼓、放鞭炮。对这件事要好好做文章，搞得有声有色、热热闹闹。”根据陈毅的指示，受难的同志又被找回来，重新在监狱里集合，同时组织各界人士敲锣打鼓放鞭炮前来欢迎，当时的场面还拍了电影、照片。

成立上海总工会筹备委员会。解放后，新的上海市委建立，但考虑到美帝国主义的军舰还虎视眈眈地停泊在吴淞口外，战争还有可能随时爆发，根据华东局领导关于“上海基层地下党组织暂时不公开；管理城市必须全心全意地依靠工人阶级；要组织全体地下党员参加筹建工会工作，尽快地把工会广泛地建立起来”的指示，决定在5月31日召开全市职工纪念五卅运动24周年代表大会的同时，成立上海总工会筹备委员会。

5月30日，我们首先举行了声势浩大的纪念五卅大游行。沪东工人和沪西工人分别在提蓝桥和曹家渡集合，然后浩浩荡荡的游行至南京路汇合成一支巨大的队伍。5月31日的大会在南京路大光明电影院召开。当时在附近的国际饭店楼上，高悬着一幅占了四层楼面高的毛泽东巨幅画像，下面的横幅上写着“毛主席号召我们前进！”周围都是大幅标语和红旗。陈毅代表市委讲话。他深深地鞠了一躬后说：“上海的工人老大哥、老大姐们，我们归队来了！”会场上一时响起了热烈的掌声。

大会通过了给毛主席、朱总司令的致敬电，给中国人民解放军的致敬电，宣布上海总工会筹备委员会正式成立，并以举手方式通过了上海总工会筹备委员会委员名单。在6月3日举行的第一次筹委会会议上，选举刘长胜为筹委会主任，张祺、朱俊欣、沈涵为副主任，我为秘书长。筹委会的办公地址被安排在汉口路外滩刚竣工尚未营业的原国民党交通银行新楼。8个月后，上海总工会于1950年2月3日正式成立。

当时，我们曾接待过一个苏联文化代表团，他们带来一场大型的芭蕾舞剧，由苏联著名演员乌兰诺娃主演。在能坐上万人的上海逸园剧场（解放前是跑狗场，现为文化广场）里演出。我们组织上海各厂、商业、机关的工人代表以及各级工会的同志都来观看。

在国民党时期有关劳资纠纷问题是找社会局，现在解放了，工人当家做主了，劳资纠纷的内容也不同了，性质发生了变化，开始时便由工会出面解决，以后建立了劳动局，由劳动局处理，并提出“公私兼顾、劳资两利、发展生产、繁荣经济”的原则，以进一步提高工人的地位。1950年召开的全国劳模大会，就是依照过去在根据地的经验，通过选拔、表彰劳动模范，促进生产。

1949年上海解放后，我们的工作是很紧张的，白天要听取各行各业关于工人群众的工作汇报，也包括恢复生产等情况；到晚上，要参加华东局（军政委员会）召开的各部门的工作汇报，各方面如政府、民政、经济等都要汇报。同时上级要给予原则的指示，如接管工作如何完成、具体措施如何等等。第二天，各方面的同志便分头去贯彻军管会的精神。不久，上海各行各业的工会筹备委员会也相继成立，这对我们的工作有很大的帮助。

解放了，在根据地待过的人员到上海后都很想到各处去看看，他们往往找一些老关系。当时有很多老战友来找我，我们就干脆把他们组织起来去企业、文化设施参观，这样的接待工作很多。另外，当时有关资本家的一些问题一般由工商部门去处理，但一些资本家往往对现行政策不了解，而采取消极态度，使工厂的原料、生产、销路等出现一些问题。这样，我们就配合有关部门做资本家的工作，鼓励他们采取积极的态度，正确对待。总之，当时诸如市场的供应、恢复生产、吃饭，甚至油盐酱醋等问题我们都要去关心，所以工作很紧张。就在这时，我们接到了全国总工会的电报，要我们派人去北京参加工会组织工作会议。开始，组织上要我当团长带上海工人代表团的 20 多人去，后来华东各省在上海一集中，又要我带华东工人代表团一起去北京，有江苏、浙江、福建等省，以上海为主，总共有 40 多人。

1949 年 10 月，上海市总工会筹委会领导刘长胜（前排左五）、张祺（前排左六）等欢送毛齐华（前排左四）率上海工人代表团赴京参加全国工会组织工作会议

我们第一次享受坐头等车厢的待遇。在车上，我们一边休息，一边讨论如何汇报工作。到南京，因接待工作还未接上头，我只好找到军管会，一到军管会，我就见到了宋任穷，他当时是军管会的负责人，我们很熟悉。他马上通知给我做饭，我说其他工会代表还在火车站，他听后马上要秘书安排我们的住处，我们住进了原来国民党"励志社"的一所高级宾馆。接着又告诉我们，刘伯承司令员第二天请我们吃饭。在南京待了两天，第三天我们过了江，继续坐火车赶到天津。天津的同志接到通知，热情欢迎，让我们住进最好的招待所，并由市委设宴招待我们。

到北京后，全国总工会接待我们。全总机关当时在西长安街新华门斜对面的一幢三层楼房（过去是北京市参议会所在地）里办公。这座建筑现在看很差，当时却是很高级的。工会六大召开后，选举刘少奇为中华全国总工会名誉主席，陈云是工会主席，李立三是副主席之一，由他主持实际工作。所以我们一到北京，就向李立三汇报了工作。接下来开大会，同时，李立三又组织各代表团团长去给中央领导同志汇报工作，当时有朱德、周恩来等。会议的中心议题是要把全国工人组织起来。其间，全总宴请了全体代表，毛主席、朱总司令到会接见了我们。毛主席在席间的讲话，总的精神就是要克服"关门主义"，只要历史上没有犯什么大错误的人，各级各部门都要任用他们（此讲话内容有专门的整理材料），并建议由上而下地建立工会组织，充分发挥工会的作用，为恢复经济作出贡献。

第一届全国政协会议决定成立中央人民政府和所属中央各部委，劳动部宣布成立，李立三是部长，施复亮和我是副部长。开始，我想这只是挂挂名的，因为上海对我来说实在是太熟悉了。但不久，组织上还是决定我调北京，这样便开始了劳动部的工作。

九、在中央劳动部

1949年底，刘晓（右）刘长胜（中）为毛齐华调北京工作送行

1949年11月，我从上海调到北京，担任中央人民政府劳动部副部长。部长是李立三（兼党组书记），他还是全国总工会主持实际工作的副主席。还有一位副部长是著名的民主人士施复亮，浙江金华人，大革命时期参加过中国共产党，四一二政变后在武汉登报声明脱党，但仍长期与我党合作，积极参加爱国民主运动，是中国民主建国会的发起人之一，1952年10月起担任民建中央副主委，当时他是以民主党派代表的身份参加中央人民政府工作的。我在中央劳动部工作了16年，直到1965年我62岁时，才调到浙江，改任省政协的领导职务。

劳动部是中央人民政府的一个组成部分，是有关解决劳动问题的综合部门，是新中国一项新的工作（原国民党的社会部只是处理劳资纠纷）。其性质是做人民的工作，主要是以劳动者为对象。劳动部是为生产服务、为国民经济的各部门服务的机构，是一个综合部门。其上要请示中央政府，下要依靠各基层组织，因此是个由上而下，由下而上的中间环节，主要工作是草拟有关劳动方面的规章制度、条例等，提请人民政府审议、通过。另外，还要对这些条例进行贯彻和监督。

劳动部的业务包括：劳动、工资、福利、劳动保护、劳动保险、劳动争议、劳动就业、劳动力的调配、锅炉的安全检查、劳动政策的研究等。每一件事都涉及生产和职工的生活，因此政策性很强，关系到社会、统计、统战各个领域，是个上通下达的部门。这就要求我们要有不厌其烦地为各部门服务的精神。还要克服主观主义，争取得到中央政府和各个基层部门的信任。由于中国面积大，各地解放有先后，经济发展不平衡，所以还要根据实际情况，对这样一个多样性、复杂性的工作进行研究，以起到促进作用，逐步使落后地区向先进转化。职工生活的改善，必须依据生产的发展逐步提高。按毛主席说的话就叫“生产长一寸，福利长一分”。

这是一项全新的工作，做这些工作的人都没有什么经验，我们只有上面依靠中央，下面依靠各部门，所以做每项工作都要搞调查研究，尊重地方党委的意见，争取得到地方党委的领导。在工作方法上是采取由上而下和由下而上相结合的原则，走群众路线，多和有关部门商量，特别是制定法规、条例，不是一下子就能搞成的。毛主席讲过，我们搞土改条例时，开始只有几条发下去，再把各地的意见汇总起来，逐步丰富、完善起来，才形成了条例。所谓从无到有，从部分到全面，不要一下子急于求成。所以我们在制定劳动法则、条例时，一定要拜工人群众为师，倾听他们的意见，再加以分析研究后，才能以理服人。还要注意问题的共性和特殊性、技术性，以及南方与北方的不同。许多问题往往是先试点，再慢慢推广。要注意发现新的问题，不断提高认识，使各种思想统一到一个原则上。做好劳动工作，一方面有利经济发展，一方面对职工生活有好处。在劳动部工作期间，根据几位部长们之间的分工，我主要是分管劳动保护工作，党内又是部党组副书记，以及劳动部机关党委书记，兼管部机关的政治思想和人事工作。虽然劳动部所管辖的各项工作和重大决策，我都参与商议研究，但是比较熟悉现在还能回忆得起来的，主要还是我直接分管或参与的几项工作，依次分述如下。

一、解决新中国成立初期大批工人的失业问题

这个问题，在我去北京之前，就在上海有所接触。上海解放后，我在上海总工会担任秘书长，主席是刘长胜，我和他在一个房间办公，但是他参加的社会活动很多，经常外出，所以他不在上总时，日常工作都推给我去处理。因为当时上总原来的地下工委书记张祺这时担任上总的副主席兼组织部长，主管组织工作，而其他好几位副主席都是工人积极分子推选提拔上来的，缺乏工会工作的经验，所以许多会议都要我这个秘书长出面主

持召开。

上海是中国工人运动的一个重要大本营，早在20年代，就有不少产业工人参加了中国共产党和党所领导的工人运动，其中有许多积极分子还参加过周恩来等同志直接指挥的上海工人三次武装起义。大革命失败后，他们中有些人因为胆小害怕，退出了共产党和革命队伍，有些人则因为敌人白色恐怖的残酷镇压，党的组织遭受破坏，失去了与上级组织的联系。但是他们对我们党所领导的中国革命还是同情支持和寄予希望的。解放后，上海总工会的牌子一挂出来，这些过去参加过工人运动和大革命的老工人，特别是1927年第三次武装起义时，在周恩来所在的总指挥机关商务印书馆工作过的老熟人，听说我在上总当秘书长，就都跑来找我，要求安排工作（刘长胜大革命时在苏联，跟他们不熟悉）。我说，那就约个时间，把你们平时有接触、联系的老熟人都请来开个会，大家谈谈。开会的时候，我说：你们过去参加过革命斗争，做出过不同的贡献，对这一点组织上是不会忘记的；虽然后来你们都失去了组织关系，那也有不同的情况，只要不是投敌叛变，总还都是同志和朋友，现在你们又主动来找组织，我代表组织欢迎你们！至于你们提出现在重新参加工作的要求，则要根据各人的不同情况分别对待，有的人失业，生活无着，组织上要帮助安排给找个职业，解决一家人的生活吃饭问题；有的人现在是有工作或职业的（甚至有人是开店做生意的），如果现在要求参加革命工作，那就要很好地考虑。因为我们的干部至今仍是实行供给制，每个月只发给很少的一点零用津贴费，靠这点钱是难以养活你一家老小的，倒不如仍然保留原先的工作和职业，以维持全家的生活；如果有为革命事业做贡献的愿望，可以在各自的本职岗位上，分别参加工会或同业公会的工作，在其中发挥积极分子的作用，或者是白天做你的本职工作，晚上到我们上总来，不脱产、义务性地来帮忙做点工作。总之，现在刚开始要恢复经济、进行和平建设，各方面都需要用人，一部分职工失业，是旧社会遗留下来的问题，我们一定会想办法尽早解决安排，要发挥每一个人，特别是你们这些过去对革命有过贡献的人的作用。他们听了觉得合情合理，也就没有再提出其他更多的要求。

这以后不久，我就调到北京去了。一到中央劳动部，就听到全国许多城市都纷纷反映失业问题，有几百万失业工人要求人民政府帮助安排就业。这可是个大问题，怎么办呢？我们一方面把各地劳动部门所反映的有关情况整理成材料向党中央、政务院报告；一方面就与京、津、沪等地劳动局的同志们研究商量此事。大家一致认为，现在的失业现象同旧中国不一样，过去在帝国主义、封建主义和官僚资本主义三座大山的重压下，中国的民族工业非常薄弱，而农村中每年都有成千上万的破产农民跑到城市去找活干，形成劳动力过剩的一个庞大的失业群，这是半封建半殖民地的社会制度根本无法解决的一个严重社会问题。现在我们面临的失业问题，情况完全不一样。新中国在推翻反动派的统治后，对旧社会的各种畸形和丑恶现象要进行彻底的改造，工商经济领域里有不少过去只为少数有钱人的需要服务的行业，因为不能适应新社会的需要而被淘汰，因此旧社会遗留的失业问题还没有解决，又一下子增加了许多新的失业工人；再加接管新解放区的工作中，虽然对旧政权机关的公务人员采取“包下来”的政策，新的人民政府建立后，其中一部分人继续留用，但还有相当多的人是不适合在党政机关工作的编余人员，等待遣返安排，又增加了一批新的失业人员，这都是新旧社会交替和改造过程中产生的新问题，虽说是一种暂时的现象，但是要解决这个问题却要费很大的力量。当时初步统计，全国大中城市里的失业的工人约有 300 多万人，解放后工人阶级翻身成了国家的主人翁，当然决不能把工人失业问题当做“包袱”，而要当做一项重要的政治任务予以妥善安排解决。党和国家对这个问题很重视，作为救急措施，由中央人民政府政务院财经委员会（主任是陈云）先拨发 4 亿斤粮食救济失业工人，同时由劳动部门提出解决失业问题的具体方案和办法，报请党中央、周总理批准后，在全国各大中城市中实施。主要的做法有：

1. 由劳动部门介绍就业、安排工作。当时虽然有一些新社会不需要的行业遭到淘汰或不得不改业，但是国民经济的恢复和发展又需要建立许多新的行业，增辟了许多新的就业机会。比如为了消灭文盲现象，就需要吸收大批有文化的人员参加扫盲工作，仅此一项，就吸收安排了二三十万失业的中小知识分子；又如歌舞厅、专做高档西装、旗袍的服装行业等，解放后都面临淘汰的困境，劳动部门就组织他们改做适合新社会需要的人民装（当时不少资本家和他们的太太、小姐们，为了迎合新社会的时尚潮流，也纷纷以穿人民装为荣）；另外，抗美援朝战争开始后，前方需要大批军用物资的支援，有关的企业也吸收了不少失业工人投入支前生产。

2. 组织和支持来自农村的失业工人回乡务农、生产自救。解放前有许多破产的农民流落到城市里来，有的投亲靠友，好不容易寻找到一份出卖劳动力的工作做了工人；还有不少人无亲友投靠帮忙，流浪街头，成为城市中生活最不安定和赤贫的失业群。解放后，各地农村都进行了土地改革，这些原先的破产农民回到家乡都可以分到土地，我们就动员和组织这些失业人员返回家乡，从事农业劳动生产自救。但是许多人返乡后，因为毫无家底，不但在生活上，而且在生产上都有经济困难，劳动部门还对这些返乡失业人员给予一定的经济补助，提供一部分生产资金，帮助他们添置农业生产资料。这样，又安排了一大批失业人员。

3. 通过"以工代赈"，临时性地解决部分失业人员的生活困难。新中国成立初期，接收的是旧中国的一副烂摊子，由于长期战争的严重破坏和国民党政权的腐败，全国许多地方和城市里的道路、桥梁、市政建设设施破烂不堪，为了恢复国民经济，许多工程项目急待开工或维修，所需的劳动力，就由劳动部门采取"以工代赈"的方式，吸收失业工人参加，以解决他们没有生活来源的暂时困难。如四川重庆市兴建的"天坛"式建筑物人民大会堂，需要许多劳动力投入，它就是"以工代赈"的产物。

4. 对必须改行或原先就没有专门技能的失业工人，由劳动部门组织职业培训后，再安排相应的工作。根据国家建设事业发展的需要，对有关行业、企业急需的专门技术人才和工人（如会计、护士、机械技工等），由各地劳动部门举办技工学校和专业工种的培训机构，并委托有关行业、企业代为培训，劳动部门为此都拨给专门的经费。

5. 对社会上零星的闲散无业人员，通过民政部门和城市街道居民组织予以适当安置。对丧失劳动能力而又无生活来源者，由民政部门给予救济收养。还有很多登记的"失业人员"，是过去从来没有参加过工作的家庭妇女，她们过去都依赖丈夫工作养家糊口，解放后提倡男女平等，就要求参加工作自食其力，但是真要放下家务出来工作，又怕苦、怕吃不消。这些人就由街道居民组织安排她们参加一些义务性的社会劳动，如帮助派出所登记户口、参加识字扫盲运动、宣传形势政策，等等。

通过以上各种渠道和措施，绝大部分人员的就业和生活问题都获得解决，剩下来纯粹要靠国家救济的失业工人就不多了。

三年恢复时期基本上解决了失业问题之后，到 1953 年国家开始实行第一个五年计划，需要大量的建筑工人，劳动部门的工作重点又转移到使用劳动力计划的协调平衡上来。当时各地都有一批大中型的重点基本建设项目上马，需要大量的建筑工人，而建工队伍中的多数都是来自农村的富余劳动力，特点是流动性很大。国家确定某项基建任务后，就要劳动部门来协调平衡劳动力的调配计划，有计划地控制和调用农村的劳动力，否则就会造成农村劳动力盲目流入城市、因无法安排而带来一系列社会问题的“盲流”现象。如果不能协调平衡好，就会有的时候万事齐备，只缺足够的劳动力而无法开工；而有的时候却大批劳动力已经集中起来，因为设计、资金不足、建筑材料的供应跟不上而发生窝工等情况。尽可能妥善地解决好这方面的问题，这也是劳动部门的重要任务之一。为此，中央劳动部专门设立了一个劳动调配司。

二、解决新中国成立初期的劳资纠纷

劳资纠纷问题虽说是解放前一直就有的老问题，但在解放后的情况却大不相同。解放前工人处于被剥削被压迫的地位，反动政府自然决不会帮工人说话，工人们提出改善劳动条件、增加工资的要求，往往会遭到资本家的拒绝甚至镇压，工人只好以怠工罢工相抗争，双方僵持不下时，就要通过反动政府的社会局或上海的流氓帮会头子杜月笙之流的“社会闻人”来居中调解，但他们当然是偏袒资方，帮资本家说话的，所以调解结果总是工人吃亏的多。那时只有我们地下党领导的工会组织坚决支持工人们的合理要求，向资方进行坚决斗争。解放后，工人们觉得自己是国家的主人翁，腰杆子硬了起来，一闹劳资纠纷，有些人就不客气地把老板拉到总工会来，要求工会作主，迫使资方接受工人们提出的要求（大部分是小企业)。但是因为我国的民族工业基础十分薄弱，为了恢复和发展国民经济，我们还要保护和充分利用一切有利于国计民生的民族工商业的发展，如果只顾满足工人一方的要求，而使资方无利可图甚至亏本倒闭，就不利于国家的根本利益和工人们自身的长远利益。所以劳动部设立了劳动争议司，这方面的事情就统一归劳动部门来处理。我们按照“公私兼顾，劳资两利”、“发展生产，繁荣经济”的方针，按不同的行业区别情况，制定出处理的原则和有关规定，主要是教育工人不要对资方提出过高的要求，更不要纠缠解放前的历史旧账，要围绕着怎样有利于恢复发展生产这个中心任务，坚持对私营工商业采取利用、限制、改造的政策，尽量通过工会出面，与资方两家坐下来平等协商，解决纠纷。如果工会不能解决的，再由劳动部门代表人民政府出面来调解。

当时有些私营企业的工人和工会干部，觉得解放后工人阶级当家作主了，还要在资本家手下做事，不光荣、没前途，产生急躁情绪，动不动就向资方发火、争吵，个别单位甚至提出一些过高的要求，劳动部门就要教育工人和工会干部，作为国家的主人翁要以大局为重，时刻想到国家的根本利益和工人阶级的长远利益，要遵守劳动纪律，努力发展生产，帮助国家实现利用限制改造私营工商业的重大任务。有的资方有消极抵触情绪，甚至抽逃资金、躺倒不干，劳动部门也教育他们，要相信党和人民政府的政策，保障他们的合法利益，鼓励和支持他们克服困难，搞好企业的生产。不久，中央劳动部总结了群众创造的妥善解决劳资纠纷的经验，形成一个关于“劳资协商会议”的文件，使解决这个问题走上了大家都可有所遵循的正常轨道，处理劳资纠纷也就比较好办了。

私营企业实行公私合营后的劳资纠纷问题，后来就按照劳资合同的有关规定处理。随着社会主义改造事业的基本完成，私营企业都被改造成为生产资料公有制的社会主义企业，资本家作为一个阶级已经被消灭，这个在历史上形成的劳资纠纷问题也终于从根本上获得解决了。

三、改革旧的工资制度

旧中国是个半封建半殖民地社会，近代工业、特别是重工业极其落后，少得可怜，只在沿海的一些地区纺织工业有些畸形的发展。特别是抗日战争胜利后，上海等地国民党的官僚资本和一部分民族资本的企业，利用中国廉价的劳动力，大量进口美国棉花，加工成棉纱布后再出口，赚了很多钱；同时，纺织行业的工人经过斗争也增加了部分工资。当然这是应该的。但在整个产业工人队伍中，却造成了轻纺行业的工资较其他行业为高的特殊历史现象。

全国解放后，新建立的人民政权在迅速恢复国民经济的基础上，把进行有计划的经济建设、发展生产、巩固政权、改善人民生活作为中心任务。1949 年 7 月，全国总工会在北京召开工会系统的组织工作会议，我率领华东地区的工会代表团前去参加。在这次会议上，全总的领导人李立三提出，从现在起就要考虑研究，如何妥善合理地解决经济建设中的劳动工资问题。他根据苏联的经验，指定专人学习和研究这个问题，提出了一个在新中国的经济建设中如何改革和调整旧的劳动工资制度的方案，在这次全国工会系统的干部会议上做了一番介绍，进行宣传教育。这个报告的内容很好，得到大家的赞同，人们对于旧社会工资制度的混乱和不合理都深有体会，觉得在新社会确实有进行改革和合理调整的必要。

中央人民政府劳动部成立后，在部里专门设立了一个劳动工资局，由李立三部长亲自兼任这个局的局长。国家计委、经委和中央有关部门的领导机关，及全国总工会，派专人来与劳动工资局共同研究工资制度的改革和调整问题。在讨论中，大家一致认为，旧社会工资制度不合理最突出的问题，是工人劳动负担的轻重与工资高低倒置错位，所谓重工不重、轻工不轻，也就是吃力的不赚钱，赚钱的不吃力，工种、企业、行业、地区之间的工资差别矛盾重重，有的企业里看门人的工资比第一线的技术工人还要高，所以经常发生企业之间相互挖走对方的骨干技工，或是有技术专长的工人为了挣得较高的工资而自动离职跳厂的现象。在我们社会主义的计划经济制度下，为了充分发挥绝大多数职工群众的生产积极性，必须克服和解决旧工资制度的混乱和不合理现象。经过反复研究，决定以苏联的工资制度为榜样（李立三在苏联曾经当过工厂的厂长，对苏联的工资制度比较熟悉），工人实行八级工资制，职员、干部实行职务工资制，统一规划，逐步调整。制订工资改革方案，涉及全国各行各业上千万职工的切身利益，影响面很大，改革的原则是，过高的不合理工资要降下来，过低的则应提高，但在具体执行的时候还要看实际的情况和职工、国家财力的承受力。对过高的工资要逐步降低，不能一下子降得太多，否则这部分职工就会有很大的意见（所以在一段时间里对上海等地的部分老职工有“保留工资”的规定）；低工资的提高也只能根据国家的财力所能承担的程度逐步提高。总之，是计划通过第一个五年计划期间的逐步改革与调整，形成基本上全国统一的新工资制度。

在正式实行劳动工资改革以前，主要是做好两个方面的准备工作。一方面是通过各级工会、政府劳动部门，以及各行各业一切拥有职工的部门、企业、单位，做大量的宣传教育工作，使广大职工群众家喻户晓，都知道旧工资制度的不合理和进行改革的必要性；使大家都明白，按照社会主义按劳分配的原则改革劳动工资制度，不但合理，而且对每个愿意尽力勤恳劳动的职工都是有利的。另一方面则是对各行各业职工的劳动情况（劳动强度、条件、生产率等）、工资收入情况（固定工资收入、其他收入、家庭赡养人口、平均生活开支等）进行摸底排队、调查研究；还要根据各个地区（行业、工种）的不同历史情况和生产、生活条件加以区别分类。如地区间工资等级的分类是：广东九级、上海八级、北京六级、杭州四级，而四川等内地还有一、二级的（后来逐步提高）。这是因为广东靠近港澳，物价生活水平比较高；而上海是旧中国最大的工业中心，一部分行业、工种的工资高于其他地区是有其历史原因的；四川等内地省份因为物价低廉所以工资水平也最低；至于青海、西藏等边疆高原地区，因为日常生活用品以至蔬菜等副食品都要靠内地长途运输过去供应，物价特别贵，所以地区的工资等级也最高，有十级、十一级的。这样，在基本确定了工资改革和调整的原则和方案后，就在“一五”期间开始在全国实施；以后又通过逐年的调整，使低工资的职工渐渐地向高的靠拢，缩小过于悬殊的差距。随着经济建设的发展，国家的财政状况日益改善，后来就几乎形成一种规律性的现象，就是哪一年的农业丰收了，第二年的国家财政收入就会增加，而职工的工资也一定会随着调整提高。

每次全国性工资调整工作的具体步骤是：由主管的国务院副总理

主持，和中央劳动部及各有关部门一起讨论研究，提出初步的方案，报经中央同意（最后都是由周总理代表中央拍板决定的）；再由劳动部牵头成立工资改革领导小组，召开全国工调会议，在会上提出改革或调整方案，并作必要的说明；然后按产业或地区分组讨论，提出修改意见。在讨论中，大家对一般原则都会表示同意，没有什么异议；但一涉及到本产业、地区调整工资核定的分配数额时，就会从各自所代表的局部利益出发，都是尽量要求增加自己那一块的数额，意见各不相让，十分激烈。一般情况下的比例是，全国工业劳动生产率增加 7.7%，工资就相应增长 3.3%，但是各产业、地区综合测算上报的工资调整增长数往往都大大地超过这个比例。所以每次召开全国工调会议，因为争辩激烈相持不下，会期都拖得很长，一般要开上个把月的时间。会议期间，由国务院和财政部、劳动部的领导，根据国家的财力和各地的具体情况，一方面向代表们做要服从大局的思想工作，一方面也吸取一些合理的意见对方案作适当的调整，使大家的意见逐步趋于一致，最后仍是报请周总理拍板决定下来，由劳动部长在会上做总结，再在全国各地贯彻实施。

以上回忆的是从新中国成立初期到“文革”之前五六十年代我所了解的劳动工资问题的大体情况。那是在计划经济体制下，学习苏联的经验所逐步形成的劳动工资制度，在当时的历史条件下，自然要比旧社会的工资制度先进和合理得多，对于充分调动大多数职工群众的积极性，推动国家经济建设事业的发展，起了很好的作用，这是应该肯定的。改革开放以来，情况同过去已经发生了极大的变化，整个国民经济体系实现从计划经济到社会主义市场经济体制的历史性转变，多种经济成分的存在，使劳动工资制度再也不可能继续保持计划经济时代那种一统天下、定得很死的格局了。

四、关于解决改善劳动条件、保障安全生产的劳动保护问题

旧社会劳动人民受剥削受压迫，工人的待遇非常低，城市里还有大量的失业工人。许多企业觉得使用廉价的劳动力比使用机器要便宜得多，所以都尽量不用机器而用人力（如码头上的装卸工）。直到 50 年代初期，我

编者注：章前页图片为 1956 年全国工资会议上，毛泽东等党和国家领导人与会议代表合影。毛齐华在前排左四。

在上海有一次和华东局书记谭震林谈起这事时，他还说过，现在还没有办法把码头的装卸工作改成机械化作业，要不然的话，这么多码头工人就会失业，他们的生活怎么过呢？所以解放前企业里的资本家和管理人员，都只重视机器而不重视人，没有人来关心工人的生产安全和劳动条件，根本谈不上什么劳动保护制度。工厂里的工头是专门监督工人生产的，哪管工人的死活，发生工伤事故他们就说是“你自己不小心”厂里不负责任；就是工伤死了人，也只是给一点极菲薄的埋葬费就算了事。所以旧社会中国工人的劳动条件极其恶劣，工人的生命安全都没有起码的保障。比如采掘有色金属的钨砂、锡矿等，就不用机器而完全用人工，矿坑洞很矮小，成年人进不去，就雇用童工，爬进矿洞里面，用铁镐从岩石层中一点一点地凿下来，再拖背出去，矿洞里面连支架也没有，一旦岩石塌顶，工人就被活埋在里面。50年代，我曾经到云南省的个旧锡矿亲眼看到过这样的矿洞。1923年我在上海做工时，就目睹过一家丝厂失火的悲剧，老板为了怕保险公司不肯赔偿火灾损失，把设在车间楼上供工人们睡觉的工棚门窗楼梯紧闭锁死，失火后工人们逃不出来，有一两百个工人被活活烧死，真是惨不忍睹。至于平时生产中的工伤事故，更是层出不穷，因为资本家要节省成本，机器上的齿轮和传动皮带等都不加防护罩，所以非常容易发生工伤事故，特别是传送机器动力的马达皮带，很危险，稍不注意，工人的手脚或是衣服就被卷进去，人受伤后没人管，马达仍然不停，有时皮带也弄断了才关一下马达把皮带接好，立刻又开动照常生产。以前中华书局有的工人就是因为辫子被皮带卷了进去，整个人也都被带进去转了几圈后摔了下来，当场死亡，厂里根本不当一回事，发一点埋葬费就什么也不管了。这样久而久之，工人们也习惯了，在没有接受共产党的启发教育以前，许多工人自己也不重视争取改善劳动条件和提出劳动保护的要求，只是认为自己生来命苦，前世没有修福积德，所以今世只能吃苦认命，烧香求菩萨保佑。

解放后，工人阶级成了国家的领导阶级，劳动者在生产中的地位发生了翻天覆地的变化。人民政府特别是我们劳动部门，把改善劳动条件、保障安全生产的劳动保护问题当做一件体现社会主义制度优越性的大事来抓，提出“安全为了生产，生产必须安全”的口号和要求。

1965年3月，我曾在一次部分省市劳动部门和工会的劳动保护处（科）长座谈会上讲话，回顾了从新中国成立初期到60年代中期新中国劳动保护工作的历史发展，大体上经历了四个阶段：

第一个阶段，国民经济恢复时期，是劳动保护工作的思想建设和组织建设时期。这时，新中国刚刚成立，私营企业大量存在，经济基础薄弱，工业技术设备落后，企业劳动条件恶劣，资本主义经营管理思想普遍存在。针对这种情况，我们首先大力进行了劳动保护政策的宣传教育工作，批判了只重视机器不重视人、只管生产不顾工人安全健康的错误思想；并且大张旗鼓地严肃处理了一些重大伤亡事故的有关责任问题。如1950年河南宜洛煤矿发生瓦斯爆炸，死亡工人174名。政务院查明事故原因后，分别给予河南省政府主席及煤矿有关负责人员以行政处分和法律判刑。结合这次重大事故的处理，在全国各地各行业开展宣传劳动保护政策和安全生产的思想教育运动，教育企业管理人员和生产工人改变不重视安全生产的旧思想习惯，发动群众多次开展安全卫生大检查，发现和解决了生产过程中存在的大量不安全不卫生的问题。

其次是通过调查研究，逐步草拟和制定了一些劳动保护的法规制度，建立劳动保护机构，培训专业干部。早在解放以前我们党领导的革命根据地里，就曾颁布过有关劳动保护的一些规定，其中有的是我直接参与制定的，如1943年太行区晋冀豫边区政府公布的《晋冀豫边区劳动保护条例》。这个条例，大家认为在各解放区的有关劳动保护法规中，可以说是比较完善的一个。在中国人民政治协商会议通过的《共同纲领》中，也明确规定了“公私企业一般实行8小时至10小时工作制”以及“保护女工的特殊利益”、“实行工矿检查制度，以改进工矿的安全和卫生设备”等劳动保护的内容。新中国成立后，中央人民政府劳动部下设劳动保护局，专管这方面的事情。各地方政府的劳动部门和许多产业部门，全国各级工会组织，以及各厂矿企业中，都设立了相应的劳动保护机构，配备了专职人员。据不完全统计，上述各有关部门在新中国成立初期的三年间，陆续制定颁布了一批劳动保护法令和规章制度，其中属于安全卫生管理和设备安全检查制度的有105项，属于工作时间制度的有10项，属于青工女工保护制度的有4项。1951年9月和1952年12月，中央劳动部先后召开了两次全国劳动保护工作会议，传达讨论了毛主席关于“在实施增产节约的同时，必须注意职工的安全、健康和必不可少的福利事业；如果只注意前一方面，忘记或稍加忽视后一方面，那是错误的”重要批示；李立三部长提出了“安全与生产是统一的，也必须统一；安全为了生产，生产必须安全，管生产的要管安全，安全与生产要同时搞好”的指导思想。会后修改试行了《工厂安全卫生暂行条例》《限制工厂矿场加班加点实行办法》《保护女工暂行条例》等草案，并公布了《工业交通及建筑企业职工伤亡事故报告办法》等，使公私企业的劳动保护工作逐步法规化，开始有章可循，并给以后的安全生产、劳动保护工作打下基础。

第二个阶段，第一个五年计划期间，是劳动保护工作的制度建设时期。这个时期，为了保证经济建设的顺利发展，我作为主管劳动保护工作的劳动部副部长，带领有关工作人员，跑了全国许多地方的厂矿和工地，进行调查研究，在总结自己经验和学习苏联经验的基础上，制定并贯彻执行了包括防止矿尘危害和实施对锅炉和受压容器安全监察管理在内的一系列劳动保护法规制度。其中最重要的，是周总理亲自主持讨论的、国务院颁发的《工厂安全卫生规程》《建筑安装工程安全技术规程》《工人职员伤亡事故报告规程》。这些被称为“三大规程”的法规，多年来一直发挥着积极作用。劳动部还协同有关方面，总结推广了大连化工厂对新工人进行入厂、车间教育和现场指导的三级教育制度；并颁布了《进一步加强安全技术教育的规定》，把职工三级教育确定为全国所有工矿企业招收新工人时必须履行的职责。1954年，劳动部和全国总工会通过总结经验，要求企业领导在计划、布置、检查、总结、评比等五个环节上，都必须实行同时抓好生产和安全工作的“五同时”管理制度。另外，还多次组织群众性的安全卫生大检查，以及以电气安全、锅炉安全、防暑防寒等为主要内容的专业性检查。通过这些工作，加上“一五”期间设备比较完善的新建企业不断增加、旧企业进行技术改造、私营企业基本上完成社会主义改造等客观条件的变化，企业的劳动条件有了显著的改善，职工的伤亡事故不断减少。

第三个阶段，1958 年至 1960 年的三年“大跃进”，是劳动保护工作经受反复、遭到挫折的时期。在急于求成的“左”倾错误思想指导下掀起的“大跃进”，严重地违反了客观经济规律，全国各地工矿企业的正常生产秩序受到破坏，出现了违章作业、无休止加班加点蛮干和设备带病运转等严重违反劳动保护和安全生产的极不正常情况，致使职工伤亡事故、特别是重大事故和职业病大幅度上升。在这种情况下，劳动部门和企业的安全技术部门压力很大，工作处境十分被动和困难。虽然在 1958 年和 1960 年两次召开全国劳动保护工作会议，强调贯彻群众路线，开展安全生产大检查，积极向伤亡事故作斗争，但由于全局性的决策失误，劳动保护工作的这些合理要求在事实上却不可能实现，遭到很大挫折。如以 1957 年全国县以上企业因工死亡数为基数，到 1958 年增加了 3.39 倍；1959 年增加到 4.84 倍；1960 年更增至 5.92 倍。1960 年 5 月 7 日，山西大同矿务局老白洞煤矿发生瓦斯爆炸，死亡 684 人，是解放以来最大的恶性事故，全国为之震惊！同年 10 月，我带着煤炭、冶金、铁路等部门的几个同志，到华北地区进行安全生产情况的专门调查，发现许多地区和企业的伤亡事故仍在继续上升，最突出、严重的是煤炭和冶金系统，分别占当年 1 月至 8 月全国因工死亡总人数的 37.42% 和 14.7%；我在写给中央的报告中，举了我亲自到现场看到的两件实例：一是开滦煤矿为了追求产量，竟乱挖巷道两边支架旁的煤层，造成塌方；二是唐山钢厂为追求产量，炼钢炉里排出的钢渣来不及运走就在炉前堆成了“二郎山”，成为经常发生安全事故的“禁地”；另外，还反映了几个对安全生产有直接影响的生产管理方面比较重要的问题。李立三那时虽已不担任劳动部长，改任党中央的工交部副部长，但仍然很关心这方面的问题。他看了报告后说，“这还了得！”立即将报告转送给李富春副总理。李富春说，这些问题不仅是华北地区，而且是全国都普遍存在的。后来，中央对这个报告加了批语，发到全国，要求所有工矿企业都必须改进生产管理、重视安全生产，尽力防止和减少工伤事故、特别是重大伤亡事故。

第四阶段，1961 年至 1965 年国民经济调整时期，是恢复和进一步建立正常的劳动保护工作秩序的时期。1961 年 1 月，党的八届九中全会决定纠正“大跃进”的失误，对国民经济实行“调整、巩固、充实、提高”的方针。这个期间，随着“八字方针”的贯彻执行，企业管理工作有所加强，我们强调企业要建立并坚持贯彻执行以安全生产责任制为中心的各项安全生产制度，建立和恢复正常的劳动保护工作秩序。1963 年，国务院先后发出《关于加强企业安全生产的紧急通知》和《关于加强生产中安全工作的几项规定》(简称“五项规定”)。这个“五项规定”，总结了新中国成立以来的经验，对企业安全管理工作的基本内容予以法规性的切实执行，直到现在仍有指导意义。同时，我们还先后召开了防止矽尘危害、防毒、锅炉安全等专业会议，加强了防尘、防毒、锅炉安全等方面的劳动保护工作，并且改进了劳动防护用品工作。经过几年的努力，工矿企业中的伤亡事故和职业病发病率；又显著降了下来。锅炉在使用中是有很大危险性的，搞得不好就会爆炸。虽然制定了安全条例，还有自上而下的机构，但这仍不够，我们采取把司炉工集中起来进行定期培训，让他们自检；并通过组织国家检查，发动群众让工人自行互检，从而提高了锅炉使用的效率，也保证了安全，提高了安全生产责任制。这件事曾得到了苏联同行的赞许。

1965 年我离开中央劳动部之前，还在江苏无锡的惠山邀请了一些工程技术人员和专家，开会研究以锅炉和受压容器安全生产规程为内容的专业会议。另外，还在上海的一家大玻璃厂一面参观、学习经验，一面在上海大厦召开过防尘工作的现场会议。根据会议讨论的情况，我们起草了一个文件，把它交给中央卫生部部长钱信忠，请他在会上报告，会议的结论是我做的。不久，我就调离北京来浙江工作，接着就是十年“文革”的一场大灾难，这以后的劳动保护工作情况，我就不大清楚了。

在中央劳动部所管的工作中，还有一件大事，就是制定了 1951 年 2 月由中央人民政府政务院颁布（1953 年 1 月修正）的《企业职工劳动保险条例》。这个条例经过几十年的实践，虽然有些具体内容需要随着新的形势发展变化，进行必要的调整修改，但从总体上来看，它是我国社会主义制度优越性的一个重要方面的体现，使得作为国家主人的广大企业职工的生老病残死，得到了基本的保障。我对这件大事也参与了集体的研究和决策，但是有关的具体工作，另有专设的劳动保险局负责去做，不属我分工管的范围，所以回忆不起什么细节详情了。我记得劳动保险局的局长是位女同志，叫卢英，原先是烟草厂的工人，在抗日救亡运动中出来工作参加革命，后来当过辽宁省抚顺市的副市长。关于劳动保险条例制定前后经过的详情，就要请她来回忆了。

我在劳动部工作期间，与周恩来总理有过多次接触，使我受到很大的教育。

周总理每次开会前，总是要把会议所需讨论的问题、会议的有关文件拿来详细研究，发现里面有什么问题，他都会在任何时间找当事人询问。我们劳动部制定的一些重大政策，事先周总理都曾找我们了解过情况，有时甚至在半夜里打来电话。

在讨论问题时，总理是很民主的，他善于听取不同意见，对反面意见，总是要以最有说服力的观点去说服别人。他的工作总是安排得很满，往往是一边开会，一边在刮胡子。《人民日报》上每遇要发表重要文章，大样都要他亲自审定。开会时，如遇有富余的时间，他总要利用机会讲些国际、国内形势，大家也都非常爱听总理讲。他一般在开会前估计好会议的时间，如遇时间较晚，他都要准备四菜一汤招待大家。他考虑得非常周到，对驾驶员也总是通知管理部门发给他们面包。在国务院组织的大型文艺演出时，礼堂前总有一排沙发，总理都是把沙发让给老一辈同志。周总理吃饭时如遇与许多人一起，他往往喜欢坐在平时不经常接触的同志身边，边吃边聊，倾听各方面的意见，使了解的面更广一点。

一次，总理与我们很少的几个人在一起开碰头会。当有人谈到现在有很多失业工人时，他非常惊奇，马上问我："为什么不写材料汇报？"我说已上报国务院了。他说"这样上报的材料过一星期我也看不到"。他接着告诉我，他有一个办公室，我们有要事可以直接去找，那里有几个秘书负责，他什么事情都能及时知道，又说："你们写报告、材料不要太长，一项重大问题一张纸，几百字就解决问题了。"

有一次，我发现工人得矽肺病的情况比较严重，却只能靠疗养，不可能根治；而从统计的数字看，大部分工人还都在生产第一线，有不少人还是劳动模范。我用一张 32 开的稿纸写了一份简单的报告送给总理办公室。

白天送去，没想到晚上总理就打电话来了。他说这个问题很严重，问我有什么好办法可以解决、有什么要求？我回答，主要是没有经费。总理让我做个调查，看需要多少钱，多长时间能处理好。我经过调查、统计以后又汇报总理，大约需要 5000 万元，时间要三年左右。总理马上召集主要的重工业部门同志开会，先让我谈了问题的严重性，而后即在会上表示中央可拿出 3000 万，给我们五年时间解决这个问题。这时正在开劳动保护会议，大家听到总理这样关心，纷纷出谋献策，什么隔离法、喷雾法都出来了。另一次，听说在水库坑道里灌浆的工人，24 小时坚守在水下坑道中，很潮湿，容易患关节炎，总理又指示卫生、劳动部门要采取措施想办法解决。

总理经常办公到晚上十一二点钟后要去北京饭店跳舞，他是利用这段时间，一边休息，一边了解情况，谈谈工作，有时几句话就能解决问题。一次，我提出要给工人年休假，是否一年给两个星期。总理听后马上表示同意，但特别指示不能因年休假而增加工人编制。事情就这样解决了。他总是这样利用各种机会找人谈心，了解情况。

总理住房里的东西很简单，很整洁，这与其他领导干部相比是很明显的。他吃饭也很随便，每顿晚饭还吃一个玉米面窝头。记得有一次在杭州，他早餐吃了半块霉豆腐后，叮嘱剩下半块留起来明天再吃。

在“大跃进”时期还有几件事。一次，我在北京医院看到人们在拆除一所原德国人的医院围墙上的铁栏杆去炼钢（这所医院已改为一所高干医院）。我对他们说，你们怎么能把栏杆都拆掉了？那些人马上反问我，你怎么反对炼钢？我说，钢要炼，但医院的保卫工作也要搞。为此，我汇报了总理，总理说：“北京放卫星只能放一次，不能再放了，破坏太大！”当时在座的另一个副部长则提出，职工吃饭可不可以不要粮票？总理马上说：“那不行！现在粮食已经很紧张了，只有等生产提高了，职工生活才会大改善。”

1960 年春天，周总理召我去谈话，说：现在国家的粮食供应很紧张，上海是用粮的一个大头，你在劳动部组织一个小组带着到上海去，调查了解一下上海能不能压缩一部分粮食供应量。

当我带了调查组到达上海时，市长曹荻秋早已从中央的电报中得悉此事，就派了上海市劳动局、粮食局、公安局（管户口的）各有关局长来迎接我们，安排住在锦江饭店高级宾馆，让我独住一个大套间，其他同志住了三间随从的客房。我向上海的同志说明这次来意后，就提出，给我们安排的住房太好、房租费太贵了（我住的套间当时每天房租是18元，按现在的房价恐怕要上千元了），要求让我们搬到东湖饭店的市委内部招待所去住就可以了。但他们却推脱说，东湖饭店进出“不方便”，又说那里的房间已经“客满”了，一定要我们在锦江饭店住下。我因为是上海人，对当地的情况熟悉，就通过熟人了解究竟是不是那么回事。有人偷偷告诉我说，东湖饭店那里空得很，有的是房间。我掌握了实情后，又再三向市里提出搬房要求，市里没有话好说，终于在半个月后让我们搬到东湖饭店去住了。

我们这个调查组到上海了解用粮情况，开始时先是听取各有关的局长们汇报，随后就到浦东几家市重工业局所属的炼钢厂、造船厂调查重工系统各个工种工人的粮食定量，又到沪东调查纺织系统各个工种工人的粮食定量。工人们都能把情况如实地向我们反映。我们按照各个不同工种的定量标准，同各工种职工的总人数相乘，就算出了全市职工每个月的用粮总数。在调查中发现，重工系统中也有的工种劳动强度并不大，而轻纺系统中却也有不少重体力劳动的工种，所以在确定职工粮食定量时，不能笼统地只按重工、轻工简单地划分，而要根据“重工不重，轻工不轻”的实际情况，来比较准确地确定不同工种职工的粮食定量。另外，工业的用粮不只是职工吃饭，还有像棉纺厂等浆纱所必需用的生产用粮，这也是不可缺少的，都应计算在总的工业用粮数内。

我们又到市区和郊区分别找几个街道的里弄居民区干部和居民们开座谈会，了解情况，听取反映。大家反映说，现在（三年经济困难时期）因为市场上肉、蛋、瓜、菜等副食品的供应都非常紧张，油水吃得少，所以差不多每个人的饭量都比过去大大增加，显得粮食的供应就更紧张了。徐家汇等近郊区的居民反映，住在同一条街上，街东的居民属“城市户口”，可以享有市民的各种票证定量供应副食品，我们住在街西面的叫“非城市户口”，就没有各种定量的票证供应，这太不合理！这个意见虽然有道理，但因为当时市场的物资供应非常紧张，没有办法增加供应量，所以也难以解决。

我们还调查了用粮较多的糕饼等食品加工行业的用粮情况，发现有些厂家在中秋节前不摸清市场的需求量，盲目生产了大量月饼，结果过了中秋节后很久还有许多月饼卖不出去，甚至霉蛀变质，浪费了不少粮食。这种情况受到有关领导的批评警告。

在调查中还发现，原先的规定如有人从重体力劳动岗位上转到轻体力劳动时，要把他的用粮标准也相应地降下来，但在事实上这是行不通的。

经过一个多月的调查研究，我们综合分析了上海全市的总人口数和各个不同工种人员的必需定量数，测算下来全市每人每月的粮食供应定量平均数最低应为26斤。这个数字不能再降，国家必须设法按这个平均数保证上海全市的粮食供应。

这时，正好周总理陪同外宾到上海访问，我就直接向他作了汇报，他当场就同意了我们的意见，上海市民平均每月的粮食定量为26斤，这个数字“不动”了。

因为我们的调查结果如实地反映了上海市的粮食供应需求总量，从中央领导那里得到了国家的保证，所以临回北京前，曹荻秋市长带领几位有关的局长到饭店来，设宴欢送调查组全体成员，表示慰劳和感谢。

这次到上海调查用粮情况期间，我还抽时间回老家嘉定县转了一趟，看看多年不见的乡亲们生产和生活情况如何。那天到县里住进县委招待所，饭后稍事休息，就由县长陪同去参观嘉定生产出口产品最大的企业“嘉丰纱厂”。先由厂党委书记、厂长引导到各车间，边参观边介绍，然后到会议室与各车间主任、党支部书记等各部门负责人开座谈会，听他们介绍生产情况和工人生活情况。会上他们还反映了工厂难以解决的问题，希望得到上级的帮助，如工厂要办托儿所、幼儿园等福利设施，建造房屋和职工宿舍就要征用很多土地，但周围都是很好的农田，势必会加剧人多地少的矛盾。我一边听一边插话说：照你们这样设想的话，办了托儿所、幼儿园，以后是不是还要办小学、中学呢？厂长的精力有限，能管得了那么多吗？接着我因势利导地给他们分析，指出嘉丰纱厂的特点是工厂办在乡下，周围都是农村，工人们的家都离厂不远，近的就在隔壁，远的最多也不过两三里地；各人住家的屋前有自留的菜地，家家都养母鸡生蛋，蔬菜副食品用不着上市场去买；放工后回到家里周围都是田园，空气很新鲜，有益人体健康。现在你们却要放弃这些令大城市的居民们羡慕不已的优势，也要把职工们的家都集中到厂里来，不但造成住房紧张，连吃的蔬菜副食品也都要到市场上去买，又贵又不新鲜，这有什么好？我看还是现在这样亦工亦农，不要放弃住家就在工厂附近农村的这个优势，有多好呀！

经过我这样一讲，厂里的这些基层干部们都开通了思想，觉得硬要丢弃工厂就办在农村的这个特点和优势，把工厂办成一个无所不包的小社会，实在是个自找麻烦的下策。第二天，县长到我住的县招待所来连声道谢说：多亏你昨天那么一讲，可把我长期以来对嘉丰厂“欠的债”、背的“包袱”（指为了扩大工厂的生活区要挤占很多农田的事）给解脱掉了。

当时劳动部的干部来源有四个方面：1. 从根据地来的；2. 从大学里选拔或组织分配来的，他们文化程度高，是笔杆子；3. 从国民党机关转过来的，如国民党社会部大部分留下的人员都转到了劳动部，这些人思想拘谨，不能大胆工作；4. 社会上一些失业的知识分子和工人、职员等，后者虽然文化水平不高，但能做些具体的行政工作。

除了劳动部的行政业务工作外，因为我还负责劳动部党组的日常工作，对部机关的干部人事情况也有所了解。记得“一五”期间，为了加强中央的集中统一领导，撤销了各个大区的领导机构，那里的大部分干部都先后调到中央各部、委、办机关来工作，也有些人被分配到中央劳动部来的。这些干部刚调来时都不大安心，认为劳动部的工作是为生产服务的，而本身又不管生产，对实际的生产情况不摸底、摸不透，隔靴搔痒，工作很难做；上面虽有中央管着，但自己的思想不通，到下面怎么管人家，因此没有信心。还有个别人发牢骚，说是调到中央来工作，房子越住越小，车子越坐越大（坐公共汽车了），生活上的待遇还不如在地方上的好，等等。李立三当部长时，对这些同志做了很多思想教育工作，说服他们愉快地服从组织分配，好好为党工作，星期天还专门组织刚从外地调来北京的干部，到颐和园、西山等风景名胜区搞郊游联谊活动，希望大家安心在京工作。有一段时间，饶漱石担任中央组织部长，也管过部里的干部人事工作，对一些干部作过一些说服教育工作，不久他因高、饶反党联盟被揭发，出了问题，又改由李富春来管。李富春针对劳动部一些干部的思想情况，着重指出：劳动部的工作很多很杂，不大好做，有人认为没有权威性，对下面管不了；大家在思想上必须认识清楚，我们是工人阶级领导的国家，必须把与工人阶级本身利益有关的事都管起来，并且要管好，劳动部是代表中央人民政府的行政执行机关，布置下去的工作任务不能讲价钱，必须保证完成；劳动部研究问题，必须从工人阶级的根本利益和长远利益的全局出发，考虑问题要全面，因为自己是个全国性的综合部门，所以在研究有关劳动力调配、工资福利等问题时，一定要把各地、各方面的意见综合起来，统筹兼顾地合理安排解决，不能只从部分企业或地区、行业的角度出发，不要想独出心裁地另搞一套，有些难度较大的问题，要通过全面系统的调查研究，逐步解决；工作中既要防止消极保守思想，又要防止急躁冒进倾向；在当前的过渡时期中，反映到劳动部来的一些问题有很大的复杂性，如失业、私营企业中的劳资纠纷等问题，但是随着社会主义事业的发展，这些问题将会简化以至根本解决。

另外，刘少奇也一直非常关心和重视劳动部的工作，曾经指示“劳动部的工作是做人的工作，劳动力的调配不像调拨物资那样简单，要针对具体对象做具体细致的工作”。在“大跃进”期间，他又针对为了片面追求产量指标，不顾休息，疲劳作战，工伤事故激增的状况，通过中央发出了必须注意“有劳有逸，劳逸结合”的通知。在工资制度上，他提出，要实行“老（工）人老制度，新（工）人新制度”区别对待的原则。

我在北京这 16 年，除了中央劳动部的工作之外，还有两件值得回忆的事，就是 1950 年参加全国战斗英雄和工农兵劳动模范两个代表大会的筹备工作和由我带领一批干部去支援上海市开展“五反”运动的工作。

过去的革命战争年代，在江西的中央苏区、陕甘宁边区的延安，以及晋冀豫区（太行山）等各个革命根据地里，都一贯重视表彰奖励部队的战斗英雄和生产领域里的劳动模范这些先进人物，以激励广大人民群众，为争取前方的战争胜利和巩固后方的根据地建设作出更大的贡献。但那时物质条件很艰苦，参加这种大会的英雄模范代表们，每人发给一条毛巾、两块肥皂以资奖励，就算是很不错了，主要还是政治荣誉的精神奖励，这是我党的光荣历史传统。

全国解放以后，正如党中央在给这两个大会所致的贺词中所指出的："中国必须建立强大的国防军，必须建立强大的经济力量，这是两件大事。"这两件大事，都有赖于作为党和人民政府的可靠支柱和联系广大群众的桥梁的全国各地的英模代表人物，"和全体人民解放军的指挥员、战斗员一道，和全国工人、农民及其他人民一道，团结一致，协同努力，方能达到目的。"因此，党中央和中央人民政府政务院决定，在新中国第一个国庆纪念日的前夕，在北京同时召开这两个英模代表大会。

为了开好这两个大会，以中央劳动部、全国总工会和解放军总政治部为主，成立了大会的筹备委员会和工作班子。筹委会的主任是政务院副总理陈云，副主任是李立三、朱学范（全国总工会党外的副主席、中央人民政府邮电部部长）、刘澜涛（中央人民政府华北事务部部长）和萧华（中央军委总政治部副主任），我是委员兼秘书长。实际筹备工作是我们在李立三的直接领导下做的。这是解放后第一次把全国各地的英模代表集中到首都北京来表彰庆功的盛会。各方面的组织筹备工作任务很重，会务工作一共分为七个组，工作人员以劳动部和全总的机关干部为主。李立三对我们说，劳动部和全总机关要全力以赴把这次会开好，出了问题要你们负责任！

筹备工作首先要考虑的是会议的规模开得多大？按大区分配英模名额，规定代表的资格条件和对各代表团带队人的要求，发通知由各地按规定推选代表，组成代表团；同时确定参加大会的中央首长和外宾（世界工联、印尼工会代表团等）的人数，要考虑和选定哪里做会场才能容纳得这么多的人（当时北京还没有修建人民大会堂，所以会场只能选在中南海怀仁堂）。其次要考虑安排好代表们的食宿生活，那时北京还没有什么宾馆，比较像样一点的只有老的北京饭店，是作为接待外宾专用的宾馆，英模代表住不进去，只能安排住到中央机关、部队的招待所里去；还要安排好代表们的伙食标准和开会时交通车辆，等等。总之，把大家忙得够呛。等到政务院关于召开会议的决定正式公布时，筹备工作实际上已经进行很久了。大会的筹备委员会只是在代表们到北京之前的一个工作班子，成员都是中央党、政、军领导机关的负责人；等到代表们都到京后，再召开预备会议，通过成立大会的主席团，除了包括一部分筹委会成员外，主要由英模中的代表人物组成，请他们坐上台去。我因为负责全盘的会务工作，所以既是筹委会也是大会主席团的成员并兼秘书长。

各地的代表团因为启程日期和距京的路程不同，不可能在同一时刻到达。为了造成一个全国各路英模京城大会师的空前热烈的声势，经筹委会精心组织安排，先让各大区的代表团到首都的大门口丰台铁路枢纽站集中，然后在 1950 年 9 月 22 日下午 4 时，由装饰一新的“毛泽东号”机车拉着全国各路的英雄模范们，一起从丰台进入前门外的北京车站。在车站上，英模代表们受到以董必武副总理为首的中央党、政、军各部门首长和首都各界群众代表的热烈欢迎。在大会开幕式上，毛主席代表党中央致了贺词。

由于筹委会全体工作同志紧张而有条不紊的共同努力，大会终于顺利召开和胜利闭幕，但是由于缺乏经验，在会务工作的某些细节方面，还是忙中有错，出了一些说大不大、说小不小的问题，弄得大家很紧张。比如发给代表们的出席证上，只印了各大区代表分坐的区位，没有每位代表对号入座的号码。票子发出后，下午两点钟就要开会了。中午 12 点钟李立三部长检查后发现了这个问题，说这样不行，从会场保卫工作的要求来说，必须在会场的每只座位上贴好标明每位代表号码对号入座的字条，以防闲人或坏人混入捣乱破坏（新中国成立初期首都的社会秩序还不是十分安定，还有美蒋特务的破坏，所以李立三的要求也是有道理的）。但是时间那样紧迫，实在来不及做到，只好临时在会场入口处让我们这些人都“加岗”，帮助辨认有没有冒充代表入场的人；但我们不可能都认识全国各地那么多的代表，真是一点也没有办法。好在各代表团都是由带队人率领（他们都是各大区的负责同志，我们都认得的）、集体乘车到达和入场的，所以总算没有出什么乱子，大家才放下心、松了口气。

开幕后的第二天，战斗英雄与劳动模范分两个会场，劳模仍在怀仁堂（战斗英雄在另一会场）各自报告生动的事迹（劳模大会上也请部分战斗英雄来报告事绩，战斗英雄大会上也请部分劳模去报告事绩）。

当两会分别总结后，党中央、政务院和中央军委在北京饭店宴请全体英模代表。当我带领劳模入场时，毛主席站在宴会厅前迎接、一一握手，和我握手时说“本家，本家”。大家齐聚一堂欢饮。

紧接着国庆一周年到来，英模们和大家一起在天安门观礼，检阅。

1951年冬，党中央作出《关于实行精兵简政、增产节约、反对贪污、反对浪费和反对官僚主义的决定》，在全国大张旗鼓地开展了“三反”运动。1952年1月，中央又发出指示，要求依靠工人阶级、团结守法的资本家及其他市民，向违法的资本家开展一个大规模的反对行贿、反对偷税漏税、反对偷工减料、反对盗骗国家财产、反对盗窃国家经济情报的“五反”运动。运动中揭露出少数资本家严重的“五毒”行为，激起了全国人民的公愤，“打退资产阶级的猖狂进攻”，成为全国上下当时强烈的呼声。但是，在运动进入高潮时，也发生过一些不分析实际情况而单纯追求交待数字，以致实行逼、供、信等过火的做法。这时，我正在劳动部领导部机关的“三反”运动。因为劳动部是个“清水衙门”，再加上那时部机关的干部素质都比较好，所以反来反去也打不出一只“老虎”，搞不出什么名堂。正好，作为全国资本主义工商业最集中的上海市，在开展“五反”运动中，因为缺乏领导骨干，向中央求援，中央就决定派我带了劳动部和全国总工会的一批干部去上海，帮助开展“五反”运动。在中共上海市委的领导下，我们负责抓江宁、徐汇两个区的工作，住在上海大厦，每天到区里和重点私营企业去了解情况，听取汇报，然后整理成材料并提出意见、建议，向市委领导陈毅、陈丕显等汇报。因为有些单位出现逼、供、信等过火斗争的偏向，有少数资本家受不了压力而自杀。全国有名的梅林罐头食品厂总经理自杀后，一时人心惶惶，造成不好的影响。中央又派薄一波来上海，传达贯彻党中央一系列合理的从宽的政策，强调要实事求是，对资本家要以教育改造为主，不准搞逼、供、信，强调必须注意维持和发展工商业的正常进行。我们就召集资本家和他们的家属开会，到会的这些人因为害怕，都不敢穿西装、旗袍，几乎一律都改穿人民装。我们就在会上反复交待党的政策，教育他们实事求是地彻底坦白交待自己的“五毒”行为，既不能存侥幸心理、妄图混蒙过关，也不要乱说一气、谎报数字，等以后算账时落空又要受“态度不老实”的批判；要相信共产党和人民政府的政策，接受工人阶级的领导，老老实实地守法经营企业。我们在上海帮助工作大约有两个来月时间，贯彻落实中央的政策，胜利地完成“五反”斗争任务后，就回到北京来了。

在中央劳动部工作的最初那几年里，李立三是我的直接领导（大革命时期在上海我们就认识），我们一起共事期间，相处得很好，所以在这部分回忆中，有必要谈谈我对他的个人印象。

新中国成立初期，李立三是全国总工会常务副主席，又是中央人民政府劳动部部长，是这两个部门日常工作的实际主持者。他这个人工作能力和责任心都很强，很会讲话，开会作报告很能鼓动人心。虽然他在1930年犯过“左”倾冒险的“立三路线”错误，给党的事业造成重大的损失，但是后来认识了错误，在延安召开的党的七大和后来1956年在北京召开的八大上，都诚恳地作了深刻的检讨，决心吸取教训，继续为党努力工作，大家反映都很好。我认为他在当中央劳动部长的任内，工作是积极努力认真负责的，也是有贡献和成效的。当然，在思想方法和工作作风上也难免有些缺点，主要是有时候看问题有些片面性，而且有些急躁。比如批评有些同志的缺点容易过火，当场指责批评一通，使人下不来台；事后我们提醒他，他又很真诚地双手拍自己的脑袋，嘴里连连说，“哎呀，怎么搞的，我又犯老毛病了……”又如，新中国成立初期，他是最积极主张立即在全国企业中实行劳动保险制度的，但是当时大多数地区经济尚未恢复，企业处境很困难，尚不具备最起码的承受能力，因此有些地方和企业就对他有意见，认为是操之过急了。不久后，全国总工会那边就有些人发起批判李立三在工会工作中犯有“工团主义”、“行会主义”、“经济主义”的“错误”，帽子扣了一大堆，其中许多都是不实事求是的，故意找岔子。

我记得开批判李立三“错误”的会是由李富春主持的，大概是怕下面的同志不服，还请了彭真到会“压台”。会上他们要我发言表态，我想不能讲违心的话对同志落井下石，但不讲又过不了关，只好说立三犯错误主要是兼职太多、工作负担过重，除了全总和劳动部的全盘工作外，还有许多相干甚至不相干的事都推给他去做。诸如中央某位领导人逝世后的治丧委员会的具体组织工作、率领抗美援朝前线慰问团的活动、东北地区大工业准备向后方撤退的计划安排，等等，其他人都只是挂个名，实际工作都叫他去做，而他又总是有求必应，从不推辞，真心实意地去努力完成。人的精力有限，这么多的工作都推在他身上，难免总有出差错的地方。但是，有些人还是不肯放过他，对他的“错误”上的纲很高，反映到中央，终于先是撤了他全总副主席的职务，然后又撤了劳动部长的职务。后来他被安排到工业交通部当副部长（等于降了级）。他虽然不再直接管劳动部的事，但对我们的工作还是很热心地经常过问，给予支持。有一次他和我谈心，说是邓小平总书记在会上宣布他不再担任劳动部长后，他要求找毛主席谈一次话。他对毛主席说，他知道自己在历史上犯过大错误，但他决心改正，继续为党努力工作；他在全国总工会期间所做的工作，都是事先向中央请示报告过的，有些问题是经过刘少奇同意批准的，否则我李立三绝没有这么大的胆子。话虽不多，但十分诚恳感人。他说，这些话我从来没有对其他人讲过。所以，我总觉得，李立三虽然犯过错误，有缺点，但他对党是忠诚坦率的，工作是积极努力的，他是个好人。后来在“文革”中，有人来找我调查他的问题，我如实地讲了对他的看法，连调查人也说，看来对李立三是整得过火了。李立三终于没有逃过“文革”这一关，他不幸在这场浩劫中遭受迫害含冤去世。党的十一届三中全会后，中央已经为他平反昭雪。他是一位令人怀念的好同志！

从总结历史经验的科学态度来看，当年批判李立三主持全国总工会工作期间的“错误”，是很不实事求是的，可以说是乱扣帽子、一棍子打死的过火斗争。在这里，我觉得有必要说几句公道话：第一，新中国成立后全国总工会是遵循党中央的路线、方针、政策开展工作的，虽然难免也会有些缺点，但应肯定成绩是主要的，对李立三的这场批判是当时“左”的错误思想在党内占据主导地位的政治形势下的产物。个别人怀着个人或小集团的宗派情绪，挟嫌诬告立三同志，不区分工作中的主流和支流，违反事实地给他加上这个主义、那个主义的种种的罪名，对全总的工作采取全盘否定的错误态度，实际上与后来“文革”期间那股“怀疑一切、打倒一切”的极左思潮是一脉相承的。第二，正因为这场批判只是几顶大帽子下面举不出多少令人信服的事实的空头戏，所以继任全国总工会主席的赖若愚，在主持全总工作期间，基本上仍是承袭李立三时期的那一套做法，并没有提出什么“纠偏”性的、改变大原则的新举措来，因此在他去世后，也遭到某些人几乎同样的批判。第三，李立三、赖若愚在主持全总工作期间遭受极不公正的错误批判的冤案，后来虽然已经平反昭雪，推倒了强加于他们的一切诬蔑不实之词，但是这场批判所造成的严重后果却无法完全消除。当年批判的锋芒所及，不仅是李、赖二人，而且波及从全国总工会到在地方各级工会工作的干部，大家都莫名其妙地好像都犯了“方向路线性”的严重错误，灰溜溜地抬不起头来，使全国各地的工会工作大伤元气（当时上海、天津等地的同志就都曾有强烈的反映）。不少同志当年正处年富力强可以为党努力工作的黄金时期，却从此一蹶不振，背上了沉重的包袱，直到如今已步入离退休的行列，仍然对此不能释然于怀。这是一个很沉痛的历史教训。

在中央劳动部几位部长间分工时，还要我负责对外联络交流工作。这项工作主要有两个方面：

一是率团出国访问。我记得在50年代，曾以中蒙友好协会的名义，两次率领中国代表团应邀去蒙古人民共和国访问，参加该国为庆祝中华人民共和国国庆而举行的友好活动（因为当时我国派了大批工人去援助蒙古进行工程建设，所以蒙方很重视纪念中国国庆的活动）。这两次的代表团都只有三四个人，我是团长，一次是坐飞机去的，另一次是乘北京到乌兰巴托的国际列车去的。蒙古方面对我们的接待很热情，当时蒙古人民革命党第一书记兼部长会议主席泽登巴尔等党政主要领导人都接见了我们，进行了友好交谈。他们还派了专门的厨师为我们烹调适合中国人口味的饭菜。我们代表团除了参加有中国大使出席讲话的庆祝集会等活动外，还到一些工厂、矿山、牧业合作社、牛奶公司等企业去参观访问，并应邀参加有摔跤、赛马等民族竞技项目的“那达慕”草原盛会。主人在蒙古包里设全羊席宴请我们，端上一只热气腾腾的烤全羊，请我这个代表团长开第一刀。蒙古是个地广人稀的国家，国土面积156万多平方公里，有十几个浙江省那么大，但全国人口只有100来万人。畜牧业和地下的矿产资源虽然很丰富，但整个国民经济的发展水平还相当落后，大部分工业品都要依靠进口，甚至连卫生纸都不能自己生产。我国在乌兰巴托援建了一座百货公司大楼，我们去参观发现里面陈列的商品70%左右都是进口货。蒙古人原来是逐水草而居的游牧民族，为了让老百姓逐步从流动的游牧生活改为定居的农牧业结合的生活，我国应蒙方的要求，派出大批工人和技术人员，在乌兰巴托市援建了六万平方米的职工宿舍。苏联政府看到后，觉得自己这个“老大哥”不能在这方面落后于中国，于是也紧接着为蒙古援建了一批宿舍。但他们的工程施工粗糙，没有中国援建的工程质量好。蒙古人本来不大会种菜，只吃牛羊肉和乳制品，也是中国派人去帮助他们种白菜、青菜、西红柿等，使一般老百姓都能吃到新鲜的蔬菜瓜果。他们都很感谢中国政府和人民的无私援助。

蒙古虽然经济发展很落后，但对文化事业的建设很重视。我们参观了他们的国立图书馆，规模很大，藏书很多，其中有许多大字版本的线装中国古籍、佛教经书和《红楼梦》等文学名著，在我们国内许多地方的图书馆里也不多见。蒙古国家博物馆里展出的有恐龙化石，有宁波巧匠制作的镂雕的“千工床”。蒙古人口虽少，却设有十多个休养所，里面的设备、条件都很好，但是去休养的人很少。

因为我国在蒙古有几万援建工人，为解决他们的医疗治病问题，在乌兰巴托专门设立了一所只对中国人服务的医院，但是有许多蒙古的下级党政官员都悄悄地来这家医院看病，并与我们使馆的工作人员、医院的医务人员都很熟悉，有什么心里话都愿意对他们说。他们反映，蒙古为了解决粮食问题，发展种麦子，但因面粉厂是苏联援建的，机器上任何一个零部件损坏了，都要拿到苏联莫斯科去修配，有时半年也修不好。这样苏方就说，太麻烦了，干脆把你们生产的麦子运到苏联来加工。就这样苏联控

毛齐华（前中）率中国劳动代表团访问蒙古人民共和国期间，在纳来河煤矿井下考察

制了蒙古的面粉供应。

除了蒙古之外，当时的德意志民主共和国（东德）政府的劳动部也曾邀请我们以中德友协代表团的名义去访问，后来因为东德政府机构变动，把劳动部撤销了，但他们打电报来说，仍然欢迎中国政府派劳动代表团去访问，不过接待部门不是劳动部了。我们研究后，觉得接待单位不对口，很多事情不大方便，便决定取消了这次访问。但我们在蒙访问时东德大使知道后，在他们搞纪念活动时，除请中国大使外，也请我去参加坐在主席台上。

劳动部外事工作的另一个方面，是接待友好国家访华的劳动代表团。我记得前后共负责接待过越南、印尼、古巴三个国家的劳动代表团。越南政府派来的代表团，是他们的劳动部长带队来的，主要是了解和学习中国政府劳动部门的工作经验，诸如劳动政策、工资、劳资关系、劳动保护、劳动保险等等，每一项都问得很认真、具体，我们也都一一作了回答，双方交流得很好。我还派人陪同他们参观了一些工厂。印尼政府也派来劳动代表团，当时的印尼总统是苏加诺，两国关系比较友好，但是因为社会制度不同，所以我们只是作了一般性的接待介绍，没有像对越南代表团介绍得那样详尽。还请代表团到劳动干校做过一次演讲。接待古巴劳动代表团好像是在冬天，北京已很冷。古巴地处热带，他们很怕冷，我们劳动部的办公楼条件很差，连暖气设备也没有，只好临时集中几个电炉在一个房间里打开取暖，接待他们访问。我陪同他们去参观了原由全国总工会修建后来移交给劳动部的劳动保护展览馆。里面的各种展品、模型等都是由各地、各个产业部门制作提供的。古巴代表团看得很仔细、认真，我陪他们从楼下到楼上参观了大半天。他们也提出邀请我们去古巴访问。为了做好访问的准备工作，我曾问过中国驻古巴的大使，古巴的劳动条件怎么样？大使说，那边等级差距很大，工厂的厂长、经理们的办公室里都装有空调，但是车间里工人的劳动条件很差。李富春副总理还特地关照过我，去访问时要带点我们搞得较成功的劳动保护展品、模型去向古巴的同志们作些宣传介绍。但是后来因为国际关系的变化，中古两国的关系一度比较冷淡，所以这次出访也就取消了。

毛齐华（前右三）担任中央劳动部副部长期间，在北京接见古巴劳动代表团

十、主事浙江政协

前面已经说过，从50年代初到60年代前期，我在劳动部工作了16年，行政职务是副部长，党内职务是部党组副书记兼机关党委书记、中央国家机关党委委员，除了分管劳动保护局和锅炉安全监察局方面的行政业务工作外，整个部机关的干部人事工作和思想政治工作也都归我主管。这中间虽然部长、副部长的人事曾经有所变动（部长李立三遭批判后被免职，由马文瑞接任；另一位副部长施复亮到中国民主建国会中央担任领导职务后由罗叔章接任；其他先后在劳动部和我一起共事过的副部长还有刘亚雄、刘子久、郗占元、于光汉、吕文远等），但我一直按照原先的分工，负责领导有关的各项工作。

由于分工的职责关系，我除了主持分管的行政业务工作外，并具体领导部机关工作人员参加新中国成立后的历次政治运动，还经常组织机关里的干部学习政治理论、党的方针政策和业务知识，召集干部职工开座谈会，听取他们反映工作和生活上的问题与意见（其他几位部长都不管这些事），有些实际问题或合理意见确实应当立即解决的，我就把干部司司长、总务处长们找来，当场研究拍板解决。部机关大部分干部的家里我都去看望过，他们有什么问题，包括家庭生活的情况也都愿意和我谈，彼此相处得很融洽。所以我调到浙江工作以后，部里的干部们如到杭州来出差开会，也总是要来看望我的。但是，部里也有少数干部，有的还是资格很老的同志，思想作风不大好，实际工作不做，牢骚怪话很多，甚至拉帮结派，对此我也曾作过批评和抵制，可能因此也得罪了一些人。例如，当时水利部曾要我们劳动部提供五万个民工修永定河，而分管此事的一位副部长（当时有病住在医院里）却指示下面不要去理他们。后来水利部一位主管劳动的司长亲自来商量此事，跑了几趟，那位副部长都不肯见他。而我们部里主管劳动的一位局长显得很为难。于是我就打电话给水利部部长刘澜波，对他说："修水利要民工是可以的，但现在周总理多次讲要控制用民工的人数，你们是不是可以少用些。"刘部长说，这个问题因某些其他的原因暂时可以不需要人了。虽然此事实际已解决，不用我再做工作，但因我插手了不归我分管的工作，那位副部长就很不高兴，认为我是多管闲事。

1964年秋天，中央组织部一位副部长突然找我谈话，说是准备调我到浙江省政协工作，问我有什么意见。当时，我对组织上的这个决定，一时思想上没有准备，认为自己在劳动部工作业务上是称职的，对部里的机关干部都已熟悉，关系融洽，很有感情，因此感到比较突然，有些舍不得离开劳动部。但我当即表示，共产党员的工作服从组织分配，没有意见，但是我想找安子文部长谈一次话。那位副部长说这当然可以。不过后来我好几次打电话要求约见安子文谈话，他的秘书都借口推辞掉，我难免思想上有些疙瘩，但想既然事已如此，也不必强求了。而且从另一方面想，自己是上海人，杭州离上海很近，那里的气候和生活环境比较容易适应，这也是组织上对我这个老干部（那年我62岁，在当时的干部队伍中可以称为老干部）的照顾吧。部里的干部听说我要调走，包括马文瑞部长都说你不要走，想竭力挽留我。但马文瑞当时也有他的难处，因为在八届十中全会上，康生等人揭发所谓借写小说《刘志丹》制造舆论的"反党阴谋"，株连到习仲勋等一批老同志，连马文瑞也都挂上了，所以他也是"泥菩萨过江自身难保"，对我的工作调离问题也就爱莫能助了。

因为中央对我的工作安排已有决定，并已向浙江省委打过招呼，所以在我尚未办好劳动部离职手续的1964年9月，就叫我先到浙江报到，在政协浙江省委员会第三届第一次会议上被选为省政协副主席。会后我又返回北京，处理正式调离劳动部前的交接工作。1965年春天，我还在上海主持召开了由中央劳动部、卫生部和全国总工会三家联合举行的全国防尘、防治矽肺病工作会议，并在会上作了总结报告；还在无锡主持一次专业会议，听取专家们的意见，制定了锅炉安全规程条例；并主持部机关党委总结前一段的工作，举行换届改选。等到这些工作交接的事都办完以后，我就在1965年大约5月间正式调到浙江工作。从那时起，直到1983年春天第四届浙江省政协换届工作结束，我不再担任省政协主席的职务，前后在浙江省政协的领导岗位上工作了18年。

"文革"前的浙江省政协主席是由省委第一书记江华兼任的，我和其他几位副主席只是作为他的助手，但因为我是专门调来担任驻会的专职副主席，所以省政协的日常工作也就要我多过问一些。我和江华是早在延安时就相识的老熟人，他对我调来浙江工作表示欢迎，并且对我很关心和尊重。我刚到杭州时，因为安家的住房一时尚未安排好，就先住在省委的招待所大华饭店里。江华那时也经常住在那里，差不多每天都见面，在一起散步、聊天。他的夫人吴仲廉过去我也熟悉，有时也常在一起交谈。谈的内容主要是他们向我介绍浙江的情况，江华并建议我先去接触、熟悉一些在杭州几所高等院校工作的党外高级知识分子。

从北京调到浙江，我在工作环境和对象上是经历了一个很大的转变，过去是长期在中央政府部门，因工作性质的关系，接触工人群众多，今后则是在地方的爱国统一战线组织；过去是直接为工人阶级服务，如今却主要是做团结党外爱国民主人士和高级知识分子的统战工作，也可以说真是“老革命遇上了新问题”，确实需要有一个逐步熟悉情况、从头学起的过程。当时我就在省委统战部长余纪一的陪同下，到一些著名的老教授如王琎、郑晓沧、陈立等先生的家里，一家一户地去拜访，和他们聊天谈心交朋友。

在省政协，主要是组织党外民主人士的学习活动，不但学政治理论，也进行形势政策的宣传教育，听取他们的各种反映，并就一些重大问题进行政治协商。这种会通常都由我来召集主持。江华有时也来参加，倾听党外人士发表意见后，他往往最后讲话，发表一些结论性的意见，有时也把中央的政策精神向与会人士作些传达通报吹吹风。另外，省委的一些重要活动，如开省委常委会议，或各市、地的负责人向省委领导汇报工作，也都经常叫我列席参加。记得还是我尚未正式调来浙江工作前，1964 年那一次，我到杭州前在北京听了刘少奇在怀仁堂作的“四清”运动的报告，当时文件还未下发到省，我就把刘少奇报告的内容向省委领导讲了，江华和陈伟达还专门派车把我接到花家山宾馆（当时是专门接待国际共运兄弟党代表的内部招待所）一起吃饭，听取我对刘少奇报告的看法，后来还叫我在省委常委会上传达精神。

我调来浙江工作后不久，就向江华提出，我对浙江全省的情况不大熟悉，是否可以到下面各地去走一走、看一看，江华表示同意。我就从杭州出发，到宁波—台州—温州—丽水—金华转了一圈，熟悉了解各地的情况。发现当时虽已有一部分市、县建立了政协组织，但除了宁波等少数地方外，大多数市、县的政协都是有名无实的一块空牌子，有的地方连政协的牌子也没有挂，政协的工作都由统战部长一个人包办了。省委统战部长余纪一和我相处得很好。他和江华的关系很密切，中央有什么关于统战工作或涉及党外民主人士的信息，江华总是先找余纪一去通气商量，因为江华很尊重我，所以余纪一对我也非常尊重；统战部的领导开会讨论工作，或有什么事情，也请我去一起参加商量。我对余纪一这位老同志，不但尊重、支持他的工作，而且也能善意地坦诚相待。

我从金华等地了解情况回到杭州后，在江华的关心和督促下，省级机关事务管理局给我安排了住房定居下来。

在这段逐渐熟悉浙江省情况的期间，我也曾受省委领导的委托，执行过一些临时性的工作任务。“文革”以前，浙江就有一些城镇的知识青年上山下乡，支援农业生产。有一次，江华对我说，这些知识青年在农村里究竟怎么样，你可以下去作些调查访问，了解一下他们有什么困难和意见，以体现党和政府对他们的关怀。我就到桐庐县去看望下乡的知识青年，找他们座谈或个别谈心。他们反映，下乡以后只能整天和农民一起下田劳动，收工回来已经很累，带来的书都一捆捆堆放在床下面，一本也没有看过。我回来后把这些情况向江华作了汇报。但是因为不久后就掀起了“文革”这场大风暴，各级党委和政府很快陷于瘫痪状态，又有越来越多的城镇知识青年们到农村去“接受贫下中农的再教育”，这些意见也就石沉大海，再也无人过问了。

大约是1965年到1966年的冬春之交，当时全国农村正在轰轰烈烈地开展“四清”（后来改称“社会主义教育”）运动，主题是大抓阶级斗争，反修防修，防止和平演变，一时成为全党全国的中心工作。为了贯彻中央和省委的意图，使党外民主人士也了解这场运动开展的情况，由我当团长，汤元炳当副团长，组织了一个以爱国民主人士和党外高级知识分子为主的“四清”运动学习参观团，成员都是尚能生活自理，能自由走动而非老弱病残的省级各民主党派主要负责人以及省政协副秘书长以上的知名人士，大约有三四十人，到慈溪的棉区去视察调查，在一个镇上蹲点一个来月。大家都住在一个破旧的祠堂庙房里，在地上铺稻草睡地铺。我因为年纪最大，受到特别照顾，让我住在一间小房间里，额外优待地睡在一张旧木床上。省政协机关里跟着去的工作人员，记得有搞文字材料工作的曹湘渠和搞总务生活安排工作的李本坤等同志。在当时总的政治形势下，参观学习团的任务就是组织这些上层统战对象到第一线去了解“阶级斗争的新形势”，到农村基层去接受“社会主义教育”。我们也只能按照上面的要求，到农村去开展访贫问苦工作，挨家挨户地到贫下中农家里访问，了解情况；也到犯过错误的“四不清”干部家里去进行宣传党的政策的思想教育工作。记得参加的成员中有民主党派的汤元炳、唐巽泽、吴山民、李茂之、许钦文、余鸿业等负责人和浙大的李寿恒教授等。到学习参观团完成任务回到杭州时，北京、上海等地已经开始大批三家村“黑帮”，掀开了“文革”大内乱的序幕。现在回过头来看，当时我们为配合中心任务而开展的这些工作，虽然做得很认真努力，但是由于全党总的指导思想已经陷入愈演愈烈的“左”倾错误，我们的努力显然是不会起到什么好的作用的。

1966年夏天，“文革”的造反风暴已遍及全国。开始我们还坚持定期组织党外民主人士的政治学习会制度，后来红卫兵造反，机关里的正常工作秩序被完全打乱，到处有红卫兵和群众组织冲击党政领导机关，任意揪抓“走资派”和“反动学术权威”批斗游街，形势越来越混乱。有的“造反派”冲进六公园边的省政协机关，看上我们的办公用房，要强占去当什么“指挥部”，我们被赶到长康里4号省工商联的房子里办公。这时，省委统战部和省政协机关里有些干部职工也起来“造反”，组织了什么战斗队，贴大字报批判领导干部，乱扣政治帽子。有人写大字报责问我在工作中为什么不信用“左派”，而信用“右派”（指曹湘渠等被错划为“右派”的同志）？其他领导干部都被戴上政治帽子开会批斗，我因为是产业工人出身，没有什么辫子可抓，他们也就没有给我戴上什么“分子”的政治帽子，开批斗会时也只是叫我去陪斗而没有专门斗我。

当时省政协文史资料委员会里安排了一个人叫何思诚，是个笔杆子，解放前长期在上海《申报》《新闻报》等大报社里当编辑，历史上有些问题，但他的哥哥何思敬是位在延安时代就参加革命的老同志，解放后通过谭震林的介绍把他安排在浙江省政协做文史资料的编审工作，和曹湘渠在一起。“文革”初期，红卫兵和造反派到处揪斗“黑五类”，何思诚因为有历史问题，怕得不得了，几次要求找领导谈话。我问他要谈什么事？他说自己过去曾经参加过反动组织，我说你的这个历史问题已经向组织交待过，审查清楚了，事情已经过去，不用害怕。但他还是胆小得很，看到社会上到处乱揪斗“牛鬼蛇神”，十分紧张，有一天晚上竟用菜刀砍自己头部，企图自杀。省政协机关李本坤打电话向我报告，我说“要尽力组织抢救”，并说：“不管他历史有什么问题都要尽力抢救。”机关里的同志就立即把他送到医院里抢救，总算没死。他的家属子女听说此事后，到机关里来吵闹，说是单位里的人杀他的。幸好他还活着，说是自杀未成，否则这件事就说不清，更麻烦了。

省委统战部的造反派批斗余纪一部长很厉害，宣布对他进行“隔离审查”，晚上也不准回家去住。开始时对我还算客气，还有行动自由，只是陪斗而已。后来就有三个造反派到我家里来宣布要对我进行“审查”，还弄了一辆三轮车来，叫我把行李、蚊帐等带到机关里去住，派了几个人日夜轮流看守着，连报纸都不准看，但关了一个多月，却一次也没有审问过我。我对看守的人说，我没有什么政治历史问题，愿意接受审查，一不会逃跑，二不会自杀，你们也不必这样紧张，看守我时觉得疲劳了可以打瞌睡。我利用这段被关起来审查的时间，回忆了自己生平的经历，写了一份材料，那时的记忆力比现在好，经过那次在脑子里过滤复习过一遍，没想到对我在 90 岁以后要写回忆录还能有点好处呢！没有关押审查以前，造反派有时带一些外调人员来问我其他人的历史问题，态度还算客气。把我关起来后，我成了阶下囚，他们对我的态度就很凶狠，有时陪外调人员来问我什么事，动不动就瞪眼睛拍桌子。那时来的外调人员也都带有派性，对有的干部这一派要打倒他，那一派则要保他，所以不同派系的外调人员调查同一个对象时就会各取所需。我也不怕他们那一套，还是实事求是，坚持有什么就讲什么，是什么就讲什么，决不无中生有诬陷好人，他们也拿我没办法。对我自己的问题，他们从来没有正式审问过我，只是有时写条子提几个问题要我答复交待，我从提问中怎么也猜想不出他们为什么要关押审问我的原因。

后来与看守我的那三个人混熟了，他们就常把外面今天批谁、明天斗谁的情况告诉给我听，并且终于透露了为什么要关押我的原因。原来当时杭州屏风山疗养院有位院长叫张友铭，是从苏联海参崴回来的码头工人。“文革”初期造反派把他关了起来，他偷偷地跳窗子逃出来，跑到杭州市公安局一位副局长那里，要求给予人身保护，不料那个副局长打电话报告给疗养院的造反派，又把他抓了回去。这下他可吃了大苦头，在严刑逼供之下，他不但承认自己是“苏修特务”，还诬指许多人也是同伙。例如1958年“大跃进”时，有个已加入苏联国籍的浙江余姚人，名叫郭肇唐，从苏联回中国访问，省委统战部副部长朱之光以余姚同乡的身份曾接待过他，并陪同他回家乡去参观访问过。张友铭在逼供之下先说郭肇唐是苏修派遣特务，后来就把接待过郭的朱之光也诬指成为“苏修特务”，而使朱横遭揪斗迫害。再问他还有谁是同党？他又乱说一气，说毛齐华和沈策也是。我就是这样莫明其妙地变成“苏修特务”嫌疑犯而被关押起来审查的。但沈策原先是省委常委、组织部长，这时他早已投靠“造反派”，不久后就当上了省革委会政工组长，成了这些造反派的上级领导。现在竟然有人说他也是“苏修特务”，这个玩笑开得太大了，引起造反派们的怀疑，认为这个院长是不是脑子出了问题，精神有点失常，但又不敢轻易放了他，因为疗养院是属上海市总工会管辖的，后来就把他押送到上海提篮桥监狱关起来，以防“泄密”。

就这样，在机关里把我关押了一个多月后，又把我们这些受审对象都集中到米市巷的省财贸干校（即今之江饭店所在地，当时叫“省级机关斗批改干校”），十几个人住一个大宿舍，睡的是双层床；每个人的一只袖子上都套一个是什么“走资派”、“三反分子”、“反动权威”等等的臂章标明身份。就是我一个人没有给套臂章，出去上厕所，看守的人奇怪地问我，这里的人都有臂章，你为啥不套？我说我也不知道为什么，是他们没有给我套嘛。他这样一问，倒是提醒了我，我就向省政协的造反派抗议说，我又不是什么“分子”一类的人，为什么把我和这类人关在一起？

你们如果决定不了，就去向你们的领导汇报反映。过了几天，他们向省革委会的头头赖可可作了汇报请示，决定不把我和其他同志关在一起，而是单独关在一个小房间里，也用不着每天集体举着毛主席语录本“早请示”、“晚汇报”地“请罪”了。有时跟大家一起去参加批斗大会，我可以一个人独自跟在队伍后面，也没有人来专门监管我。他们还是对我只关不审，只有外调人员要通过我查问其他人的问题时才找我去谈话。被关在斗批改干校的人，问题不太严重的每星期六晚上可以准许回家，我仍被算作是“有严重问题”的人，不能回家，但是吃过晚饭后可以到沈塘桥一带附近的马路上走走看看。上面还关照看守的人说，他（指我）要想吃点什么东西就让他出钱给他买，生活上可以适当照顾一点。因此比起其他受审对象来，我还算是受到优待的一个。

关于我的“苏修特务”嫌疑问题，造反派们始终找不到任何事实和证据。后来有人向我透露，他们专案小组内部讨论我的问题时，有的人竟提出一些根本不懂历史常识的可笑的问题，比如说你毛齐华如果不是苏修派遣的特务，为什么当年回国时要偷越中苏国境线呢？他们哪里知道，那时候是蒋介石国民党统治着中国，共产党员被称为“共匪”，不但无法获得中国公民的合法护照签证，而且如果暴露身份马上就有被捕杀头的危险，我们不偷越国境怎么能回国呢？真是令人又生气又可笑。就在这个荒唐的年代里，我被当作“重点对象”在斗批改干校关押了一年多。

后来造反派又把我们这些人下放到乔司农场，说是进“五七干校”，其实还是继续隔离审查，监督劳动改造，一起去的有沈祖伦、薛驹、余纪一、王黎夫、陈安羽、林辉山、赵毓华等十几位同志。那里原先是个劳改农场，造反派把劳改犯转移到别处，把我们送进去，两三个人关在一间房子里；开始我和沈祖伦住在一间屋，后来又同薛驹、陈安羽等关在一起。“五七干校”对我们的管制一般比在斗批改干校时文明一些，骂人的事虽然也有，但比较少了；还允许家属来干校送东西，虽然不准接见会面，送来的东西可以留下转交本人。赵毓华、林辉山等工农干部有时忍不住与看守的造反派争吵，要求会见家属，结果家属没见成反而多吃了一些苦头。陈安羽的火气也很大，在机关里受批斗时，他一个人曾经同机关里五个造反派对打起来，结果自然吃亏。到“五七干校”后，管理我们的人不准他会见前来探望的家属，他就同管理人员争吵，差点要打起来。等管理人员走了后，我对他说，你不要跟这些看守的人吵，他们都不过是听上头的话奉命行事而已。

在“五七干校”里，除了继续接受审查外，就是组织我们这些人种菜劳动。我和沈祖伦两个人搭档，每天向菜地里抬送粪肥，自己做挑粪的工具。沈祖伦就是在那个时候学会做木工家具的。我们两人搭档得很好，没有什么书生气，学习时对我们管得也比较松，没有人在一旁看押监督。有时挖河泥要赤脚下水去干活，沈祖伦、陈安羽等都能干得了，我虽然已经60多岁，劲头也还不小，虽不叫我挖河泥，干其他活时，我还和沈祖伦比赛过。有些知识分子出身的干部，如省委的正、副秘书长，都是文弱书生，干这种粗活就受不了。赵毓华和那位秘书长搭档，一个是工农干部，劳动干活很在行认真，一个则不大会做，不免马马虎虎，两人为此经常吵架。还有一个省侨联的台胞干部赖中和也在他们那个组里，他不介入，站在一边看两个人争吵。现在回想这些琐事也蛮有意思的。沈祖伦还承担为大家挑担送饭菜的任务，我有时就对他说，今天有什么好菜吃、给我买只蹄膀来吧，这也是苦中作乐。就这样在“五七干校”又被关押了两年。

1971年，九一三事件后，沈策来干校作传达报告，我们还都没有资格去听。我就写了个纸条转送给他，说把我带到“五七干校”来审查了这么久，我到底有什么问题？为什么到现在连个干校的学员证也不给我，听报告都没有资格去？他也没有办法答复我。这以后，由于整个政治形势有所变化，就把我们这些人一个一个地陆续“解放”了出来。记得“解放”得最早的是沈祖伦。他离开我们后，没有人送饭挑菜，造反派就叫薛驹去接替。他一肩挑着饭菜担子，一手还要提一桶汤水，走起来摇摇晃晃，我看着觉得很可怜。这时，家属来看望也允许接见会面了。林辉山要喝酒，他家里给他送来吃的东西最多；我根据过去地下工作的斗争经验，对家里人说，什么东西也不要送来，免得看守的人怀疑在送来的东西里夹带什么“违禁品”，说也说不清。后来就宣布“解放”了我，什么结论也没有，只是要我签个字表示感谢毛主席和共产党。这以后把我也正式编入“五七干校”当学员，到养猪排饲料班劳动，每天的任务是为供应猪饲料铡草，劳动比以前轻松多了。同班的同志们看我年纪大了，总是让我干些轻活。对我处处都很关心。

1972年，我和曹湘渠等同志一起从乔司“五七干校”被放出来回家，一辆大卡车开到官巷口，就把我们连人带行李，包括抄家抄去的书籍、文件、笔记本等都扔在路边，车开走不管我们了。那时曹湘渠年岁还不是很老，就买了根扁担，帮我把这些东西挑回学士路学士坊家里，因为那时即使有钱，也叫不到三轮车、黄包车的。

原先省里给我安家住在安吉路10号，有十来间房间，比较宽敞，据说解放前是上海申报馆主史量才的房子。“文革”初期红卫兵全国大串联时，政府借我家楼下作为外地红卫兵来杭时的接待站，热闹得很。后来造反派夺权，党政机关瘫痪，接待站没有人管。张永生来看过我家的房子，想占据作为造反派的指挥部，又嫌地段不在市中心，不中他的意而没有要，结果被中学红卫兵占去当总部，整天出去抄家抢东西，闹得我住在楼上日夜不得安宁。后来又被20军“支左”代表周文江看中，连夜从湖州把家搬来和我住在一个楼里。我被造反派关押审查后两三天，我家就从安吉路10号被“扫地出门”，后来搬到学士路4号唐巽泽原先住的房子（这些我当时都是不知道的）。我从“五七干校”被“解放”出来回家后，省革委会后勤组的人和军代表来我家看望，对以前把我家“扫地出门”强制搬家等事假惺惺地表示道歉。当时我连睡觉的床铺也没有，向他们要张床，他们却说你自己去买吧。那时杭州的商品供应很紧张，规定床铺要有结婚证书才能供应，我说难道叫我这个老头子再去领结婚证吗？他们还是置之不理，我只好托人想办法从别的地方排队买来一张床睡觉。此事传出去后，赖可可在一次大会上就举作例子，说这样一个老干部“解放”出来后，连张床铺也不给解决，不像话，装模作样地作了批评。

1973年，谭启龙来浙江省当省委第一书记兼省革委会主任，铁瑛任省委和省革委会的第二把手。他们先找我，接着又找何克希谈话（何是

1966 年初从北京调来浙江省政协当副主席的），让我们组织被“解放”的党外民主人士去新安江、绍兴等地参观，开展对台宣传工作，并指定由我负责主持恢复省政协的活动和开展工作。我就把曹湘渠、李本坤、方冰若、郑锦涛等机关里的老人先后召回来，从 1973 年开始逐步建立机关的日常工作秩序，恢复省政协的活动。这时，我先后走访了汤元炳、陈立、夏承焘、陈礼节、许钦文等 20 多位统战对象的家，了解他们在“文革”中受到哪些冲击迫害，有什么问题亟待解决？这就为后来拨乱反正、落实政策做了准备工作。在这个基础上，又逐渐恢复了省政协请党外民主人士代表人物定期（每星期两个半天）前来参加的学习活动，及时向他们传达中央的文件精神和省委的意图，沟通党内外的信息联系。

当时，省委统战部还处于瘫痪状态，没有人去做民主党派和党外统战对象的工作，因此省政协的学习活动就成为联系统战对象的唯一渠道。这中间有段时间，原先在团中央工作的杨海波曾调来浙江，先在浙大、杭大当党委书记，后来调任省委统战部副部长兼省政协秘书长。但他在浙江开展工作好像不大顺手，不久就调到安徽去了。参加省政协学习活动的民主人士，一方面因为“四人帮”还在台上掌权，“文革”仍在继续，思想上顾虑很大，不免心有余悸、有苦难言；另一方面又觉得“文革”以来，老朋友之间彼此不能或不敢来往交谈，甚至被剥夺了一切政治权利和说话机会的状况总算有了改变，这在当时已经是一种难得的“政治待遇”，所以大家还是很积极和认真地前来参加省政协的学习活动，并且也多少反映了一些情况和意见。学习会由我主持，具体的组织工作则由刚调回省政协秘书处工作的曹湘渠承担。我和曹湘渠过去并不相识，当时他的错划“右派”问题还没有得到改正，但是我调到浙江工作后就了解到。这是一位正直积极的地下党老同志，1957 年反右派斗争时，被扩大化而错划为“右派”，所以尽管有人说怪话，甚至贴大字报，我对他始终是信任的。

粉碎“四人帮”后，大家都非常高兴，衷心拥护党中央的英明决策和果断措施，欢呼获得了“第二次解放”。我们就在前一段工作的基础上，更加主动地去一一上门，走访省级各民主党派的负责人和其他有代表性的统战对象，通过老朋友之间推心置腹地交谈，进一步调查了解他们在“文革”中受到哪些冲击迫害，历史上究竟有没有问题或有些什么问题，现在有哪些亟待解决的具体困难……然后由曹湘渠等同志把调查了解到的情况，一个人一个人地分别写成小传式的书面材料，先送给我和何克希副主席看过，然后向省委汇报反映。

这时，省委曾专门召开过一次会议，重申恢复党的统战工作和省政协及各民主党派的活动。我们就在粉碎“四人帮”后的1977年夏天，在莫干山举办暑期读书班，请有代表性的统战对象和知名人士参加，组织大家学习中央和省委的文件，领会精神，解除顾虑，反映情况，谈思想、摆问题、提意见。这样的暑期读书会连续举办了四年，对于解放思想，活跃政治空气起了积极的作用。

1977年12月，召开了第四届省政协第一次会议，正式宣布恢复因十年动乱而被迫停止的政协活动，选举省委第一书记铁瑛兼任省政协主席，我仍任驻会主持实际工作的副主席。在1979年12月举行的省政协四届二次会议上，铁瑛不再兼任省政协主席，领导班子经过调整，改选我担任省政协主席。此后，直到1983年4月举行省政协五届一次会议实行换届前为止，一直由我负责主持省政协的工作。

1978年12月举行的党的十一届三中全会，是党的发展史上又一个伟大转折点，会议决定废止“以阶级斗争为纲”的“左”的错误指导思想，要求全党全国都要把工作中心转移到经济建设上来。此后一段时期，全国各条战线都进行了拨乱反正，肃清“左”的流毒，人民政协的工作也进入了一个新的历史时期。1979年6月，我和铁瑛等一起去北京开会。铁瑛是全国人大代表，我是特邀界的全国政协委员。当时兼任全国政协主席的邓小平在全国政协五届二次全会上作了《新时期的统一战线和人民政协的任务》的开幕词。在这个重要讲话中，他明确宣告：我国广大的知识分子“已经成为工人阶级的一部分”；我国的资本家阶级中有劳动能力的绝大多数人“已经改造成为社会主义社会中的自食其力的劳动者”；我国各民主党派“已经成为各自所联系的一部分社会主义劳动者和一部分拥护社会主义的爱国者的政治联盟，都是在中国共产党领导下为社会主义服务的政治力量”；“人民政协是发扬人民民主、联系各方面人民群众的一个重要组织。中国的社会主义现代化建设事业，继续需要政协就有关国家的大政方针、政治生活和四个现代化建设中的各项社会经济问题，进行协商、讨论，实行互相监督，发挥对宪法和法律实施的监督作用”，“让各方面的意见、要求、批评和建议充分反映出来，以利于政府集中正确的意见，及时发现和纠正工作中的缺点、错误，把我们的各项事业推向前进”。邓小平的重要讲话，使我们这些做政协工作的同志都深受鼓舞，感到更加明确了工作的方向，增强了搞好政协工作的信心。

会议期间，我给当时已实际主持中央工作的胡耀邦打了个电话（在延安时我们很熟悉），他派车子接我去，要我谈谈浙江的“文革”和粉碎“四人帮”以来的情况。这时，我已听说他坚决纠正“左”的错误，旗帜鲜明，排除阻力，为一大批过去被错误处理、挨整、挨斗受迫害的干部平反昭雪，落实党的政策。西安市原先的市长叫方仲如，过去我和他是莫斯科“中大”同学，回国后也曾在一起工作过；他在历史上虽曾被捕过，但并无变节行为，经营救释放出来后，表现一直很好；“文革”中被当作“叛徒”打倒，备受迫害。粉碎“四人帮”后，陕西省委领导还是决定不了该不该“解放”他，就是由胡耀邦亲自过问后决定予以“解放”的。在交谈中，我向他反映了一些情况，建议还有一些一贯表现很好，但过去受到错误处理、长期挨整的干部，都应该及早把他们“解放”出来，落实党的政策。

这次北京之行，对我思想的触动和工作上的促进很大。回到杭州后，我就按照党中央拨乱反正的精神，认真抓落实政策的工作，虽然也遇到很多阻力和困难，但在中央和省委的支持下，还是力所能及地做了不少工作，在省政协的许多老委员、老同志中间留有深刻的印象。

首先，我们在浙江宾馆召开了省政协常委会，提出了拨乱反正，落实政策的工作任务，听取常委中各界代表反映的意见和要求。会上，医大的蔡堡教授、杭大的江希明教授等与我党多年共经风雨的诤友，纷纷带头发言，直陈己见，会场上的气氛十分热烈。铁瑛、薛驹等省委领导同志在听了上午的发言后，认为很好，对各级领导干部有很大的启发，就立即通知省委、省政府各部门、各单位的主要领导，下午都要来列席，听取省政协常委会的发言。后来因为发言者踊跃，大会开不完，只好分头开小组会，继续反映情况，听取意见。蔡堡教授在会上说，中央明确宣告，中国的广大知识分子已经是工人阶级的一部分，但是在实际工作中，对知识分子还是很不信任的。高等院校如果没有懂行的专家教授来领导是办不好的。陈立、朱祖祥、王季午等著名教授在学校里的威望都很高，因为他们不是共产党员，就不能当学校的主要领导，为什么他们不能当杭大、农大、医大的校长呢？因为这个意见提得很有针对性，切中时弊，所以很快就被省委领导所采纳，不久后就任命他们分别担任了三所大学的校长。

江希明教授在发言中联系他的专业工作说："文革"这场浩劫把社会主义现代化建设的一切正常工作秩序和条件都破坏了。我们研究生物的买一台实验室用的电冰箱，要经过许多繁琐的行政审批手续，一共要盖七个公章才能去买；而且要从事科研、教学的知识分子抛下专业工作去到处奔走，办理那些审批手续、采购仪器设备的事务性工作。这种浪费专业人才的状况对现代化建设是非常不利的。当时陈伟达在省委主管经济工作，他就把江希明反映的这条意见当作典型事例，在干部大会上反复地讲，要求大家彻底转变思想观念，从过去长期以政治运动、阶级斗争为中心，转变到一切工作都要为经济建设这个中心服务上来，特别是要尊重知识、尊重人才。余纪一已复职当省委统战部长，看到这个材料很高兴，到处宣传说省政协反映的意见引起省委领导重视，说明统战工作很重要。尔后，江希明还反映杭州大学当时的领导对解决中青年教师的住房困难关心不够，好不容易造了几幢教工宿舍，结果学校却按行政职务级别优先分配给行政干部，许多中青年教师仍然分不到住房。我们把这些意见反映给省委，并抄送给杭大领导。不料杭大有位领导看了后竟大为发火，当着江希明的面，把材料摔在地上。我们先派省政协秘书长朱之光去做工作，那位领导仍不买账。后来我们又向省委薛驹反映，结果在省委作了明确批示后，那位领导才勉强地接受了批评意见。

经省委批准，我们在 1978 年 9 月召开的一次省政协主席、秘书长办公会议上宣布，任命被错划为“右派”尚未得到改正的曹湘渠为省政协的专职副秘书长。因为他是省里第一个被错划而恢复原来职务的人，消息不胫而走，影响颇大。后来在一次常委会上，又公开宣布了省级民主党派主要领导人中被错划为“右派”的姜震中、宋云彬、李士豪、何柱国、蔡一鸣等同志的改正决定（曹湘渠的改正亦在此次会上宣布），为他们恢复名誉。这些重大的政策措施在社会上都引起了很大的震动，有力地推动了全省落实政策工作的进程。

在省委的领导和支持下，省政协协助有关部门做好对于党外著名的专家、教授等高级知识分子和爱国民主人士的落实政策工作，我记得起来的有以下几件事：

一位是浙江医科大学第一附属医院的血液病专家郁知非教授。当时医院里的派性干扰还很严重，对这位知名的党外医学专家处处排挤刁难。郁教授的儿子在医大读书，因生活问题上的过失，被学校无限上纲，进行批斗，并开除了他的学籍，送到黑龙江去劳动改造。郁教授有苦无处申诉，曾向熟悉的病人说起过这件事，反映到我们省政协。我就通过省委统战部做工作，向有关方面联系，终于把他的儿子调回杭州。郁知非患胆结石需要手术治疗，他要求请浙医二院一位有名的外科专家齐伊耕（是他的老同学）为他主刀或在手术时从旁指导，但一院的领导却说不行，如果一定要请二院那位专家来开刀，医院里对手术所需的一切护理工作都不管！郁夫人很着急，跑到我家里来反映情况。我通过浙医大的领导做工作，浙医一院还是做不通。后来想办法把郁知非转院到浙江医院去，再请浙医二院的那位专家来给他开刀，手术很顺利，事后他非常感激。他的住房周围，因为街道办翻砂厂等企业，空气、噪音等环境污染很厉害，我们也曾替他向医院领导反映过，希望院领导关心帮助解决，但是没有结果。加上其他方面的种种原因，使他觉得待在浙江工作心情很不舒畅，后来中央教育部就将他调到广州暨南大学医学院当副院长。这样的高级专家浙江没有留住而外流了是很可惜的，在知识分子中影响很不好。

还有一位胸腔外科专家石华玉教授，曾经留学德国、瑞典，被称为“亚洲一把刀”。他的父亲是国民党军队中的一位将领。他本人在抗战时出于爱国热情，曾经参加过青年夏令营。因为他是学医的，蒋介石到夏令营视察时，他跟同学们一起穿了白大褂列队接受过蒋的检阅。这本是个很一般的历史问题，可是在解放后的政治运动中却被说成是曾受过蒋介石的“亲自接见”，变成“严重历史问题”。在给医大学生上解剖课时，有的学生见了尸体就害怕，他为了解除学生的恐惧心理，就说人的尸体是没有生命的东西，你们在心目中不要把它当作死人，而把它看作是狗的尸体，那样就不会害怕了。在政治运动中就给他无限上纲，说他是“坚持资产阶级反动立场，把人当作狗对待”。“文革”中，竟不准这样一位著名医学专家看病，而让他每天去打扫医院里的厕所，每月仅发 20 多元生活费。一次，他有位老同学好友从美国来杭州访问，提出要到石华玉的家里去看他，单位里谎说他下乡工作去了，不在家。那位朋友想，我认得他家住在哪里，即使他本人不在家，也一定要去看看。结果走进他家门就发现石华玉在家里，朋友问他，单位里不是说你下乡去了不在家吗？他为了顾及国家的政治影响，宁可自己忍受莫大的屈辱，故意若无其事地说，我是下乡工作去了，昨天才回来，单位里还不知道呢……在交谈中，他始终没有谈自己遭受不公正对待、备受迫害的事，真是一位非常顾全大局的爱国高级知识分子。在“文革”后期省政协恢复活动后，我就曾派曹湘渠经常去看望他，并亲自找浙医大的党委书记霍亚夫做工作。经反复地交涉，浙医大才逐步地为他落实政策，改善了他的工作和生活环境。可惜不久他因患癌病不治去世了。

浙医一院有位痔科专家叫陆琦。我发现一个奇怪的现象，就是他教出来的医大学生在医院里可以当科主任，但因他自己没有大学文凭，却不能当科主任。我向有关领导提出意见说，不能光拿学历文凭卡人，要看真才实学嘛。著名老中医杨继荪也没有大学文凭，他可以当浙江中医院院长，为什么陆琦这位著名的痔科专家连个科主任也不能当呢？这才引起有关领导重视。

还有杭州市广兴中医院（即现在的杭州市中医院）的院长何少山医师，是祖传的妇科名中医，被诬指为“反党集团”的重要成员，不但被撤职挨批斗，工资也从原先的四五百元被硬压到每月只有几十元生活费。

我们向有关领导反映情况后，才给他落实了政策，恢复了名誉和原先的待遇。

在与这些医务界的党外专家教授接触谈心交朋友的过程中，我们发现当时在浙江医科大学及其附属医院里，落实政策过程中受到派性干扰阻挠的情况很严重。于是呈报省委同意，以省政协名义，组织了一个调查团，由我任团长，陈礼节任副团长，由曹湘渠具体组织各党派干部多人作为调查组，重点深入到浙医一院去进行调查研究，前后有一个多月。对主任医师以上的专家和业务骨干基本上每个人都谈过话，了解到许多在落实政策过程中遇到派性干扰和来自“左”的阻力的具体情况，并写成专题调查报告，由省委统战部批转省有关领导部门。不久《人民日报》有位高级记者专门到杭州了解高校落实知识分子政策的情况。他访问了很多人，也访问了我和曹湘渠，我们两人谈的意见完全一致。后来在《人民日报》上连续发表了两篇报道浙医大落实政策中受到种种阻力的文章，引起了领导重视，对落实政策工作起了积极推动的作用。

有一次我在浙江医院住院，省九三学社的负责人蒋次升教授也因病要住院，因为单人病房没空，医院准备安排他和另一位民主党派的老先生合住一间，那位老先生却坚持一定要一个人独住一间。医院里的人在为难之中有人说起，毛老很好说话，是不是去跟他商量商量，让蒋教授和他同住一间病房。他们就来征求我的意见，我说很欢迎，两个人住一间病房还可以谈谈天嘛。蒋教授住进来后，我们慢慢地就熟悉起来。有一次他对我谈起，他们九三学社有位成员叫钮家祺，是农大的教授、全国人大代表，曾被错划为“右派”，现在已经改正，落实了政策。但是钮的夫人也受到错误处理，尚未落实政策，至今连工作和杭州市的户口、粮卡等问题都还不能解决。这个问题反映到省委统战部，有人说我们只管解决民主党派成员本人的问题，不管解决家属的问题……我听了就说，共产党要解放全人类，怎么能说只管九三学社成员不管他们家属的事呢？经过谈话了解，钮教授的夫人抗战时期还是个青年学生，从上海流亡到大后方衡阳，既不能上学又找不到工作，偶然在街上看到广告说，军委外语训练班公开招生，她就去报名考取了。入学后才知道这个训练班是“军统”特务机构办的，但她并没有参加特务活动。抗战胜利后回到上海，考入派克路宝隆医院妇产科医学专业，毕业后在杭州市第一医院工作，后来当了妇产科主任。就因为过去有过那样一段经历，在政治运动中被说成是“军统”特务头子戴笠的“姘妇”，错划成右派。我听后仔细一分析事实，认为又是一桩冤假错案。后来通过有关部门调查具体情况，终于给她改正，落实了政策，她的工作、户口、购粮卡等问题也都一一解决了。

何柱国将军是原东北军的爱国将领，张学良被蒋介石拘禁后，东北军的部队就是由他带领保存下来的。他原来有五家工厂的资产，后来都卖掉或交给了国家。周总理劝留下在杭州市菩提寺路的一幢住宅安度晚年。1957 年他也被错划成“右派”，住房大部分被侵占，只给他留了一间房住。我曾去看望过他，并向领导反映了他的情况，建议对这位爱国将领应及早落实政策。他的问题解决后，省里又把他送到北京去，安排当了全国政协委员。记得“文革”前夕，中央为了使原东北军内部在西安事变后发生不和的“元老派”和“少壮派”的代表人物之间，在爱国一家的基础上加强团结，曾要我陪同“元老派”的代表何柱国到省委招待所大华饭店去，与由刘鼎陪同的“少壮派”代表孙铭九会见聚餐，使两派之间消除了历史上的误会与隔阂，恢复了团结与友谊。

省级民主党派的其他负责人，如民进的陈礼节、民革的吴山民等，我也都到他们家里去看望过，为他们反映意见和要求，一一解决政治上平反、工作上安排和生活上恢复原有待遇、清退被占住房等实际问题，落实党的政策。

在那一段时间里，因为我们尽力做好落实政策的工作，帮助许多统战对象解决了问题，因此名声传了出去。后来有些不是省统战系统的，甚至是外省的人，也来找我们反映有关的问题，群众来信来访日益增多。我记得有个中央广播学院的女学生，是上海人，在校学业成绩拔尖，临毕业前几天，学校里组织一些人批判她是走“白专道路”，她一气之下，把小组长的衣物扔出了窗外，结果被打成“现行反革命”，开除了学籍，到农村去劳动改造……也跑到省政协来要求帮助平反冤案落实政策。这些人与我们素不相识，又不是省政协所联系的统战对象，但他们既然找上门来，就是表示对我这个共产党的老干部寄予信任。因此我对这些问题也不推诿，而是抱着对党对人民负责的精神，耐心听取他们的申诉，并通过各种渠道，向省委或有关部门反映，帮助他们解决了有关落实政策的各种实际问题。

落实政策的工作中还有一项阻力和难度都比较大的任务，就是按照中央文件的规定，为一大批在1957年反右派斗争中被错划为“右派分子”的党内外人士做好甄别改正工作。在一次开会学习时，省委统战部长兼省政协秘书长余纪一说，这件事本来是应该由我们统战部来做的，但是在需要改正的人中有不少是入党多年的老干部，以我的身份去做他们的工作恐怕不大合适，是不是请毛老以省政协的名义，先邀请原先是厅局长级以上的党员领导干部中被错划为“右派”的老同志开些座谈会，协助省委统战部听取他们对落实政策的意见和要求。当时有些人有顾虑，说这是党委部门的工作，不是政协所能管的事。我说，他们都是党内的老同志，受了多年的冤屈，请他们来开个座谈会，听听他们的意见有什么关系？于是就把在杭的原厅局以上领导干部中被划为“右派”的党员老干部列出名单，分成两批召开座谈会。到会的老同志记得有张光、黄源、高光、李成浩、李家桢、黎立坚等等，他们大多不是省政协委员；邀请名单中还有邬家贞，他倒是省政协委员，但临开会时他好像另有什么要事没来参加。到会的这些老同志们都很兴奋，争先发言，说20多年来没有找他们谈过话，更不用说听取意见了，十一届三中全会后，党的阳光终于也照到他们身上来了。这两次座谈会开得都很热烈，在社会上引起了很大的震动（当时错划“右派”的改正工作尚未全面展开）。因为长期以来“左”的错误思想流毒还有很大的市场，不少党员干部（大多是当年反右派斗争的领导和骨干）在思想上还不大通，所以遇到的阻力要比落实“文革”中受迫害干部的政策要大得多。举两个例子：

全国政协委员、省政协常委、著名作家陈学昭的错划“右派”改正后，她所在单位杭州大学的组织部门还保留下90多份有关她的材料（其中有周总理写给她的信件），准备“秋后算账”。省政协机关里，也有个别同志向省委反映，说是省政协包办省委统战部的工作，召集被错划“右派”的党员干部开座谈会，参加会议的人在发言中只感谢政协做了好事，而不感谢共产党……省里个别领导人竟信以为真，特地派人来专门查阅座谈会的发言记录。结果记录上明明记载着发言者都感谢党的关怀和温暖，总算是一场虚惊，平安无事了。说明当时不少党员干部的心态，对错划“右派”的改正工作，离中央的要求还有很大距离，因此所遇到的阻力和困难之大是可想而知的。

在浙江，要彻底改正1957年反右派斗争严重扩大化的错误，困难最大的，就是为所谓的“沙（文汉）、杨（思一）、彭（瑞林）、孙（章禄）右派反党集团”改正平反的工作。这件全省最大的冤假错案，不仅涉及仍健在的50年代浙江省委的主要领导同志，而且实际上是毛主席亲自拍板定案的。当年我在北京工作时，就曾听过内部的传达报告，毛主席在中央的一次会议上说，现在浙江省的领导分成两派，一派以省长沙文汉为首，主张党政分开；一派以第一书记黄春圃（江华的曾用名）为首，主张党政合一；究竟谁对，我们（中央）究竟支持哪一派呢？提出来让大家讨论，讨论结果是大多数赞成要支持黄春圃。所以这件冤案不是江、沙二人的个人恩怨问题，而是毛主席、党中央决定的。

我与沙文汉，特别是他的夫人陈修良过去都熟悉，我与她是莫斯科中山大学的同学；对江华则是调到杭州工作后才知道他就是延安时期的黄春圃，也是老熟人了。抗战胜利后，我从太行山区到上海从事白区工作，路过淮阴时，陈修良夫妇还很热情地招待我吃过饭，应该说私人关系还是不错的。后来听说陈修良是解放前南京的地下市委书记，解放后可能对她的工作安排不够合适，她有些情绪，离职学习了一段时间后，就分配到浙

平反后幸存的彭瑞林（左）和孙章禄在余杭超山

江任省委宣传部常务副部长，至于她怎样被错划成“右派”我就不大清楚了。1965年我刚调到浙江时，人生地不熟，有一次和省委领导人谈天时说起，在浙江我只熟悉一个人，就是陈修良。大概是出于对我的尊重，陈伟达当即说，她是“右派”，不过你交个“右派”朋友也好嘛，就叫人通知当时分配在杭州大学外文系工作的陈修良，可以来看我。当时人们对陈修良这样的“极右分子”都像避瘟疫般地躲之犹恐不及，所以陈修良得到省委准许她来看我的通知时，觉得非常突然，多年来没有一个领导问起过她，我却居然主动提起她，没有忘记这个落难的老同学，使她很激动。那次见面谈话，主要是谈些往事和各人的经历，没有谈及他们夫妇俩被错划“右派”的事。但从谈吐中，我感觉出她对浙江省委的领导意见很大。粉碎“四人帮”后，有一次我在浙江医院住院，中央教育部有位出版局长也在那里住院，杭大有位女同志去看他，我就问起，你认不认识陈修良，她的近况怎么样？那位女同志说，陈修良就同我在一个部门工作，工作表现很好。回去后就对陈说我曾问起过她，陈提出可不可以到医院来看我？我说都是老同志嘛，欢迎来谈谈。她来看我时，就谈了许多过去不敢对别人说的心里话，并说到他们夫妻被错划为“右派”的重要原因之一，是受了“潘（汉年）扬（帆）事件”这桩大冤案的株连（他们过去在上海时曾和潘汉年一起从事白区地下工作）。我抱的态度是，你有什么话要说我都听，让你把要说的心里话都说出来，而不是刚听了几句话觉得不顺耳，就不分青红皂白地把人家的话打断，甚至当场反驳批判。因此能了解到许多情况，并且把她提出的一些合理的意见和要求，通过各种渠道向组织上反映。在各方面的共同努力下，终于使她被错划“右派”的问题得到改正。

但是省委第一次为沙文汉的改正决定中，由于个别领导的坚持，在结论中还是留了尾巴。陈修良意见很大。后来通过老战友孙冶方等告状，一直告到总书记胡耀邦那里，在中央的直接干预下，才为沙、杨、彭、孙以及受株连的同志都彻底平了反，恢复了名誉。这时，沙、杨早已去世，陈修良调去上海工作，彭、孙则先后被安排到省政协来任过副主席。

在这个过程中，我们省政协编印出版的文史资料也起了一点促进作用。80 年代初期，“文革”中受迫害的老同志被“解放”后，有不少人被安排到各级政协任职。那时各级党史资料征集机构和党史研究室等都尚未建立，所以政协的文史资料曾编印出版过几辑党内老同志们回忆过去革命斗争经历的革命史料专（特）辑。曹湘渠等曾专程去上海组稿，约请陈修良撰写介绍沙文汉一生革命经历的回忆录。拿到稿子后，对于这样的文章能不能在《浙江文史资料》上刊登发表，有的同志担心有风险，如引起省里有的领导不满怎么办，就来问我。我认为只要内容坚持实事求是的原则，就可以发表，并说，如果有什么问题，由我来负责。结果就在文史资料上发表了陈修良写的《沙文汉同志战斗的一生》长篇回忆录，发表后果然在省里产生很大的震动，但也没有出什么事，实际上为进一步彻底平反“沙、杨、彭、孙”的冤案造了舆论，起了一点推动作用。沙文汉的冤案彻底平反后，省里要举行追悼会并在《浙江日报》上发表纪念他的文章，还特地到省政协来借阅刊登陈修良文章的那一辑文史资料去作为参考呢。

关于省政协编印出版的浙江文史资料，还有件值得一提的事：文史办公室的同志，根据“高举爱国主义旗帜，坚持实事求是原则”的方针，组约了一批在广泛调查研究的基础上，澄清蒋介石出身家世迷雾的史料文章，揭破了小说《金陵春梦》中关于蒋介石乃是河南“郑三发子”、“拖油瓶”的广为流传的无稽之谈。在将有关文稿整理编辑成《蒋介石史料》专辑准备出版时，有的同志觉得风险很大，作不了主，就来向我请示。我认为只要史料真实可靠，坚持实事求是的原则，还其历史本来面目，就没有什么可怕的，正所谓树身正不怕风来吹，决定支持此书出版。出书后，果然产生了很大的影响。虽然也有些人不以为然，说这是“为蒋介石翻案”，但整个社会舆论却是予以肯定和欢迎的。许多人以先睹为快的心情，在大雪天排成长队到湖滨六公园对面的省政协办公楼来争购这本《浙江文史资料》第 23 辑；而且畅销之势历久不衰。后来又经过加工增订，改书名为《蒋介石家世》，累计发行了几十万册，创造了浙江文史资料单册发行的最高纪录。全国政协说浙江文史资料放了颗“原子弹”。据说这书流传到台湾，连蒋经国也看过，认为共产党对奉化蒋氏的家世所持的态度还是实事求是的。也可以说这本书在当时对于推动对台工作也曾起过一定的作用。

我在主持第四届浙江省政协工作的期间，所抓的另一项大事，就是通过各种渠道，呼吁省、市领导要重视做好省会杭州市的环境和文物保护工作。杭州不但是浙江省的省会，全省的政治、经济、文化中心，还是国务院公布的历史文化名城之一和举世闻名的风景旅游城市。但是由于新中国成立初期片面强调要把杭州从一个消费城市改造成生产城市的建设方针（50年代，杭州市委书记王平夷等曾提出要把杭州建设成为“东方日内瓦”，不久即遭到批判），特别是经过十年“文革”内乱的严重破坏，在70年代末，杭州市的市政建设不但布局混乱，市容破旧，而且环境污染和文物破坏的情况十分严重，在全国各省会城市中是比较突出的。记得1965年我从北京调来杭州工作时，住在大华饭店，那时市区有条浣纱河，经过大华饭店南面的涌金桥与西湖相通；两岸栽有垂柳，河水还比较干净，我还经常在那里钓鱼烧来吃。等我从“五七干校”被“解放”回来，就看不到浣纱河了，该河已被全部填没，上面造马路，下面挖成防空洞。而另两条纵贯市区的中河、东河，河水却变成又黑又臭、蚊蝇孳生的“龙须沟”。无怪一位外国的国家元首访问杭州后，留下了两句评语：“美丽的西湖，破烂的城市”。还有人说，杭州市是半个城（市区旧城）臭，半个城（西湖周围）香。我向有关领导反映这些情况。有些人推诿说，这是历史上遗留下来的老问题，现在百废待兴，没有钱去解决这件事。我对这种说法有怀疑，就到沿河的老百姓中间去进行调查访问。一些老年居民对我说，日本人占领杭州市的时候，我们还在河里抲（捕）过鱼呢，后来因为多年没有疏浚治理，才变成今天这样的臭水河。

省政协文化组的成员还反映，杭州市的文物破坏情况很严重，许多著名的风景点和名胜古迹在“文革”内乱期间被有些单位侵占，遭到严重破坏。我们就把省政协和杭州市政协的委员组成联合调查组，有重点地对全市的文物和环境保护情况进行专题调查。在吸收省民革副主委、省政协常委周永年参加调查组时，还有人说他这个人尽出“坏点子”。我知道他是位很爱国和热心的好同志，坚持要请他参加。但是当时不少主持实际工作的领导同志还很缺乏文物和环境保护的意识，那些侵占风景名胜之地的既得利益单位更是不肯把已经占有的宝地让出来，所以调查工作困难重重，处处遇到阻力。有的领导虽然也承认这些问题应该解决，可又说没有钱，结果还是解决不了。

1980年秋天，正好在北京的中央党校顾问、全国政协委员吴亮平等来杭州视察。我和吴是老朋友，就和他谈起西湖环境保护情况，并且请他到各处现场去实地考察，再召开座谈会听取各界的反映和意见。我们曾一起到灵隐上面的三天竺去视察。三天竺的三座佛教古寺全部被侵占去办了街道企业，名胜古迹遭到严重破坏，工厂企业打深井抽水，把灵隐、玉泉、黄龙洞等景区的地下水系破坏、水脉阻断了。还有些名胜区如净寺、刘庄、汪庄、郭庄等十多处都被部队、省警卫处或政府部门等单位占用，被划为禁地，不准外人进去。像曲院风荷景区里面，有一片警卫处的家属宿舍，院子里养猪养鸡、垃圾满地，群众反映十分强烈。有的部队在风景区内违反规划大兴土木造房子。园林文物管理部门也向我们反映，要求我们去进行实地调查。我就利用元旦、春节前夕开展拥军爱民活动的

1980年秋，毛齐华与延安时期的老战友吴亮平在浙江政协座谈会上

时机，带领各界人民慰问团，到这些部队单位去慰问，到现场视察调查。部队领导看到我们是地方上来的慰问团，也不好意思阻拦了。吴亮平在座谈会上讲到他此行在杭州一些地方所见所闻许多文物古迹遭破坏、西湖环境被污染的事实，难过得掉下了眼泪。我们就在调查研究的基础上，写成文字材料，列举了“风景名胜被侵占和毁坏”、“风景区被割据和蚕食”、“乱建大厦、擅筑高墙，破坏西湖风景的独特风格”、“西湖水系被破坏、泉溪衰枯、湖水污染严重”、“城区市政建设欠账太多”等许多令人触目惊心的事实，提出警告说：如果容忍这种现象继续下去，要不了多少年，“杭州将不成其为人间的‘天堂’，西湖也将不成为美丽的西湖”；“举世闻名的秀丽的西湖要是真的毁灭在我们手里的话，那我们就要成为千古罪人了！”文章呼吁，大家起来，采取切实有效的措施，把杭州西湖这颗民族明珠保护好建设好管理好，并提出了五条具体建议。我把这个材料先报送省委、省政府的领导同志，省委书记铁瑛还亲自作了一些修改后转报中央；同时由吴亮平把材料带回北京，先以《关于紧急制止继续破坏西湖风景和建设杭州市区若干建设的报告》的形式，报送给了当时主持中央工作的胡耀邦、赵紫阳和中央书记处、国务院。不久后，又改写成《救救西湖！救救杭州！》的文章，首先在《文汇报》上公开发表，引起国内外的注意和强烈反响。台湾、日本的报纸也竞相转载，一时掀起轩然大波。省里有的同志认为家丑不可外扬，说台湾报纸转载我们的文章证明我们是帮了敌人的忙；还说，省里没有钱，你们要救西湖你们去救吧！说明开始时由于认识上的不一致，阻力是很大的。但我的回答是：共产党人从不隐瞒自己的缺点错误，而且敢于自己揭露出来并认真地予以纠正解决，所以始终坚持实事求是，继续反映情况。这一来出了名，许多有类似情况的地方都争相来邀请，欢迎我们去视察调查，阻力也逐渐减少了。特别是当时的党中央总书记胡耀邦，先后在 1980 年 11 月和 1983 年 9 月就这件事作了两次批示，要求各地领导“敢于拍板，解决一些能解决的问题”，对有些地方和单位，把中央、国务院规定指示根本不放在眼里的歪风，“必须坚决打下去”。我就把上面发下来的这些批示文件分别送给省、市领导看。不久《人民日报》也全文发表了我们这篇文章，这场风波总算平息了下来。

在中央的关怀和支持下，省、市领导的认识很快统一了，接着就着手制订杭州市的城市建设规划，采取了不少抢救、保护西湖风景文物和改善环境的实际措施，并且进行了一些改变杭州市面貌的重大工程建设项目。我并没有因为自己反映的意见得到重视和采纳就算完事了，而是继续关心、支持这方面工作的逐步开展。“文革”后期我从乔司“五七干校”被“解放”回杭州城里时，看到清泰门外沪杭铁路和公路的交叉道口，行人、车辆来往很多，虽然道口有专人看管，当火车快要经过时会放下栏杆，禁止通行，但在上下班高峰时，两头堵塞，挤满了行人车辆，有的人为了抢时间先行通过，竟冒着生命危险钻过栏杆穿越铁道，既不方便又极不安全。当时我就觉得这种状况不能老是这样下去。80年代初，杭州市决定在这里修建一座清泰立交桥。这时国内各城市里还很少见立交桥，杭州的建筑单位还没有造立交桥的经验，于是专门请了天津的建筑队伍来施工。工程中需要使用一种特殊规格的钢材，别处没有，只有天津才能生产，眼见工程进展要被迫停工待料。我了解到这个情况后，就写信向当时任天津市委书记的陈伟达求援。他很支持，找到生产那种钢材的工厂。不料该厂早已停止生产这一规格的钢材，但为了支援杭州的市政建设，决定重新恢复生产，保证供应。浇立交桥路面的柏油没有，我又打电话向上海市委书记陈国栋请求支援。他回答说，上海正在全力支援宝钢的重点工程建设，自己柏油也很紧张，很抱歉，没法支援。后来还是通过其他渠道才解决的。

在制订杭州市城市建设规划和研究中、东河改造，城市污水处理等工程方案的过程中，我们都组织政协所联系的各方面的专家学者，和市园林文物、规划、城建、环保等部门的同志一起商量，群策群力，为杭州市的旧城改造和西湖风景区的建设、保护一起做出了贡献。杭州市成立中东河治理指挥部，由许运鸿负责，我就经常找他谈，了解情况，并请来有关的专家帮助规划设计；还经常去财政部门，商量想办法解决经费困难的问题。中、东河改造工程的建筑施工招标会、沿河居民的拆迁动员会等，我都去参加并讲话，号召社会各界都来关心支持，齐心合力地建

1983年，毛齐华（中）视察杭州中、东河改造工程

设一个美丽的新杭州。为了解决城市的污水处理问题，改善市区的环境，杭州市决定在四堡建设一座大型的污水处理厂。我也去视察过。原先的设计只能对污水进行一级处理，然后排入钱塘江。我问，能不能改成二级处理，使经过处理后的水可以养鱼，发展淡水养殖业？他们说没有钱，只能先搞一级处理。为了解决经费问题，我也是到处反映情况，通过各种渠道来解决。后来听说对这个工程中央拿了7000万元，省里给了2000万元，市里自己设法筹措了1亿多元，共投资2.18亿人民币，才使工程得以上马完工。

省政协是个进行政治协商、民主监督和参政议政的爱国统一战线组织，广泛联系社会各界的知名人士和有影响的代表人物，因此它的工作面非常广泛，当然决不仅仅只是上面提到的协助党和政府拨乱反正、落实政策，以及支持杭州市的市政建设和西湖风景区的保护这两个方面的工作。不过，在我主持省政协工作期间，这两件事可以说是出力最多，影响也最大的，所以我在回忆录中也就用较多的篇幅作些叙述，也算是为浙江省的政协、统战工作留下一些亲历、亲见、亲闻的“三亲”史料吧。

其他方面的工作还很多，不可能在这里一一列举了，记得起来的还有下面两件事：

一件是当时我就感觉到，在省政协工作的差不多都是年事已高的老同志，将来退下来以后谁来接班呢？当然，领导班子省里自会统筹考虑安排，用不着我们操心，但是政协机关里的骨干总还需要培养一些中青年干部来接任的。因此早在70年代末、80年代初，我们每年暑期组织党内外的老同志去莫干山、普陀山等地避暑和学习，当时，我们就有意识地带一些机关里的中青年干部也去参加，让他们在当工作人员的同时，也参与学习讨论和政治协商、民主监督的活动，使他们在实践中熟悉和掌握做政协、统战工作的业务。有一年暑假，机关里有位干部参加莫干山暑期学习班，他反映那里的伙食很差，离规定的伙食费标准相差较大。他了解到其中的内幕，因为有一天吃饭时，他看到外面桌子上摆的会议餐都是普通菜肴，但是食堂里面隔开一扇屏风，却摆了一桌非常丰盛的酒席。他就去问管理人员，管理人员回答道：我们也很为难，这桌好酒菜是专门为了接待省里来的几位领导的，招待的费用没有地方可以报销开支，只好揩你们会议用餐经费的油，这是常有的事；你们吃的伙食怎么能搞得好呢？当时，大吃大喝之风还没有后来刮得那样普遍和严重。所以那位同志向领导上反映这一情况后，我们都很重视，并且立即写了情况反映报送省委领导。省委领导也很重视，专门找了当事者谈话并进行批评，让他们自己掏钱补交酒菜费用。不久后，中央派检查团到沿海地区来检查纠正不正之风，果然查出省机关一个单位的领导不正之风严重，问题很多，有的局长被撤职查办，有个副局长还畏罪自杀了。这样的事，实际上就是给中青年干部一次通过民主监督，抵制不正之风的很好锻炼。

还有一件事是，1981 年 10 月，根据中央的要求，包括浙江在内，在全国许多省市都要举行隆重纪念辛亥革命 70 周年的活动。省委决定，这个纪念的一系列活动由省政协承办，并委派曹湘渠为筹委会办公室主任，具体主其事。我们根据浙江的实际情况，并召集有关部门的专家研究，发现浙江有一批全国著名的辛亥革命历史人物，如章太炎、蔡元培、秋瑾、徐锡麟、陶成章、王金发等，他们都是反清革命团体“光复会”的发起人和领袖人物，但是后来因为光复会与国民党的前身同盟会发生矛盾，所以在中国近代史的宣传和研究中，光复会的历史作用和地位就长期受到冷落和忽视。光复会成员的后裔广泛分布在海内外各地，他们对于这种不公正的历史对待意见很大。为了坚持实事求是的原则，恢复历史的本来面目，团结一切可以团结的人，发展和扩大最广泛的爱国统一战线，我们决定在浙江省举办的纪念辛亥革命 70 周年的活动中，应该重点介绍和宣传光复会在反清斗争中的重要作用和地位，客观公正地肯定其历史功绩。为了使这项爱国主义的纪念活动广泛进行，省长李丰平亲自批给13万元专项经费（这在当时是一笔可观的巨款）。我们就邀请省内外浙江辛亥革命人物、特别是光复会成员的亲属后裔，以及有关专家学者和各界代表，在杭州、绍兴等地举行了盛大的纪念活动和学术研讨活动；并先后编印出版了三本浙江辛亥革命史料专辑，在全国，特别是史学界产生了很大的影响，恢复了光复会在中国近代史上的应有地位，使光复会的后裔，尤其是那些居住在海外的亲属们深感慰藉和鼓舞，增强了他们爱国爱家乡的凝聚力。

1983年4月，浙江省第四届政协终于完成了它的历史任务，经过换届选举，我也从省政协主席的岗位上退了下来。如今，我在党和政府的关怀照顾下，定居在美丽的西子湖畔安度晚年。回顾自己所走过的几十年革命道路，特别是回想起无数为中国革命壮烈牺牲的战友先烈，我觉得自己是很幸运的，觉得这一生没有虚度。我深信我们的党和国家，一定会沿着邓小平建设有中国特色社会主义理论所指引的改革开放道路，走向更加光辉灿烂的明天！

1993年，毛齐华90寿辰时与浙江医院医护人员在一起

1983 年五一节，毛齐华（右）与陈云（左）、铁瑛在杭州

1988 年，毛齐华与四个儿女在杭州

附录：毛齐华同志逝世

新华社杭州4月11日电 中国共产党优秀党员、久经考验的共产主义战士、我国工人运动的先驱者之一，中国人民政治协商会议浙江省第四届委员会主席毛齐华同志，因病医治无效，于3月1日在杭州逝世，享年95岁。

胡锦涛、邹家华、尉健行、杨尚昆、宋平、薄一波、宋任穷、倪志福、陈俊生、杨静仁和刘澜涛、江华、叶飞、王芳、方毅、谷牧、马文瑞、杨成武、吕正操等同志分别以不同方式对毛齐华同志逝世表示哀悼，并对其家属表示慰问。

毛齐华是上海市嘉定县人。1925年2月加入中国共产主义青年团，同年4月转为中国共产党党员。“五卅”运动期间，先后领导了印刷业的“五卅”大罢工和8月的经济大罢工，并积极参与成立上海印刷总工会的组织工作，任总工会常委、副总务长。1927年10月，他赴莫斯科中山大学学习。1930年回国后，在中央特四科负责上海“地下电台”工作。1935年9月他到达党中央所在地瓦窑堡，在周恩来同志领导的中央白区工作部任秘书。抗日战争时期，他历任中华全国总工会西北执行局委员长，中共陕甘宁边区区委常委，陕甘宁边区总工会主任兼边区各界民众抗敌后援会主任、党团书记，中共晋东南职工运动委员会书记，晋冀豫边区总工会主任，中央太行区党委秘书长兼敌占区工作部部长、八路军太行军区司令部秘书长等职。抗日战争胜利后，他任中共上海工人运动委员会负责人，为迎接上海解放做了大量工作。毛齐华是中国共产党工运工作的开拓者和领导者之一，在理论和实践上对中国共产党的工运工作作出了重要的历史贡献。

新中国成立后，毛齐华先后任上海总工会筹备委员会秘书长、总工会秘书长，劳动部副部长、党组副书记兼机关党委书记、《劳动》杂志总编，浙江省政协副主席等职。“文化大革命”期间被下放农场劳动。1976年恢复工作后，他先后任浙江省第四届政协副主席、主席、党组书记。他是第五、六届全国政协委员。

——《人民日报》1997年4月21日第四版